《易经》与心理分析

王家忠 著

中国社会科学出版社

图书在版编目（CIP）数据

《易经》与心理分析/王家忠著. —北京：中国社会科学出版社，2015.12（2017.9 重印）

ISBN 978-7-5161-7140-0

Ⅰ.①易… Ⅱ.①王… Ⅲ.①《周易》—研究②心理学—研究—中国 Ⅳ.①B221.1②B84

中国版本图书馆 CIP 数据核字（2015）第 283356 号

出 版 人	赵剑英
责任编辑	宋燕鹏
特约编辑	沈 旭
责任校对	董晓月
责任印制	李寡寡

出　　版	中国社会科学出版社
社　　址	北京鼓楼西大街甲 158 号
邮　　编	100720
网　　址	http://www.csspw.cn
发 行 部	010-84083685
门 市 部	010-84029450
经　　销	新华书店及其他书店
印　　刷	北京明恒达印务有限公司
装　　订	廊坊市广阳区广增装订厂
版　　次	2015 年 12 月第 1 版
印　　次	2017 年 9 月第 2 次印刷
开　　本	710×1000　1/16
印　　张	18.5
字　　数	351 千字
定　　价	59.00 元

凡购买中国社会科学出版社图书，如有质量问题请与本社营销中心联系调换
电话：010-84083683
版权所有　侵权必究

目 录

引论　学《易》致用,塑造和谐 ………………………………… (1)

上编　基本理论篇
——揭开《易经》神秘的面纱

第一章　《易经》的形成 ……………………………………… (3)
　　一　"人更三圣,世历三古" ………………………………… (3)
　　二　关于《易经》成卦之"近取诸身" ……………………… (6)
　　三　全新理解"周"与"易" ………………………………… (7)
　　四　唯物地理解"自天祐之,吉无不利" …………………… (9)

第二章　《易经》定性新探 …………………………………… (11)
　　一　《易经》是朴素的唯物论 ……………………………… (11)
　　二　《易经》是中国式的辩证法 …………………………… (12)
　　三　《易经》是古代的信息论 ……………………………… (14)
　　四　《易经》是政治伦理学 ………………………………… (15)
　　五　《易经》是传统的预测学 ……………………………… (16)

第三章　《易经》的政治哲学 ………………………………… (18)
　　一　治国安邦之道是《易经》思想的核心 ………………… (18)
　　二　《易经》政治哲学的主要内容 ………………………… (19)
　　三　《易经》政治哲学的基本特征 ………………………… (22)

第四章 《易经》与心理分析 ………………………………… (24)
    一 心理分析是《易经》的重要功能 ………………………… (24)
    二 "无有师保，如临父母" …………………………………… (27)
    三 《易经》与共时性现象 …………………………………… (31)
    四 传承智慧"塑造"和谐 …………………………………… (32)

第五章 《易经》预测与分析方法 ……………………………… (36)
    一 《易经》预测基本知识 …………………………………… (36)
    二 《易经》简易预测方法 …………………………………… (42)
    三 朱熹"理在事先"批判及部分卦爻辞辨正 ……………… (44)

下编 《易经》解读篇
——《易经》解读与心理分析

第六章 《易经》上经 …………………………………………… (51)
    ䷀ 乾卦第一　胸怀大志　自强不息 ………………………… (51)
    ䷁ 坤卦第二　厚德载物　宽容待人 ………………………… (59)
    ䷂ 屯卦第三　天地生机　初创艰难 ………………………… (64)
    ䷃ 蒙卦第四　启蒙教育　开发民智 ………………………… (66)
    ䷄ 需卦第五　踌躇等待　坚守纯正 ………………………… (69)
    ䷅ 讼卦第六　谨慎争讼　隐忍自励 ………………………… (72)
    ䷆ 师卦第七　严明军纪　刚健中正 ………………………… (75)
    ䷇ 比卦第八　精诚团结　追随英明 ………………………… (78)
    ䷈ 小畜卦第九　蓄积待机　适可而止 ……………………… (81)
    ䷉ 履卦第十　戒慎恐惧　以柔克刚 ………………………… (84)
    ䷊ 泰卦第十一　天地通泰　居安思危 ……………………… (86)
    ䷋ 否卦第十二　黑暗闭塞　谨防小人 ……………………… (90)
    ䷌ 同人卦第十三　求同存异　沟通意志 …………………… (92)
    ䷍ 大有卦第十四　大有收获　满而不溢 …………………… (95)
    ䷎ 谦卦第十五　谦虚谨慎　有所作为 ……………………… (98)

目　录

☷☳ 豫卦第十六　　和乐安逸　乐极生悲 …………………………………… (100)
☱☳ 随卦第十七　　追随与时　择善而从 …………………………………… (103)
☶☴ 蛊卦第十八　　治乱革新　振民起衰 …………………………………… (105)
☷☱ 临卦第十九　　领导有方　德威并济 …………………………………… (108)
☴☷ 观卦第二十　　观察自省　诚信严正 …………………………………… (110)
☲☳ 噬嗑卦第二十一　刑罚严明　公正执法 ………………………………… (113)
☶☲ 贲卦第二十二　　文饰礼仪　恰如其分 ………………………………… (115)
☶☷ 剥卦第二十三　　阴盛阳衰　谨慎隐忍 ………………………………… (117)
☷☳ 复卦第二十四　　恢复时期　转危为安 ………………………………… (120)
☰☳ 无妄卦第二十五　不要妄动　摈弃虚伪 ………………………………… (123)
☶☰ 大畜卦第二十六　大有蓄积　谨慎防止 ………………………………… (125)
☶☳ 颐卦第二十七　　自求口实　颐养贤能 ………………………………… (128)
☱☴ 大过卦第二十八　非常行动　过犹不及 ………………………………… (130)
☵☵ 坎卦第二十九　　重重险难　坚定刚毅 ………………………………… (133)
☲☲ 离卦第三十　　　依附光明　中正谨慎 ………………………………… (136)

第七章　《易经》下经 ……………………………………………………… (140)

☱☶ 咸卦第三十一　　交感互动　动机纯正 ………………………………… (140)
☳☴ 恒卦第三十二　　持之以恒　无往不利 ………………………………… (143)
☰☶ 遁卦第三十三　　急流勇退　等待时机 ………………………………… (145)
☳☰ 大壮卦第三十四　君子壮大　坚守正道 ………………………………… (148)
☲☷ 晋卦第三十五　　积极进取　忠于职守 ………………………………… (150)
☷☲ 明夷卦第三十六　光明被伤　韬光养晦 ………………………………… (153)
☴☲ 家人卦第三十七　诚信本分　家和业兴 ………………………………… (156)
☲☱ 睽卦第三十八　　乖离不和　求同存异 ………………………………… (159)
☵☶ 蹇卦第三十九　　遭遇困难　反省修德 ………………………………… (162)
☳☵ 解卦第四十　　　解除险难　以正驱邪 ………………………………… (164)
☶☱ 损卦第四十一　　减损有度　得失泰然 ………………………………… (167)
☴☳ 益卦第四十二　　与人玫瑰　手有余香 ………………………………… (170)
☱☰ 夬卦第四十三　　警惕袭扰　决除小人 ………………………………… (173)
☰☴ 姤卦第四十四　　相遇当正　避防阴邪 ………………………………… (176)
☱☷ 萃卦第四十五　　以正相聚　志同道合 ………………………………… (179)

☷☴ 升卦第四十六　顺势求升　有所作为 …………………… (182)
☱☵ 困卦第四十七　穷则思变　坚定信念 …………………… (184)
☵☴ 井卦第四十八　饮水思源　修身养性 …………………… (188)
☱☲ 革卦第四十九　人心思变　改革发展 …………………… (191)
☲☴ 鼎卦第五十　　革故鼎新　知人善任 …………………… (194)
☳☳ 震卦第五十一　雷声阵阵　戒慎惕惧 …………………… (197)
☶☶ 艮卦第五十二　当止则止　抑制邪欲 …………………… (200)
☴☶ 渐卦第五十三　不要着急　循序渐进 …………………… (203)
☳☱ 归妹卦第五十四　女子出嫁　贵守贞正 ………………… (206)
☳☲ 丰卦第五十五　丰盈硕大　如日中天 …………………… (209)
☲☶ 旅卦第五十六　人在旅途　行动艰难 …………………… (212)
☴☴ 巽卦第五十七　和顺进入　利见大人 …………………… (214)
☱☱ 兑卦第五十八　和悦高兴　当心口舌 …………………… (217)
☴☵ 涣卦第五十九　人心涣散　统一意志 …………………… (219)
☵☱ 节卦第六十　　节制欲望　艰苦创业 …………………… (222)
☴☱ 中孚卦第六十一　诚实守信　进取有为 ………………… (224)
☳☶ 小过卦第六十二　小有过越　行动有度 ………………… (227)
☵☲ 既济卦第六十三　大功告成　慎终如始 ………………… (230)
☲☵ 未济卦第六十四　壮志未酬　继续努力 ………………… (233)

第八章　系辞上传 …………………………………………… (236)

第九章　系辞下传 …………………………………………… (249)

第十章　说卦传 ……………………………………………… (262)

第十一章　序卦传 …………………………………………… (268)

第十二章　杂卦传 …………………………………………… (272)

附　六十四卦卦象全图 ………………………………………… (274)

六十四卦爻象全图及使用说明 …………………………………（275）

参考文献 ……………………………………………………………（281）

后记 …………………………………………………………………（283）

引 论

学《易》致用，塑造和谐

　　《易经》是中华民族文化的精粹，是几千年文明智慧的结晶。《易经》是五经之首、中国传统文化之源，被西方人称为中国的"圣经"和"智慧之书"。自孔子以来，关于《易经》的注解绵延不绝，著述可谓汗牛充栋，但都免不了有其历史的和阶级的局限性，且行文往往晦涩难懂。为了继承这份珍贵的文化遗产，进一步发掘其唯物论、辩证法、信息论、伦理学及预测学等多种特质与功能，必须联系现代社会生活的实际，对其作出富有时代气息的通俗解释。本书以极大的理论勇气和科学的生活态度，联系自身工作生活的实际，对传统的《易经》作出了全新的理解和阐释。创新，通俗，实用是本书的突出特点。

　　关于《易经》的理论性质及其定位，古往今来，见仁见智。在此，作者首先且必须阐明自己的原则立场，表明对《易经》的基本态度和观点。本人认为，《易经》是朴素的唯物论、中国式的辩证法、古代的信息论、政治伦理学、传统的预测学，互依互渗、融为一体，简称为"五位一体"论。其要旨就是尊天循道、阴阳通变、观象交感、居正持中、抉择判断，舍缺一个方面或环节，都不能完整准确地理解《易经》的精神。

　　毛泽东指出："中国的长期的封建社会中，创造了灿烂的古代文化。清理古代文化的发展过程，剔除其封建性的糟粕，吸收其民主性的精华，是发展民族新文化、提高民族自信心的必要条件。"(《毛泽东选集》第2卷，人民出版社1991年版，第707页) 习近平倡导："认真汲取中华优秀传统文化的思想精华，深入挖掘和阐发其讲仁爱、重民本、守诚信、崇正义、尚和合、求大同的时代价值。"(中共中央宣传部《习近平总书记系列重要讲话读本》，学习出版社、人民出版社2014年版，第101页)

《易经》是良师益友，《易经》是生活的指南针，《易经》是抑恶扬善的"矛"与"盾"，进可攻，退可守。俗语说，学会唐诗三百首，不会写诗也会溜。我说，为人不把《易经》读，一生枉在世上走。以往研读《易经》只是文人雅士的事，广大民众不识字，根本没有机会学研《易经》。而今文化普及，人民知识水平显著提高，作者将《易经》做了通俗的解释，广大读者自然有机会研读这一古代儒家经典。

学习和研究《易经》的目的，在于实践和应用。《易》有大用，也有小用，但小用应与大用统一结合起来，即注意个人利益与社会利益的统一，个人追求与民族进步的结合。如上所述，《易经》有着丰富的唯物论、辩证法思想，深入挖掘和阐发这些思想，有益于促进我国经济和社会的发展，推动马克思主义中国化和民族文化国际化。同时，《易经》既是处世之方，又是做人之道。可以说，《易经》是良师益友，正如《系辞》下所说："《易》之为书也，不可远。……无有师保，如临父母。"在现代社会它同样有着无穷的魅力，如何使《易经》精神在市场经济条件下发扬光大，既是一个重要的理论课题，又是一个现实的实践问题。我们应积极探索人类历史发展规律、社会主义建设规律和共产党执政规律，不断提高执政能力，才能促进社会主义和谐社会的构建。

毛泽东在《改造我们的学习》的报告中对"实事求是"做了精辟的论述，他说："实事"就是存在着的一切事物，"是"就是客观事物的内在联系，即规律性，"求"就是我们去研究。（《毛泽东选集》第三卷，人民出版社1961年版，第801页）《易经》64卦384爻是一切客观事物的表征，道是客观事物的运行规律，所谓一阴一阳之谓道，《易经》涵盖天、地、人三才之道，周易演练和预测活动就是研究事物运行之道，把握为人处世之道。当然，肯定《易经》的预测作用，并非提倡都搞这种预测。只要深刻领会了《易经》的要旨，自觉按照其精神为人处世，做到"顺天循道""居正持中""应势通变"，也没有必要事事预测。荀子曾说"尚易者不占"，道理就在于此吧。

学习和研究《易经》，应本着"实事求是、与时俱进"的科学态度，就是要客观地考察《易经》的产生与演变过程，正确地分析其性质和内涵，辩证地看待其历史地位和作用；就是要联系社会发展的实际，深刻领会和运用《易经》的智慧，适应时代的要求创造性地探索和弘扬《易经》精神。国运兴，易运兴。中华民族面临伟大复兴，需要强大的精神动力。

溯源思进，激浊扬清，《易经》作为儒家群经之"首"、中华文化之"源"，必将为民族文化繁荣发展和社会主义和谐社会的构建作出新的贡献。

《中共中央关于构建社会主义和谐社会若干重大问题的决定》指出，构建社会主义和谐社会必须重视和谐文化建设，加强人文关怀，促进人的心理和谐。借鉴国外心理分析思想，继承中国传统文化心理观点，加强人文关怀，促进心理和谐，是理论发展的需要，更是社会实践的迫切要求。积极开展心理分析和咨询，引导人们正确对待自己、他人和社会，正确对待困难、挫折和荣誉，培育人的乐观、豁达、宽容的精神，提高心理承受能力。发掘和弘扬《易经》中积极的价值观，能够帮助人们塑造健康、和谐的人格，促进和谐社会的构建与和谐世界的建设。

上 编

基本理论篇
——揭开《易经》神秘的面纱

第一章

《易经》的形成

一 "人更三圣,世历三古"

《易经》是中华民族的伟大创造,是民族智慧的结晶。

《易经》"系辞传"中说:"古者包羲氏之王天下也,仰则观象于天,俯则观法于地,观鸟兽之文,与地之宜,近取诸身,远取诸物,于是作八卦,以通神明之德,以类万物之情。"

《汉书·艺文志》说:"易道深,人更三圣,世历三古。"这是说,由"八卦"到"十翼",源远流长,先后经过上古的伏羲,中古的文王、周公,与近古的孔子。

《山海经》中说:"伏羲得河图,夏人因之,曰《连山》;黄帝得河图,商人因之,曰《归藏》;列山氏得河图,周人因之,曰《周易》。"

有人认为,中国最古老的易经是炎帝研创的《连山易》。2004年9月,怀化市会同县连山中学杨明君等两位教师无意中发现,会同连山八庙名称、方位以及所处地貌环境与神农炎帝所创《连山易》中连山八卦有惊人的吻合之处。怀化历史学者阳国胜在进一步深入研究时,产生了一个大胆的设想,是不是连山八庙和连山八卦与神农炎帝出生地存在着某种内在关联?书名"连山"与会同"连山"相同。在《易经的智慧》中说:"《连山易》为神农氏所创,神农氏即炎帝。神农氏将八卦每两卦一重,首次演绎为六十四卦。"《周易正义》解释说:"《连山》者,象山之出云,连连不绝。"会同地处雪峰山腹地,连山为一河谷盆地,四面正好被"连连不绝"群山包围。《连山易》也缘此而名。他们在会同连山找到了八个地名和八个古庙,其名称、方位与炎帝"连山八卦"完全一致。

2005年，新华社发布消息称，在贵州荔波发现了水书《连山易》，这一晋代时就被认为已经失传的《连山易》重生面世，使连山八庙和连山八卦的比较研究透现曙光。水书比甲骨文出现的年代还要早。据研究发现，这三个字是古人根据连山地区特有的地貌临摹而来。"连"字的由来，以为一是"连"与"莲"同音。会同连山一带多长野生莲，有一塘名莲花塘，自古至今，水盈不干，仲夏时节莲花朵朵。二是"连"字有五点贯穿而过，可能是古人记载这五个地方曾有人类居住，故而连成一线作为"居住点"的记录。五点中弯曲的黑线是流经连山的渠水，其"之"字旁是"艮山"山脉。巧合的是，在会同连山坛子墙、林城渡头以及邻近靖州沙溪、太阳坪、艮山口，都先后发现了旧、新石器时代遗址，把五个遗址穿成一线恰巧呼应了五个"居住点"之说。而"山"字则为"连山石"，二者形神一致。另外，史书记载，《连山易》之所以名"连山"，是取"山上山下"之意。"易"字为蜥蜴的象形，会同连山人把蜥蜴叫狗皮蛇。而在连山大坪村就曾有一座城池被称为狗皮城，虽然城池已不在，但人们却在遗址上找到了一块记载清乾隆年间在此重修城隍庙的石碑，顾名思义，这里的确曾有一座城池。登上对面的高山远远望去，狗皮城遗址山头也极像一只睡卧的蜥蜴。

依据《周礼》太旷的记载，周代设有称作"太卜"的官，依据《三易》，职掌占卜。《三易》就是指《连山》《归藏》《周易》。一般地说，《连山》是夏代的易学，《归藏》是殷代的易学，《周易》是周代的易学。《连山》《归藏》已经失传，今天的《易经》就是《周易》。

据《史记》记载，孔子读《易》韦编三绝。"盖孔子晚而喜《易》。《易》之为术，幽明远矣，非通人达才孰能注意焉！"（《史记·田敬仲世家》）孔子曾经感叹说："加我数年，五十以学易，可以无大过矣。"（《论语·述而》）可见《易》之于君子之意义，《易》之于人生的道理，以及"圣人以此洗心"之经历。

《易经》仰观天文，俯察地理，中通万物之情；究天人之际，探索宇宙、人生必变、所变、不变的大原理；通古今之变，阐明人生知变、应变、适变的大法则，以为人类行为的规范，这一天理即人道的天人合一的思想，称作"天人之学"，为我国传统文化的基础。

"易"有"变易""不易"和"简易"三种含义。宇宙万物，时刻变化，人事也是如此，所以说"变易"。然而，变化不息的大宇宙，却具备法则性，整然有序，循环不已，有一定的规律可循；小宇宙的人的命运，也同样具有法则性，所以说"不易"。由于这一"不易"的法则性，就能了解大宇宙的天地法则，可以遵循；同样的，小宇宙的人的动向，也能够预知，可以规范，所以说"简易"。

《易经》包括本文与解说两个部分。本文的部分，称作"经"；解说的部分，称作"传"。本文的"经"，由六十四个用象征符号的"卦"，与所附解说的"卦辞""爻辞"构成。

六十四"卦"，是由"—"与"- -"两种称作"爻"的符号，由下而上，顺序以六画构成。"—"与"- -"的属性相反，"—"代表阳、刚、男、君、强、奇数等，象征积极的事物；"- -"代表阴、柔、女、臣、弱、偶数等，象征消极的事物。

六十四卦代表着六十四类原型事象，卦辞描述了整个事象的线索，爻辞则描述了事象的具体过程，而爻的阴阳变化则揭示了事物变化的整体特性。

在六十四卦的后面，附有解说全卦的"卦辞"。"卦辞"是周文王撰写的。"卦辞"后面是"爻辞"，解说六爻每一爻的含义。

解说部分的"传"，共7种10篇：《彖》上下篇、《象》上下篇、《系辞》上下篇、《文言》《说卦》《序卦》《杂卦》，称作"十翼"。"翼"是助，辅助阐明"经"的意思。"十翼"被认为是孔子的著作。本文的"经"与解说的"传"，构成全部的《易经》。

《彖》与《象》中的大传（解说卦辞部分），主要是宣扬儒家政治、伦理、修养等观点的。《象》中的小传（解说爻辞部分），强调爻位说，是为尊奉君位而作的。《系辞》与《文言》是前人解经遗说的辑录。《系辞》上、下两篇，是《周易》的通论，以论述《周易》的意蕴与功用为主，是《易传》思想的主要代表作。它阐述宇宙事物间的矛盾与发展。《文言》是《易传》中专门用以解说《乾》《坤》两卦的。《说卦》收录了汉初经师的"卦象""卦德"说。《说卦》是对八卦卦象的具体说明，是研究术数的理论基础之一。《杂卦》将六十四卦以相反或相错的形态排成两两相对的综卦和错卦，从卦形中看卦与卦之间的联系。《序卦传》讲述六十四卦的排列次序。实际上，"传"的作者主要是借解说经文来发挥自己的思想观点。

二　关于《易经》成卦之"近取诸身"

关于《易经》八卦的形成，《系辞下》说："古者包牺氏之王天下也，仰则观象于天，俯则观法于地。观鸟兽之文与地之宜，近取诸身，远取诸物，于是始作八卦，以通神明之德，以类万物之情。"对于"近取诸身"，郭沫若先生认为是指八卦的阴（- -）阳（—）符号分别取形于女性和男性生殖器。这种说法虽有创意，但不够全面准确。笔者认为，所谓"近取诸身"，应是与事物相对的"人身"，与他人相对的"自身"和与前人相对的"亲身"。

（一）与事物相对的"人身"

八卦的形成，是古人长期观测和演习的结果，所谓"包牺氏"并非专指一人。古人在拟做八卦的过程中，自觉不自觉地遵循了归纳和演绎的认识路线，即广泛征取世间万象，归结出它们的共同本性和规律，再加以演绎和总结。其中，既有天文地理，也有鸟兽虫鱼，自然也包括万物之灵的"人"，而尤其关注万物与人的共通之处。自然中有天地、日月、昼夜……人间则有君臣、男女、刚柔……世间万物变化多端，却有着共通之"道"：阴阳交感、刚柔相推。天有天道，地有地道，人有人道，但无非是"一阴一阳之谓道"。那么怎样用一种高度抽象又丰富具体的占卜符号来表征呢？或者说这种简易的象征符号是如何形成的？与其说是取形于男阳女阴，倒不如说是取形于龟卜或骨卜的兆纹更有说服力。对此，李大用先生已有所探研，此不再赘述（李大用《周易新探》，北京大学出版社1992年版，第9页）。

（二）与他人相对的"自身"

八卦不仅弥纶天地人三才之"道"，而且对于每一个人来说同样也体现出全面的表征功能。作《易》者自然要从自身的实际出发，来总结和提炼出八卦的要旨。换言之，高度抽象的八卦符号必须能演绎为人的全部特征和变化规律。《说卦传》第九章说："乾为首，坤为腹，震为足，巽为股，坎为耳，离为目，艮为手，兑为口。"这是用人体的八种器官来说明八卦取象之例。第十章说："乾，天也，故称乎父；坤，地也，故称乎母；震一索而得男，故谓之长男；巽一索而得女，故谓之长女；坎再索而得男，故谓之中男；离再索而得女，故谓之中女；艮三索而得男，故谓之少男；兑三索而得女，故谓之少女。"这是以人的家庭成员为喻，说明八卦含有父母及其所生三男三女之象，如此等等。这一切才是"近取诸身"的确切所指。

（三）与前人相对的"亲身"

占筮活动古已有之，《周易》之前已有他《易》。所谓文王拘而"演"《周易》，确切地说应是演练和加工，即推演。也就是文王在困难的时候"亲身"推演和运用这一工具，而兴周灭殷。在八卦产生之前，人类已进行龟筮、骨筮、草筮等各种占筮活动，但这些占筮活动不仅受材料的限制和繁杂程序的制约，很难全面推广，而且其应验程度或效度也不好把握，于是就出现了《尚书·洪范》所说的"三人占，则从二人之言"的情况。如何运用材料简易、表征概括、占易简便的方法进行占筮呢？这就是从伏羲、黄帝、列山氏，一代一代的推演探究，最终形成了相对固定的八卦符号。更重要的是经过一代代的推演，所积累的卦例愈来愈丰富，使八卦所表征的内涵也愈来愈充实，也使得用这种简易的占筮方法进行占筮的效度似乎愈来愈高。到《周易》之时，这种占筮方法已经成为远远超出其他一切的占筮方法，周文王正是借助于这一方法，治国兴周，伐纣灭殷。事实上，现有的《周易》之卦爻辞，正是殷亡周兴历史的真实记载。所以说，《周易》八卦的形成和发展，是一代代治"易"者"亲身"体验、推演、提炼概括的结果。

三 全新理解"周"与"易"

（一）《周易》乃"周人"之易

一般认为，《周易》乃周代之易，虽有道理，实则笼统。准确地说，《周易》应为周人（即周族）之易，因为从《周易》的形成和其实际内容来看，主要是兴周灭殷的历史记录，也就是《周易〈系辞下〉》所说的"《易》之兴也，其当殷之末世，周之盛德邪？当文王与纣之事邪？"实际上，《周易》正是小国周灭大国殷的一种得利工具。所以说，《周易》之周，应为周人（周族）或周国之"周"，而非周朝周代之"周"。《山海经》中也说:"伏羲得河图,夏人因之,曰《连山》;黄帝得河图,商人因之,曰《归藏》;列山氏得河图,周人因之,曰《周易》。"这里的"周人",应为周族人或周国人,而非周朝或周代人。

(二) 周而复始谓之"周",生生不息谓之"易"

《周易》乃周人之易,只是就表面意思而言,就其实质来说,还有没有更深刻的含义?

近人尚秉和在其《周易尚氏学》一书中说:"按三易之名,皆缘首卦。《连山》以艮为首,上艮下艮,故曰《连山》;《归藏》以坤为首,万物皆归藏于地,故曰《归藏》;《周易》以乾为首,乾:元、亨、利、贞,即春、夏、秋、冬,周而复始,无有穷期,故曰《周易》。"

一般认为是"易"依"周"而名,其实,也不能排除"周"依"易"得名。既然尊天重乾,周而复始,依易命"周",也是顺理成章的事。《周礼·春官》于卦说"太卜掌三易之法,一曰《连山》,二曰《归藏》,三曰《周易》,其经卦皆八,其别卦皆六十有四"。《礼记·礼运》说:"孔子曰:我欲观夏道,是故之杞,而不足征也,吾得《夏时》焉。我欲观殷道,是故之宋,而不足征也,吾得《坤乾》焉。《坤乾》之义,《夏时》之等,以是观之。"殷道亲亲,周道尊尊。殷道重母统,故以坤为首;周道重父统,故以乾为首。《周易〈系辞传上〉》说:"天尊地卑,乾坤定矣。"氏族制度大势已去,《易》序的变化反映了统治秩序的变革。既然尊天、尊君、尊父、尊夫,乾为一元之始,何不自命为"周"呢?

"易"者简易也,占也。此其名也。就其实质而言,易者,变也,生生不息谓之易。同时,易又包含着不变,不变者"位"也,居正持中也。周而复始乃易之形,生生不息乃周之义。

(三) 周大悉备谓之"周",简易相像谓之"易"

周者备也,全也,易者象也,"周易"即"全像",用宇宙全息统一论的观点说就是"全息"。东汉经学大师郑玄(康成)在释《周礼》"三易"之义时,就将"周"字解释为"周普"(参见马松源主编《周易》,线装书局2010年版,第一卷第3页)。周易是宇宙的缩影,每一卦是事物发展变化的一个"全息胚"。《系辞上传》说:"《易》与天地准,故能弥纶天地之道。""夫《易》何为者也?夫《易》开物成务,冒天下之道,如斯而已者也。"又《系辞下传》："易者，象也，象也者像也。""《易》之为书也，广大悉备，有天道焉，有人道焉，有地道焉。兼三才而两之，故六。六者非它也，三才之道也。"

四　唯物地理解"自天祐之，吉无不利"

有人认为《易经》预测是神秘唯心论，或认为《易经》不是唯物论，一个重要原因是对《易经》某些卦爻辞的理解和解释不当所致。其中最突出的就是关于《大有》卦"自天祐（音 hù）之"的解释。对《大有》卦上九爻辞"自天祐之，吉无不利"，向来认为似乎天是有意志的，体现了一种宗教世界观，是唯心论。其实根据《易经》的一贯精神，完全可以对此作出唯物的理解或解释。天并无意志，但天有天道，且是地道、人道之本，顺之则盛，逆之则衰。能够"顺天应势，居正通变"，即使无意志上天，似乎也会降下祐助，自然是"吉无不利"了。

从《大有》卦的具体情况来看，《大有》上九：自天祐之，吉无不利。《象》曰：《大有》上吉，自天祐也。物获"大有"至盛之时，欲长保不衰，必须守顺谦下、诚信接物、见贤思齐，这又以"顺"为首要前提。上九正是谦顺安处，故得"天祐"长保富有。相反，倘若居功自傲、位高耻下、目空一切，必然会招惹是非、因福得祸，结果只能是祸从天降！

《系辞上传》对此有所发挥："六爻之动，三极之道也。……是故君子居则观其象而玩其辞，动则观其变而玩其占，是以'自天祐之，吉无不利'。"这是说，六爻的变动，包含着大千世界上至天、下至地、中至人的道理。君子通过探研《易经》而了解"三才"变化的征兆，自觉遵循其规律行事，自然会像《大有》卦中所说的"从天上降下祐助，吉祥而无所不利"。孔子对此也做了具体的解释，《易》曰："自天祐之，吉无不利。"子曰："祐者，助也。天之所助者，顺也；人之所助者，信也。履信思乎顺，又以尚贤也。是以'自天祐之，吉无不利'也。"孔子认为，只有践履诚信而时时考虑顺从正道，又能尊尚贤人，才能有天助之吉。得道多助，失道寡助。逆天行事，坑蒙拐骗，必然招致天怒人怨，有何吉利可言？

《系辞下传》则从另一个角度对此加以发挥：《易》穷则变，变则通，通则久，是以"自天祐之，吉无不利"。就是说，顺乎天道，应乎时势，善于变通，自有天助之吉。黄帝、尧、舜正是运用《易经》的变通之理，所以无所不利。而商纣王残暴无道，不听劝诫，最终亡国灭身！

再联系《既济》卦来看。《既济》中九五爻辞是：东邻杀牛，不如西邻之禴祭，实受其福。《象》曰："东邻杀牛"，不如西邻之时也；"实受其福"，吉大来也。意思是说，东边邻国（殷）杀牛盛祭，不如西边邻国（周）举行微薄的禴祭，更能承受到福泽。这似乎又显示出神秘的"天意"和"神意"，甚至有人以为这是一种"人事可以转移天意"的观念。实则不然。殷商逆天背民，大势已去，即使杀牛盛祭，也无从得助；周国顺天济民，兴兵灭殷适当其时。这是大势所趋，人心所向。所以说，"自天祐之"并不神秘，天助之吉，乃在守正。世事变化有其道，顺应时势方得福。

正如许嘉璐所说："人类正在自我毁灭。无论是人与人、国家与国家，还是人类与大自然的关系，必须让有别于西洋文化的理念和思维参与进去，这样，或许能够创造一种新的文化，引导人类走向和谐、安宁与幸福。中国有着五千年未尝中断过的文明，积累了丰富的、适应中华民族生存发展的经验和理论，用汤因比的话说，即有着中华民族几千年'超稳定'的经验，自然可以提供给世界参考。"（参见《卸下镣铐跳舞——中国哲学需要一场革命》，《文史哲》2009年第5期）自觉学习和继承以《易经》为代表的中华文化精华，探索和遵循科学发展规律，才能避免盲目性，促进人类沿着健康的轨道发展，推进和谐世界建设。正如温家宝倡导的："中华文化具有强大的向心力和震撼力，当代中华儿女一定要肩负起弘扬中华文化的历史重任。"（2012年《政府工作报告》）

第二章

《易经》定性新探

关于《易经》的定性问题，历来是见仁见智。有的认为是占卜书，有的则认为是哲学书，且长期争执不下。笔者认为，《易经》最基本的内容，是"尊天循道"的朴素唯物论，"阖辟通变"的中国式辩证法，"三才交感"的古代信息论，"居正持中"的政治伦理学与"穷神知化"的传统预测学有机结合、融为一体，简称为"五位一体论"。（参见王家忠《〈周易〉"五位一体论"》，《社会科学报》2001年10月4日）

一 《易经》是朴素的唯物论

《易经》的唯物论性质已为学术界普遍认同。这是因为，它承认客观存在的"道"，天有天道，地有地道，人有人道。而且《易经》与以往的坤乾不同，从尚坤转而尊乾，"天尊地卑，乾坤定矣"。这尽管反映了母系衰微、父系上升之势，但客观上更符合以"天"为中心的事实。这在认识上实现了一次哥白尼式的变革，尽管这个"天"既是自然之天，又是感受之天，即包含了人对天的认识和了解。三才之道中，天道、地道是基本的，人道是受天地之道制约的，而"一阴一阳之谓道"，这就是说主观辩证法——人的变化之道，是服从于客观辩证法——天地变化之道的。从其认识路线来看，《易经》的成卦，是观物取象的方法，所谓"仰观、俯察、近取"，这是"从物到感觉和思想"的唯物主义路线。

对《易经》唯物论持怀疑态度的人，主要是对其预测方法存在误解。其实，从《易经》的一贯精神来看，《易经》预测不但是唯物论，而且是能动的唯物论。首先它坚持天地人三才各有其道，同时三道之间又息息相通，人试图通过观物取象来获得事物变化的规律。这种观物取象的方法是经过几代人长期地演习和文化积淀而逐步形成的，经过从个别到一般，从抽象到具体，最终产生了"易与天地准"的八卦符号。在这个过程中尽管充满了各种迷信色彩，但抛开种种烦琐的仪式，剔除其神秘的杂质，其基本认知过程是唯物的。同时《易经》预测活动不是消极被动地接受外界的信息，而是主动发出信号（意念），作用于外界而接受信息反馈的过程，即一个"格物致知"的过程。

二　《易经》是中国式的辩证法

毛泽东指出："辩证法的宇宙观，不论在中国，在欧洲，在古代就产生了。"（《毛泽东选集》第1卷，人民出版社1991年版，第303页）众所周知，《易经》的辩证法思想十分丰富、深刻。但长期以来，人们习惯于用西方的辩证法范式来剖析《易经》辩证法，特别是受苏联教科书辩证法体系的影响，存在着对《易经》辩证法曲解和肢解的倾向。笔者认为，必须准确理解辩证法的本质含义，全面把握《易经》辩证法的思想体系。辩证法是关于联系和发展的学说。《易经》内容繁杂、涉及广泛，但却集中体现了统一的哲学原理：阴阳变化的规律。正如朱熹在《周易本义〈序〉》中所说："六十四卦、三百八十四爻，皆所以顺性命之理，尽变化之道也。"《易经》辩证法自成体系，且每一卦就是一个辩证命题，是中国古代辩证法思想的集大成者，也是中国几千年辩证法思想的源头活水。

从形式上看，《易经》辩证法具有周期性或圆圜性特点，无论是整体的六十四卦的演变过程，还是每一卦的变化，都是如此，尤其在乾卦中体现得最突出。依此，有人说，《易经》的发展观是循环论，其实，事物存在和发展的圆圜性和周期性特点是客观存在的，况且，作为一种占卜工具，其循环性只是形式上的，并不妨碍事物的多样变化和无限发展。

从内涵上看，《易经》辩证法的突出特点是其系统整体的思想。所谓天地人三才之道，就是把宇宙万物归纳成不同层次而互相制约的三大系统，三大系统构成一个统一的整体。三道之间虽各有自己的特性，然而又是息息相通、归于一理的。六十四卦构成一个大系统，每宫八卦则是一个中系统，每一卦又是一个小系统，既具有相对独立性，又相互联系和转化。每一卦都是一个辩证全息胚，不仅体现着三才之道，而且蕴含着尊天循道、居正通变的思想，自身六爻相生相克、承乘比应、自下而上生成演化，同时又与外在环境密切联系并相互作用。从主卦到变卦，既是内部对立统一、相生相克、阴阳转化的结果，又是系统与环境、内在与外在、主观与客观相互联系和作用的结果，所谓阴阳和合、五行生克、三才交感。其中贯穿着对立统一、物极必反的思想，而自始至终又体现着居正执中、中正和合、和谐统一的观点。在《易经》的形成与演化进程中，不断体现着抽象与具体、归纳与演绎、逻辑与历史、分析与综合等合理的认知与思维方法。对《易经》辩证法，应从整体上来把握，即作为一个有机的体系来看，而不能仅仅局限于"履霜坚冰至"是质量互变，"无平不陂，无往不复"是否定之否定之类的断章取义。

　　正如有的学者所说："同一个世界，同一湾心灵。人类文明生成的原点是人的心灵，心有灵犀一点通，于是一些诺贝尔奖获得者，就来中华五千年文明矿藏中'掘宝'，中华古籍就成为诺贝尔奖获得者眼中的一片智慧绿野。"（王建堂：《诺贝尔奖与中华古籍》，《科学时报》2010年2月26日）

　　丹麦物理学家玻尔，荣获1922年诺贝尔物理学奖。他对中华古籍情有独钟。1962年，中科院冼鼎昌到玻尔理论物理研究所工作，一天被邀到其家做客，玻尔饶有兴致地谈起了中国哲学，特别是关于《易经》的谈话给冼鼎昌留下了极为深刻的印象。20世纪初，物理学界提出著名的"波粒二象说"，后又提出"测不准原理"；1927年玻尔在充分肯定"测不准原理"的同时，自己又提出"并协原理"。玻尔认为，"波粒二象"既是互相排斥、又是确定存在的，即并协、互补。真理具有两个侧面，如同一枚钱币具有两个侧面一样，每个侧面都是正确的，它们是对立的，但又是并协的。后来玻尔逐渐把并协原理发展为一种并协哲学。1947年，因玻尔在科学上的成就及对丹麦文化的重要贡献，丹麦国王破格授予其荣誉徽章；当玻尔必须为自己礼仪罩袍上选定一个图案时，他选定了中国古代"太极图"，并题词："对立物是并协的（互补的）。"太极图准确、形象、完美地表达了并协原理的深刻内涵，是人类对"宇宙生成"符号表达的极致。这些表明玻尔承认中国古代文明与现代科学之间深刻的和谐一致，用东方神秘文化印证了物理学尖端科学理论。

　　1956年，杨振宁和李政道在美国《物理评论》上发表《对弱相互作用中宇称守恒的质疑》，认为至少在弱相互作用领域内，宇称并不守恒。

这一年年底，吴健雄等通过实验证实了这一理论。1957年12月10日，杨、李共同获得诺贝尔物理学奖。杨振宁获奖后说："我怀疑德国物理学家拿波特的奇偶性意见，这和我40年代在云南昆明西南联大做大学生时代念《易经》的心得有关，《易经》中既有阴阳相对的道理，也有阴阳消长或阳盛阴衰、阴盛阳衰、剥久必复、否极泰来的道理。"（参见王建堂《诺贝尔奖与中华古籍》，《科学时报》2010年2月26日）《周易》启迪了杨、李的智慧，杨、李诠释了《周易》的神奇。

三 《易经》是古代的信息论

信息是同世界的物质过程、能量过程紧密联系在一起的普遍现象，它是系统内部和系统之间通过相互联系而实现和保留的某一事物的形态、结构、属性和含义的表征。事物之间相互作用，往往在对方身上打上自己的印迹，以另一种形式表现出来，就成为关于该事物的信息。人们常常利用这种信息传递和储存的现象，通过信宿了解信源，以间接的方式观察和推测天文、气象、农作甚至人事的变化趋势。

列宁指出："断言一切物质都具有意识，这是不合逻辑的"，"但是假定一切物质都是具有在本质上跟感觉相近的特性，反映的特性，这是合乎逻辑的"。（《列宁选集》第2卷，人民出版社1972年版，第89页）系统内部及系统之间或系统与环境之间的相互反映，是通过信息的交换而实现的。从物质的反映特性，到低等生物的刺激感应性，到动物的感觉和心理活动，再到人类的意识，既是信息反映能力的提高和超越过程，也是一个不断积淀和累积的过程。动物接受外界刺激的反映活动是通过反射而实现的。生物学家发现，任何生物体均具有两套系统——感受器系统和效应器系统。靠着前者，生物体接受外部刺激；靠着后者，生物体对这些刺激作出反应。二者构成了生物的功能圈。卡西尔却指出，除了在一切生物种属中都可以看到的感受器系统和效应器系统以外，在人那里还可以发现存在于这两个系统之间的第三个系统——"符号系统"。这个新的获得物改变了整个的人类生活。有了它，人类就不再生活在一个单纯的物理宇宙之中，而是生活在一个符号宇宙之中，由此而构成了人类丰富多彩的文化世界。

但《易经》的象征符号与一般的文字符号有所不同：（1）一般的文

字符号是从具体（象形）到抽象，最后逐渐剥离了具体，而《易经》符号在高度抽象的同时又有着丰富的具体，并且在运演过程中不断有新的具体加以充实；（2）《周易》符号不是一般的人与人之间交流、沟通的信号（语言、文字等），而是人与客观存在及其发展态势之间的一种信息交流；（3）《易经》符号不是消极被动地接受现存事物或外界的刺激，而是主动地发出信息，通过物化过程获取可观的物象，使潜在信息显态化，再破译这种物象符号形成对事物发展趋势的判断，具有主动性和选择性；（4）一般的文字符号作为人际交往的工具是有局限性的，有时是人为虚假的，所谓"书不尽言，言不尽意"。而《易经》符号则要力图揭示和表征事态的真象（天道、人道、地道），所谓"圣人立象以尽意，设卦以尽情伪，系辞焉以尽其言"。信息的本质特征在于它的表征性。《易经》是一套特殊的表征符号，是中华民族的伟大创造，是古代的信息论。

四 《易经》是政治伦理学

　　《易经》尊天循道、阖辟通变，核心却是为了人事。从客观上说，做人处事要遵循三才之道，从主观上说，在特定社会中要服从该社会的秩序与规范。从这个角度来看，作为三才之道的"人道"不能完全与"规律"画等号，在这里把"道"理解为"规则"更确切。它是主观与客观的统一、可能与现实的统一、应有与现有的统一，既是唯物的又是辩证的，所谓"一阴一阳之谓道"。天之规则是阴与阳的结合交替，人的规则是柔与刚的结合交替。《易经》是变易之道，但其中又有不变之道，那就是尊天、居正、持中的思想。乾为天，坤为地，乾坤之道乃君臣之道，由此派生出其他之道。所以《易经》的伦理思想是以政事为核心而展开的。《系辞下》说："二与四，同功而异位，其善不同，二多誉，四多惧，近也。柔之为道不利远者，其要无咎，其用柔中也。三与五，同功而异位，三多凶，五多功，贵贱之等也。其柔危，其刚胜邪？"就是说，第二爻和第四爻同具阴柔的功能而各居上下卦不同之位，两者象征的利害得失也不相同：第二爻处下居中多获美誉，第四爻处上居下多含惕惧，因为靠近君位。阴柔的道理，不利于有远大作为；其要旨在于慎求无咎，其功用在于柔和守中。第三爻和第五爻同具阳刚的功能而各居上下卦不同之位：第三爻处下卦之极多有凶危，第五爻处尊居中多见功勋，这是上下贵贱的等差所致。大略说来，若阴柔处三五阳位，就有危患，若阳刚处三五阳位就能胜任。这种"居正持中"的思想是《易经》伦理的核心，在此基础上进一步阐发了自强不息、诚信待时、扶正压邪、居安思危、防微杜渐、以弱胜强、应势通变、中正和谐的思想，不仅体现了政治统治的秩序性、规范性，而且体现了政治斗争的策略性、艺术性。

五 《易经》是传统的预测学

既然天、地、人各有其道，那么怎样才能自觉地把握和遵循这种"道"行事，从而避免不必要的损失呢？动物只能用其灵敏的感受器来判断环境安全与否，而人却能借助于一定的工具来测试事态的利与害。从投石问路、竹竿探路，到观测各种物象变化，利用各种占卜材料获取外界信息的表征物象，最后经过几代人的演练而形成具有"一般与个别统一，抽象与具体统一"的八卦表征符号，体现了人类在探知世界变化规律方面的不懈努力。在这个过程中，充满了唯物与唯心、科学与迷信的长期的复杂的斗争，唯物主义者力图对此作出唯物的解释，唯心主义者则企图将其神秘化。其实，从《易经》的一贯思想来看，《易经》预测只能是唯物论的。因为它强调有客观的"道"，世间万物无不循道而行。一阴一阳之谓道，万物的共同本性是对立统一、交感变化。通过仰观、俯察、近取，形成高度抽象又丰富具体的表征符号，以此来获取事物发展变化的信息，这在本质上和投石问路是一样的。但在历史上和社会上，确实有人将这种预测活动烦琐化、神秘化了，使其蒙上了浓厚的迷信色彩，其中，尤以朱熹的《周易本义〈筮仪〉》最为典型。正像马克思在分析欧洲近代哲学时所说，旧唯物主义者忽视了主体的能动的方面，而这种能动性被唯心主义者发展了，但却是片面地发展了。科学发展到今天，世界物质统一论，宇宙全息统一论，意识起源论，以及系统论、信息论、控制论、脑科学等的研究成果，完全可以对《易经》预测作出唯物的科学的解释，对形形色色的唯心主义观点加以批判，揭开其神秘的面纱，以推动《易经》研究沿着正确的轨道发展。《易经》是能动的唯物论，《易经》是传统的预测学。

总之，《易经》是五位一体的，其要旨就是"循道"—"通变"—"交感"—"持中"—"抉断"，不仅体现在整体上，而且体现在每一卦之中。舍少一个环节或方面，都不能完整准确地理解《易经》的精神。（参见王家忠《〈周易〉定性问题之我见》，《东岳论丛》2007年第3期）

第三章

《易经》的政治哲学

一 治国安邦之道是《易经》思想的核心

政治哲学的研究对象是关于政治的普遍本质和发展规律。《易经》将"天道""地道""人道"一统于"乾坤""阴阳""刚柔"的交感作用，具有哲学的性质。但它又不是纯概念的辩证法或纯理论的哲学，而是直接应用于现实政治斗争和伦常制度，是一种政治哲学，主要围绕治国安邦之道，而阐述了其人天观、君臣观、君民观、得失观、进退观，等等。

李大用先生认为，《周易》卦爻辞是在东土既定、殷民未靖的情况下，周公、召公为了使其警惕天命、德治保民方针贯彻执行下去，永保周王朝的长治久安，而指导史巫根据历年存放于"金縢之匮"的命龟之辞和其他文献整理、编写而成的周文王、周武王、周公、周成王兴周灭商的历史进程及其成败因由的记录，以便成王、康叔及其后嗣子孙牢记商灭的教训和周兴的经验（李大用：《周易新探》，北京大学出版社1992年版，第9页）。这一观点是与《易经》的基本内涵和历史事实相符合的。正如《周易〈系辞下〉》所说："作《易》者，其有忧患乎？""《易》之兴也，其当殷之末世，周之盛德邪？当文王与纣之事邪？是故其辞危，危者使平，易者使倾。惧以终始，其要无咎，此谓《易》之道也。"事实上，《易经》卦辞所阐发的正是天命不常、革命合理、常怀忧患意识，殷鉴不远、民心可畏、存亡事在人为，以德化民、谨用刑罚、"以小民受天永命"，修身齐家、自纳于德、效法先祖榜样、自强不息、厚德载物、中正和谐、革故鼎新等思想，其核心就是治国安邦之道。

二 《易经》政治哲学的主要内容

（一）尊天循道、君臣有序

《易经》与以往的《坤乾》不同，殷道重母统，故以坤为首；周道重父统，故以乾为首，所谓"殷道亲亲，周道尊尊"。《周易〈系辞传上〉》说："天尊地卑，乾坤定矣。"氏族制度大势已去，《易》序的变化反映了统治秩序的变革。这反映了母系衰微、父系上升之势，客观上也更符合以"天"为中心的事实，虽然这个"天"既是自然之天，又是感受之天，即包含了人对天的认识和了解。天有天道，地有地道，人有人道，但三才之道皆以天道为基础，或由天道引申而来。乾为天、为君，坤为地、为臣，天地之道乃君臣之道。《易经》是变易之道，但又有不变之道，那就是天尊地卑、君臣有序。这是封建统治阶级在经过新旧制度交替之后，试图将其统治秩序合理化的反映，也是其对当时政治制度和统治秩序存在和演变规律的积极探索。

（二）居正持中、进退有则

《周易〈系辞下〉》说："二与四，同功而异位，其善不同，二多誉，四多惧，近也。柔之为道不利远者，其要无咎，其用柔中也。三与五，同功而异位，三多凶，五多功，贵贱之等也。其柔危，其刚胜邪？"这就是说，第二爻和第四爻同具阴柔的功能而各居上下卦不同之位，两者象征的利害得失也不相同：第二爻处下居中多获美誉，第四爻处上居下多含惕惧，因为靠近君位。阴柔的道理不利于有远大作为，其要旨在于慎求无咎，其功用在于柔和守中。第三爻和第五爻同具阳刚的功能而各居上下卦不同之位：第三爻处下卦之极多有凶危，第五爻处尊居中多见功勋，这是上下贵贱的等差所致。大略说来，若阴柔处三五阳位，就有危患，若阳刚处三五阳位就能胜任。这种"居正持中"的思想贯穿《易经》整个体系，也是其政治哲学的核心。这是封建政治统治秩序性的体现，也是为政处事的基本规范。即所谓为所当为，思不出其位。

既然受现实统治秩序的限制，君臣有序、各得其位，是不是就消极无为、明哲保身了呢？不是。因为"一阴一阳之谓道"，世事尽在变易中。为政处事要准确地把握这种变化态势，有所为，有所不为。在整个事态变化当中,要善于审时度势,当进则进,当退则退。在这里,《易经》是重刚、行健、主动的,与《老子》的贵柔、守雌、尚静不同。而进与退的依据或准则依然是"居正持中",也就是遵循三才变化之道。《系辞上传》说:"六爻之动,三极之道也。……是故君子居则观其象而玩其辞,动则观其变而玩其占,是以自天佑之,吉无不利。"这又体现了政治斗争的策略性和艺术性。

(三) 以民为本、损益有度

《尚书》中提出"民为邦本,本固邦宁"的思想,历代统治阶级将其奉为圭臬。在《易经》政治哲学中同样体现了以民为本的思想。所谓居正持中,就是不违民心,勿劫民益。《观》卦所记录的就是周公、召公为成王、康叔等总结的观察民情以确定政策之道。从《损》《益》两卦来看,损与益的定位或定性就是以"民"为本位的,从整体上有损于民(进而有损于国)的视为"损",从整体上有益于民(进而有益于国)的便视为"益"。《损》卦的意义,重在损下益上。卦辞指出,"减损"之道,应当以"诚信"为本,就能"元吉、无咎、可贞、利有攸往";并强调,只要心存孚信,虽微薄之物如"二簋淡食"者,亦足以奉献"益上"。《象传》进一步指出:"损益盈虚,与时偕行。"这是把诚信与合时联系起来分析,表明"损下"不可滥损,"益上"不可滥益。犹如垒土筑墙,损取墙下土石增益墙上之高,若取之不正、用非其时,则墙必危坠。《益》卦《象》曰:"益",损上益下,民说无疆;自上下下,其道大光。就是说:"增益",意思是减损于上、增益于下,这样民众就欣悦不可限量;从上方施利予下,这种道义必能大放光芒。这犹如损取墙上多余的土石,增益墙下基础,则墙基坚实、墙体安固。范仲淹说"损上则益下,益下则固其本"。

(四) 敬德保民、尚德慎罚

得民心者得天下,失民心者失天下。《易经》十分强调心存诚信、取信于民。《中孚》卦《象》曰:"中孚",柔在内而刚得中,说而巽,孚乃化邦也。意思是说"中心诚信",譬如柔顺处内能够谦虚至诚而刚健居外又能中实有信;于是下者欣悦、上者和顺,诚信之德就能被化邦国。《损》《益》等卦爻辞强调要重视民意、争取民心;只要人民不反对,天命就可以长保。《益·九五》："有孚惠心，勿问元吉，有孚惠我德。"意思是说，我信于民，顺民之心，可无问而大吉也。《临》卦则是周公、召公直接总结的"以教思无穷、容保民无疆"的治民之道。"君子"观《临》卦之象，悟知临民之时，应当花费无穷之思教导百姓，并以无疆之德容民保民。在这里，"临"即统治的意思，《临》卦所谓"监临"，正是侧重揭示上统治下、君主统治臣民的道理。其中六三爻辞说："甘临，无攸利；既忧之，无咎。"对于"甘临"有两种解释，一是认为"用钳制政策治人"，一是认为"靠巧言佞语治人"，但无论哪种办法，都是"无攸利"的。

（五）居安思危、处治思乱

《易经》卦爻辞中处处充满了忧患意识，而"居安思危、处治思乱"的思想则是其最集中的体现。正如《系辞下》所说："《易》之兴也，其当殷之末世、周之盛德邪，当文王与纣之事邪？是故其辞危，危者使平，易者使倾。"《否·九五》："休否，大人吉；其亡其亡，系于苞桑。"以国家之大，不系于磐石，而系于苞桑，可见其危之甚！在《周易》卦爻辞中经常可见"悔亡""无咎""贞吉"之类的警惕语，告诫人们常怀忧惧、守持正固才能获吉免咎，居安忘危、处治忘乱则不能长久。为政之道，当在"临深履薄"、居安思危。

（六）自强不息、革故鼎新

《乾》卦说："天行健，君子以自强不息。"《革·九四》说："悔亡，有孚，改命吉。"

《杂卦》说："革，去故也；鼎，取新也。"日月更新，社会发展，顺天应势，人心所向。殷周的交替是王朝的更迭，更是社会制度的变革。殷商逆天背民、大势已去，周国顺天济民、适当其时。据史料记载，周武王欲伐商纣王，先派探者前往刺探情况，探者几次回报说：目前商国百姓民怨沸腾，都斥骂纣王残暴，请求武王出兵。可武王却迟迟不肯出兵。最后探者气馁地回报说，商国眼下已很平静，再也没有人骂纣王了。武王听了大喜，迅即出兵讨伐纣王，结果大获全胜！大臣们不解其中缘由，请教武王。武王说，百姓们斥骂纣王，是希望他好；再也没有人骂纣王，说明人们已对他彻底绝望了，这样的王朝也就没有希望了。正所谓"民之所欲，天必从之"。纣王残暴无道，不听劝诫，最终亡国灭身。武王顺乎天应乎人，伐纣灭商。《系辞下》说：《易》穷则变，变则通，通则久，是以"自天佑之，吉无不利"。在中国历史上，不少有识之士适应时代的要求，推行改革、改良、改制，满足了民众的要求，解放了生产力，促进了社会的进步。

三 《易经》政治哲学的基本特征

（一）三才交感、天人和谐

"天垂象，圣人则之。"《易经》作者对政治的理解和阐释往往是将天、地、人三才联系起来考察的，这不仅使为政之"道"有了客观的依据，而且在宏观上追求的是一种天人和谐的思想境界。在我国，政治科学长期未能成为独立的学科，中华人民共和国成立后的一个时期里，政治学被当作伪科学，人们只强调政治的阶级性和斗争性，而忽视或否定了其规律性和艺术性，由此给社会的政治生活造成极大的混乱。改革开放后，党中央提倡重视和加强政治科学的研究，不少学者翻译介绍了大量的西方政治思想著作，为促进我国的政治科学研究工作起了积极的作用，但对我国古代政治思想的挖掘和总结做得还不够。认真研究和总结《易经》的政治哲学思想，不仅有助于形成具有中国特色的政治哲学思想体系，而且有利于促进中国特色政治管理模式的确立。

（二）德术并用、义利统一

与上述忽视政治的规律性倾向相联系的是，还有一种错误倾向，就是认为政治只是一种治人的手段，甚至将政治与各种投机钻营的"厚黑学"混为一谈。《易经》的政治哲学则强调德术并用、以德化民，把为政之道与天地（阴阳）之道统一起来，把治国之术与政治伦理结合起来，主张居正执中、进退有节，中孚诚信、修身齐家，这与所谓的"欺骗政治""驭民之术"有着显著的区别。认真研究《易经》的政治哲学思想，联系领会我们党的群众路线和"有理、有利、有节"的策略思想，有助于深入领会江泽民同志"三个代表"的重要思想。笔者认为，"三个代表"重要思想，不仅有着坚实的实践基础和深厚的理论基础，而且有着丰富的思想文化渊源。古今中外，有多少统治者或管理者，为了眼前的一己之私利，不择手段、失信于民，最终误国失身！鲁迅先生说过："捣鬼有术，也有效，然而有限；故以此成大事者，古来无有。"美国前总统林肯也说过类似的话："你可以暂时欺骗所有的人，也可以永远欺骗一部分人，但不能永远欺骗所有的人。"在当前，要建设诚信社会，首先应建设诚信政治。

（三）治防结合、有备无患

治天下者以史为鉴。《易经》卦爻辞是对兴周灭商历史进程及其成败因由的记录，更是对后继者治国安邦策略的启示。且不说治《易》者的初衷是为了占卜和预测，就是《易经》中记载的许多史实和警语对于治国安邦都有着重要的警示作用。我们不是历史循环论者，但社会的发展毕竟有着自身的规律性，"历史往往有着惊人的相似之处"。正是由于《易经》的引发，从而形成了司马迁"究天人之际，通古今之变"的历史哲学和"原始察终、见盛知衰"的《史记》主题。可以说，《易经》是良师益友，正如《系辞下》所说："《易》之为书也，不可远。……无有师保，如临父母。"《易经》蕴含着丰富的治国安邦的科学智慧，认真加以研究和阐发，有助于提高人们的政治哲学素养。一个有作为的政治家也应该从中汲取有益的养分，彰往察来，把握机遇，志存高远，为中华民族的伟大复兴作出应有的贡献。

第四章

《易经》与心理分析

一 心理分析是《易经》的重要功能

心理分析疗法最早是由心理学家弗洛伊德使用的,他认为人不仅有自觉的意识活动,还有不自觉的无意识活动,这种无意识常常是被压抑的,意识与无意识不协调就会造成精神病症。他认为这种无意识往往是过去的创伤或记忆,且主要是性意识,于是他通过催眠和解梦的方式给人进行精神治疗。

他的学生荣格继承了他的思想,但反对狭隘的无意识和性意识概念,进而提出了集体无意识观点。他深入学习、研究了《易经》,并提出了区别于传统心理因果分析的新方法,叫作同时性思考法(即共时性原则)。也就是说,如果你现在心里不舒服,不见得是过去的原因,可能是现在正在发生的事情使你不愉快。荣格发现古老的《易经》具有特殊的心理分析价值。

对荣格产生重要影响的是德国著名汉学家和翻译家卫礼贤。卫礼贤1873年生于德国图宾根,1899年受派到德国当时在中国的租界——青岛传教,深受中国文化影响,在中国25年时间里大量释读介绍中国文化,仅翻译《易经》就花了十多年的时间。其德文版《易经》1924年在德国出版后,引起了巨大反响,至今已再版20多次,被翻译成英、法、意、西班牙等多国语言,成为西方公认的权威版本。他的著作使中国传统思想和文化首先进入了德国思想界主流,影响了荣格等一批思想家,成为东西文化交流的桥梁。季羡林评价他是"中国在西方的精神使者",德国媒体则称他为"中国精神世界的马克·波罗"。2013年,由他的孙女贝蒂娜·威廉导演兼编剧的纪录片《沧海桑田——卫礼贤与〈易经〉》在德国各大城市热映，还原了一个真实的卫礼贤形象。（参见柴野《卫礼贤与〈易经〉——访德国导演兼编剧贝蒂娜·威廉》，《光明日报》2013 年 7 月 28 日第 8 版）

有人说，"易以感为体"。心理分析的关键在于感应。有感应就会有转化，就会有心理分析治愈与发展的效果。

据《史记》记载，孔子读《易》韦编三绝。"盖孔子晚而喜《易》。《易》之为术，幽明远矣，非通人达才孰能注意焉！"（《史记·田敬仲世家》）孔子曾经感叹说："加我数年，五十以学易，可以无大过矣。"（《论语·述而》）可见《易》之于君子之意义，《易》之于人生的道理，以及"圣人以此洗心"之经历。

《易》中显示着君子的内在品性，包含着事物运行的规律；若能够有《易》之洗心，那么至道矣，即使是无思无为，寂然不动，也能够感通天下万事万物。通过《易》之洗心，"神以知来，知以藏往"（《易经·系辞》）。

在分析心理学看来，象征是无意识的语言或其表达方式。在无意识水平上工作的心理分析，在很大程度上也是在分析象征所包含的意义，也即象征所包含的无意识的消息。《易经》是充满象征意义的宝贵资源。荣格曾把"太极图"作为"可读的原型"，十分注重其中所包含的具有象征性的意义和作用，正所谓"易者象也"。

《易经》64 卦象征着人生的 64 种际遇，也体现着 64 种不同的心境，384 爻代表了种种心态与变化的趋势。《易经》的表现形式是用卦画、爻辞等符号来象征代表自然变化和人事休咎，《易经·系辞下》中有"是故易者象也，象也者像也"。又辅之以种种联类譬喻式的词语，或暗示，或明指，或罗列，以激发占者关联式的思考，如想象、类比、直觉等。整个《易经》的系统，在相当程度上，正是依赖于人们的集体无意识，而得以产生、存在和发展的。《易经》64 卦中的相当部分，作为古人筮占的记录，可以说正是古人无意识过程的记录。正像电脑是现代人意识潜能的开发和展现一样，《易经》正是古人无意识潜能的开发、展现和运用，是自觉运用潜在信息指导生活实践的生动体现。

《易经》所表达的森罗万象，远近内外，无不包罗在内。正如《系辞上传》所说的，"法象莫大乎天地"。宇宙之间，可以效法的最大形象，就是天地；所以，天地生生不息的变化作用法则，也就是人类社会的行为规范。《易经》中所阐明的变化、生成、发展、进化、灭亡、调和、统整，循环不息，消长盈亏，相互调节，推移演变于无穷；于生成发展之中，有损失与调节存在，并保持和谐统一。这一原理法则，与宇宙和人生，关系密切而不可分。

《易经·系辞》中提出，易"能说诸心，能研诸虑"，"圣人以此洗心"。可以说，《易经》中包含着丰富的心理分析思想，这种心理分析思想不仅影响了整个中国文化传统，而且对西方心理分析的发展也产生了重要的作用。

宋代杨简发挥陆九渊"人心即道"的学说，以人心解释《易》道。认为圣人作《易》，系之以辞，即发扬人的道心。易之道即人之心。认为人之本心生来就有，即孟子所说的良知良能，不需修习锻炼。人之本心不起意念，无所偏倚，但人靠此心而动顺，天靠此心而下施，地靠此心而生育，万物靠此心而变易。有此种境界，便得到了易之道。如果妄起意念，离去本心，就会丧失道心，即易之道，必凶。事物之变化皆出于吾心之变化，天地万物尽在吾心之中。这种观点把事物的差别对立归之于人心的产物，充分体现了心学派解《易》的特色。

张载曾说，《易》为君子谋，不为小人谋。因为易理中蕴含的是君子人格和君子之道。

《易》之人格典范，"天行健，君子以自强不息"，"地势坤，君子以厚德载物"。就是说，天体永恒运动，一直往前，健动不止，生生不已；人亦应效法天体之意志，刚健有为，生生不息，不断奋进，自强自立。《易经》兼备规范与实用两方面的效用。人生道德修养，自应以天地的道理为准则，效法"天行健，君子以自强不息"的宇宙精神，努力精进不懈，使自己在品德、学识、修养上有所成就，然后在事业上施展抱负，才能共同促进社会发展，人类向上。大地包容万物，人亦应效法大地之德性，淳厚德行，宽宏气度，兼容并蓄，有容乃大。自强不息是一种自我超越、不断进取的品质，它体现的是一种不屈不挠、顽强奋斗的意志力。自强不息表现为自尊自信的品德，不卑不亢，有着独立的人格；表现为坚忍不拔、奋发图强，在困难和挫折面前不悲观、不丧气，勇于开拓，积极进取；表现为志存高远，为着远大的理想和目标执着追求。

二 "无有师保,如临父母"

易经乃圣经,教人以做人处事之道;

易经乃心经,给人以修身养性之理。

感应是中国文化心理学的第一原理,也是心理分析过程中最重要的工作原理。《系辞》说:"易无思也,无为也,寂然不动,感而遂通天下之故,非天下之至神,其熟能与于此。"孔子传《大象》之意,便是要读者感悟伏羲立象之初衷。如《乾》之纯阳六爻,其中包含着至诚无息,天行健之象,而君子也应有自强不息之精神。《坤》之纯阴六爻,其中彰显着大地至厚无所不载之意,而君子也应有厚德载物的效法。所以,观易可知得失,知进退,知真伪……易之妙用,正所谓"无有师保,如临父母"。

(一)《易经》是心灵灯塔

东晋时期,荆州刺史殷仲堪曾问:"《易经》的体要是什么?"而佛学大师释慧远答曰:"《易》以感为体。"(参见心远《生当有感斯应》,《中外文摘》2006年第9期)

"以感为体"正是一种"交感"的学问。所谓"交感",就是《易经》中最核心的一卦"咸"卦,以及"咸"卦中最核心的思想——男女交感,"以通其志"。不过交感的意义虽源于两性"触电",却又引申为阴阳、动静、善恶、是非;自然、社会、人本身,都会发生交感的作用。只是感通这一切的时候,总少不了一个"心"。一如"感"字的说文解义:"动人心也,从心、咸声。"正如申荷永先生所说的,于一种"普通心理学"的描述,它是将意识的心理学与无意识的心理学结合了起来。咸卦上兑下艮,乾在坤中,包含了"天地所感"的境界。因而,在"咸卦"之意象中,包含着"无心之感"的本质内涵,揭示了天人感应与天人合一的途径。(参见申荷永《中国文化心理学心要》,人民出版社2001年第1版,第93页)

正如《易经·系辞》中所说:"易,无思也,无为也,寂然不动,感而遂通天下之故。"《易经》中包含着心理分析的方法,《易经·系辞上》所谓"圣人以此洗心"。即使是当代西方的心理学家们也多借助《易经》

来进行心理分析工作。《易》之能说诸心，能研诸虑。正所谓"圣人立象以尽意，设卦以尽情伪"。

《益》卦九五爻辞是"有孚惠心，无问元吉……"。为益之大，莫大于信。为惠之大，莫大于心。《程氏易传》解释为："人君有至诚惠益天下之心，其元吉不假言也。"

（二）《易经》是良师益友

学习和研究《易经》的目的，是在于实践和应用。《易》有大用，也有小用，但小用应与大用统一结合起来，即注意个人利益与社会利益的统一，个人追求与民族进步的结合。《易经》有着丰富的唯物论辩证法思想，深入挖掘和阐发这些思想，有益于促进我国的经济和社会的发展，推动马克思主义的中国化和民族文化的国际化。同时，《易经》既是处世之方，又是做人之道。可以说，《易经》是良师益友，正如《周易·系辞下》所说："《易》之为书也，不可远。……无有师保，如临父母。"

在现代社会它同样有着无穷的魅力，如何使《易经》精神在市场经济条件下发扬光大，既是一个重要的理论课题，更是一个现实的实践问题。遵循《易经》精神，积极探索人类历史发展规律、社会主义建设规律和共产党执政规律，不断提高执政能力，才能促进社会主义和谐社会的构建。

（三）《易经》是处世之道

《易经》本来是占筮的书，以阴阳变化，阐释宇宙万物的一切现象，以占断启示天理亦即人道的变化法则，究明这一法则，就可以把握人生立身处世的要谛，遵循这一法则，就能够知变与不变，趋吉避凶。《易经》是以天地为准则，确立人生规范，以宇宙恒久无穷而又秩序井然的精神，劝勉人生应当自强不息，造福社会。《周易·系辞下》中说："利用安身，以崇德也。"人们为人行事要益于社会而安身，以达到对道德的推崇。

《易经》之用，大可治国，中可处世，小可齐家。天有天道，地有地道，人有人道。君有君道，臣有臣道，父有父道，子有子道，妇有妇道。《周易大传》说："夫大人者，与天地合德，与日月合明，与四时合序。"

这就是所谓"天人合一"的境界。《易经》所阐明的就是人与自然、人与社会、人与人之间和谐相处的秩序和规律。《易经》阐述的正是天地人之道，处世之道，君子之道，交友之道，人生之道，心灵之道。

孙中山先生有一段名言：国不自强则夷狄侮之，家不自强则乡邻轻之，人不自强则友朋笑之。易曰君子以自强不息，吾辈当自勉之。

《易经》十分强调"变通趋时""与时偕行"。趋时，就是对时势的认识，对时机的把握，对时变的感受，对时行的觉悟。"时"就是客观事物发展变化的规律和方向，以及达到某一关节点境况综合的抽象。"时"不是死的，而是活的。"趋"同样要灵活，要体现人的主观能动性。也就是培养自己对"时"的感觉，通过积累和凝聚，让这种感觉成为随天、随机、随心、随时可"趋"的悟性。与时偕行，就需要看准时机，把握事物演进变化的规律，灵活自如，昂扬健行，生生不息；同时，与时偕行意味着既要跟上时代的步伐，又不超越于时代，"不及"与"过"都不行，要做到"顺乎天而应乎人"。从《易经》对"趋时"的理解和阐释上可以得出一个结论：命虽不可改，运却可以转，把握了时运，也就把握了命运。这里的"时"，是按照天道人事运行的大规律，各种事物勾连互动、各种因素相互影响而形成的"时"——时中蕴势、时中含机。

（四）《易经》是火眼金睛

世事变幻，虚实难辨。芸芸众生，人心难料。信言不美，美言不信。不识庐山真面目，只缘身在此山中。那么，如何才能拨云见日、见微知著，透过现象看实质呢？或者说怎样才能像孙悟空那样炼就一双火眼金睛，从而辨假识真？可以说，《易经》就具有这样的功用。《易》以治国，《易》以防身。交友、处事、为政、经商，总要和各种各样的人打交道，这些人是君子还是小人，是朋友还是对手，在复杂的人际关系中是处于优势还是劣势？通过《易经》演练可以帮助人们找到正确答案。

甭管他信誓旦旦，
别管他冠冕堂皇，
要问其是非真假，
拿《易经》来衡量。

(五)《易经》是行动指南

曾子说,吾日三省吾身。人的最大优势在于善于总结经验、吸取教训,从而不断成熟、进步和升华。但有时往往是"当局者迷",不能很好地解剖自己,自然也就难以搞清自身的得失。而《易经》则给我们提供了一个很好的分析工具。观《易》可以知得失、明进退、识荣辱,有所为,有所不为。

《系辞上传》中说:"易其至矣乎?夫易,圣人所以崇德广业也。知崇礼卑,崇效天,卑法地。"这是说,智慧,应当像天一般高明;行为,应当像地一般谦卑,睿知圣哲,遵循这一天地的法则,崇尚智慧与礼仪,使道德修养有所成熟,而能施展于事业中,就不仅独善其身,而且,兼善天下了。又说:"富有之谓大业,日新之谓盛德。""生生之谓易。"意思是,有抱负的贤明君子,就应当体察天地生生不息的大德,日新又新,致力于无穷的伟大事业。

苟利国家生死以,岂因祸福避趋之。《易经》是自强不息济困救世的精神指南,而不是苟且偷生营私舞弊的工具。为正义之事,占凶未必凶;为非正义之事,占吉未必吉。当年,姜尚(子牙)辅助周武王讨伐纣王,发兵前,武王占卜不吉反凶,不敢发兵。姜尚临危不惧,力排众议,推开蓍草,足踏龟甲,说"枯骨死草,何知吉凶!""今纣剖比干,囚箕子,以飞廉为政,伐之有何不可?枯草朽骨,安可知乎?"于是强劝武王,并率众先涉河,武王从之,遂灭纣。

孔夫子给后人描述了这样一种人生轨迹:吾十有五而志于学,三十而立,四十而不惑,五十而知天命,六十而耳顺,七十而从心所欲,不逾矩。(《论语·为政》)还有,孔子五十而喜《易》,韦编三绝。

孔子耳顺的境界,其实就是外在的天地之理在内心的融合。有了这种融合作为基础,才能达到孔子所说的"从心所欲而不逾矩"。当所有的规矩大道已经变为你的生命的习惯时,你就能够做到从心所欲,这是每一个生命个体所追求的最高境界。但是这样一个境界看似平易,此前却要经历千锤百炼。

孔子所说的这样一个从十五到七十的人生历程,也是我们不同的人生阶段可以参照的一面镜子。通过它,我们可以比照一下自己的心灵是否已经立起来了,是否少了一些迷思,是否已经通了天地大道,是否以包容悲悯去体谅他人,是否终于做到从心所欲。圣贤的意义就在于,他以简约的语言点出人生大道,而后世的子孙去实践,从而形成一个民族的灵魂。(参见《于丹〈论语〉心得》,中华书局 2007 年 3 月版)

三 《易经》与共时性现象

无意识或集体无意识,能否通过一种特殊的工具使潜在信息显性化,以增强人的活动的自觉性和前瞻性呢?《易经》就是古人在这方面探索的有益结晶。关于《易经》的定性问题,前面已做了较全面的论述。这里要说明的是,《易经》与心理分析的密切关系,在西方早已引起有关学者的重视,著名心理分析专家荣格就十分重视《易经》的理论和实践价值。他把《易经》这种通过占筮活动获得信息的现象称之为"共时性"(同时性)或同步现象。

当代著名分析心理学家荣格(C. G Jung 1875—1961)终其一生与东方思想结下不解之缘。他说过,想要进入《易经》蕴含的遥远且神秘之心境,其门径绝对不容易找到。假如有人想欣赏孔子、老子他们思想的特质,就不应轻易忽略他们伟大的心灵,当然更不能忽视《易经》是他们灵感的主要来源这一事实。

荣格不仅对《易经》的思想给予高度评价和深入研究,而且在其对于《易经》研究的基础上,阐述了一种"共时性原则"(synchronicity),用以表达那些超越了因果关系而同时发生的充满意义的巧合事件(一般的因果联系往往表现为前因后果,有时间的先后),而在这种"共时性现象"的背后,便蕴含着感应与转化的心理机制。

荣格曾这样来评价《易经》,他说:"《易经》中包含着中国文化的精神和心灵;几千年中国伟大智者的共同倾注,历久而弥新,仍然对理解它的人,展现着无穷的意义和无限的启迪。"(转引自申荷永等《灵性:分析与体验》,暨南大学出版社 2002 年第 1 版,第 127 页)通过《易经》的帮助和启发,荣格提出了他的"共时性原则"(synchronicity),并将这种"共时性原则"作为其分析心理学发展的一种内在基石。荣格说,我自己在对无意识心理学的研究中,发现因果原则在解释一些无意识心理活动和过程时是不充分的,这就促使我寻求另外一种解释的原则。荣格深信,心理现象,必将遵循着一种有别于物理法则的法则。"共时性原则"是荣格对中国"天人合一"以及"天人感应"观念的理解,是荣格分析心理学的重要组成部分。荣格曾经说:"建立在共时性原则基础上的思维方式,在《易经》中表现得最为充分,是中国思维方式的最集中的体现。而对于我们西方人来说,这种思维方式,从赫拉克利特之后,便在哲学史上消失,只是在莱布尼兹那里出现过一些低微的回声。"(同上书,第24页)在这种意义上,《易经》正好适合于分析心理学发展的需要。

四 传承智慧"塑造"和谐

《易经》是中华民族文化的精粹,是几千年文明智慧的结晶。自孔子以来,关于《易经》的注解绵延不绝,著述可谓汗牛充栋,但都免不了其历史的和阶级的局限性,往往以注释经典为主,缺乏思想创新,且行文晦涩难懂。为了继承这份珍贵的文化遗产,进一步发掘其唯物论、辩证法、信息论、伦理学及预测学等多种特质与功能,必须联系现代社会生活的实践,对其作出富有时代气息的通俗理解与解释。本书以极大的理论勇气和科学的生活态度,联系自身工作生活的实际,对传统的《易经》作出了全新的理解和阐释。

本书的创新之处不仅对《易经》的定性、形成及预测方法做了大胆尝试性探索,更在于研究方法上的重大创新,这就是采用了学术界的最新成果"塑造论"方法。

《塑造论哲学导引》面对当代哲学困难和21世纪议程提出了一个全新的哲学体系。之所以是全新的就在于,他从哲学的对象难题,方法难题,体系难题出发,站在当代哲学的前沿,重新梳理哲学元问题,提出了一种独特的塑造论哲学见解,这些见解意味着面向21世纪的哲学应当实行的观念转变。所谓塑造,是人或人在与自然或物在,所形成的一种作为人的存在和作为自然的存在之间,相互构成或有成的关系。塑造论哲学的创始人张全新教授强调,塑造论哲学中的最基本概念——塑造,一定要从自然塑造人和人塑造自然两个方面看过去;一定要从文化人类和人类文化的构成或有成两个方向看过去;一定要从人既是被文化的又是去文化的两个角度看过去。基于塑造,解析文化,指向和谐,这就是塑造论哲学的最基本要义。

《塑造论哲学导引》详细梳理了中西哲学史，把哲学的历程看作哲学方法本身实现的过程。塑造论认为中西哲学史的历程就是哲学研究重心的不断转移，即古代本体论——近代认识论——现代实践论——当代中西共同走向塑造论。可见，塑造论哲学的提出，无疑是整个哲学史的延续。这样，塑造论站在哲学新的制高点上来把握主客体关系，面对着当代全球问题，指出了哲学研究重心由实践论向塑造论的转移，不仅在哲学学术领域，而且在中西方重新审视各自的现实方面，都有着非常新颖的意义。

塑造论哲学产生于齐鲁文化丰厚的土壤，既汲取了齐鲁文化中的许多精华，又结合时代精神进行了许多创新和发展。塑造论哲学特别继承和发展了齐鲁文化中天人合一、人与自然和谐统一的思想。既体现了鲁文化的厚重，又体现了齐文化广博、创新和兼收并蓄的特质，是对齐鲁文化的极大丰富。关于"人类文化"与"文化人类"相统一、人与自然相和谐的思想，对于深入理解科学发展观，发掘《易经》文化中的和谐思想，促进社会主义和谐社会的构建，具有重要指导意义和直接的现实意义。

在塑造论哲学看来，人类在进行社会生产时总是使大自然和人类处在相互塑造的关系之中，这种相互塑造关系既可在二律背反中冲撞起来，也可在相互协调中达到和谐，二者之间既可以是相成的，又可以是相悖的。之所以是相成的，是因为不仅人类自身是大自然塑造出来，而且人类生存发展离不开大自然对人类所提供的"营养"，在此意义上可以说大自然是人类的母亲。这是大自然成就人类的一面，同时人类也有成就大自然的一面，人类在改造自然中可以向大自然输入负熵，可以把大自然装扮得更加美丽。

塑造论哲学是人类认识史的逻辑推进，马克思主义哲学中国化的重要成果，中华文化的传承和发展，齐鲁文化和谐思维的最新成果。和谐是塑造论哲学的核心价值。基于塑造，解析文化，指向和谐，这就是塑造论哲学的最基本要义。

本书运用塑造论哲学方法对《易经》的心理分析思想进行全新解读。人类在进行社会生产时总是使大自然和人类处在相互塑造的关系之中，人类与大自然除了相成一面外还具有相悖的一面。无论是大自然还是人类都是有"灵性"的，人类可以在自然与人类的双向塑造中，正确把握这种相成相悖的关系，实现思维的普遍必然性，把生产所造成的破坏性加以节制和约束，达到自然与人类相互关系的和谐。《易经》是人类塑造自然同时又调节自身的重要认识和实践工具。

主体 意识 潜意识 心理	周易	客体 信息 潜信息 现实

人与客体相互塑造图示

运用塑造论哲学方法，结合现代生活实践，以促进和谐社会建设为宗旨，对《易经》中的心理分析思想进行重新解读，通过《易经》原文、白话译文和心灵导航，全面揭示64卦的心理分析价值和对现代生活的指导意义。

荀子说：尚易者不占。为什么呢？系辞里讲得很明白，洗心而已。把心洗干净就得道了。占卜不是正途。善于把握易经的基本精神，自强不息、厚德载物，就不用事事必占。

中国文化传统中有着著名的"十六字心传"，这就是："人心惟危，道心惟微；惟精惟一，允执厥中。"传说这16个字源于尧舜禹禅让的故事。当尧把帝位传给舜以及舜把帝位传给禹的时候，所托付的是天下与百姓的重任，是华夏文明的火种。因而谆谆嘱咐、代代相传的便是以"心"为主题的这16个字。

十六字心经，是中华文明的瑰宝。这"十六字心经"的意思是舜帝告诫大禹说，人心动荡不安，道心幽昧难明，只有精诚专一，实实在在地实行中正之道。其主要含义是：允执其中。"允执其中"也就是得当地把握住它的中正之道。而所谓的中正之道也就是"执两用中"的思维方法。

这十六字载于《尚书·大禹谟》，是我国上古时期有道明君大舜传禹王的修心之法，也是中华文化经典中记载的最早的心法，早于孔子心法与释迦心法一千多年，被历代明师高贤称作十六字心法。

人心难测，道心就谨小慎微。要将自己看小一点，放低一点。只有精益求精，专心致志，才能使言行符合不偏不倚的中正之道。把握中正和谐之道，也就不用事事占卜了。

第五章

《易经》预测与分析方法

一 《易经》预测基本知识

（一）卦与卦辞、爻与爻辞

《易经》中用"—"代表阳，用"- -"代表阴，用三个这样的符号，组成八种形式，叫作八卦。

每一卦形代表一定的事物。乾代表天，坤代表地，坎代表水，离代表火，震代表雷，艮（gèn）代表山，巽（xùn）代表风，兑代表沼泽。八卦歌诀：

乾三连，坤六断，震仰盂，艮覆碗，

离中虚，坎中满，兑上缺，巽下断。

八卦符号说明

八卦代数

乾一，兑二，离三，震四，巽五，坎六，艮七，坤八。

先天八卦图

八卦方位

先天八卦：乾南，坤北，离东，坎西，兑东南，震东北，巽西南，艮西北

后天八卦：震东，兑西，离南，坎北，乾西北，坤西南，艮东北，巽东南

八卦所属

乾、兑（金）；震、巽（木）；坤、艮（土）；离（火）；坎（水）。

八卦生克

乾、兑（金）生坎（水），坎（水）生震、巽（木），震、巽（木）生离（火），离（火）生坤、艮（土），坤、艮（土）生乾、兑（金）。

乾、兑（金）克震、巽（木），震、巽（木）克坤、艮（土），坤、艮（土）克坎（水），坎（水）克离（火），离（火）克乾、兑（金）。

八卦所象征的多种事物

卦名	自然	特性	家人	肢体	动物	方位	季节	阴阳	五行
乾	天	健	父	首	马	西北	秋冬间	阳	金
兑	泽	说	少女	口	羊	西	秋	阴	金
离	火	丽	中女	目	雉	南	夏	阴	火
震	雷	动	长男	足	龙	东	春	阳	木
巽	风	入	长女	股	鸡	东南	春夏间	阴	木
坎	水	陷	中男	耳	猪	北	冬	阳	水
艮	山	止	少男	手	狗	东北	冬春间	阳	土
坤	地	顺	母	腹	牛	西南	夏秋间	阴	土

《易经》以卦为单位，全书共六十四卦。每卦有四个组成部分，即卦画、卦名、卦辞、爻辞。易卦的结构分为三个层次，最小的单位是爻，基本单位是经卦，每卦由两个经卦，或者说由六爻组成。经卦有八个，即乾、坤、坎、离、巽、震、艮、兑。它们分别代表八种类别的自然事物，如乾代表天文之事，坤代表地理之事，卦象是比较单纯的。八个经卦互相重迭构成六十四卦。经卦两两相重就产生了具有内部关系的复合卦象。根据八个经卦所代表事物的物理属性，从而形成了相制相克、相和相应的一系列矛盾，用以象征性地概括表示自然、社会的种种现象。卦辞、爻辞，以及《彖》《象》，从不同角度对这些矛盾进行解说，从而判定物象人事的凶吉。组成各卦的两个经卦，又依其位置称为上卦与下卦。上卦又称为外卦，下卦又称为内卦。这种位置区分与卦象、爻位联系起来，也是分析

卦、爻意义的重要的结构关系。

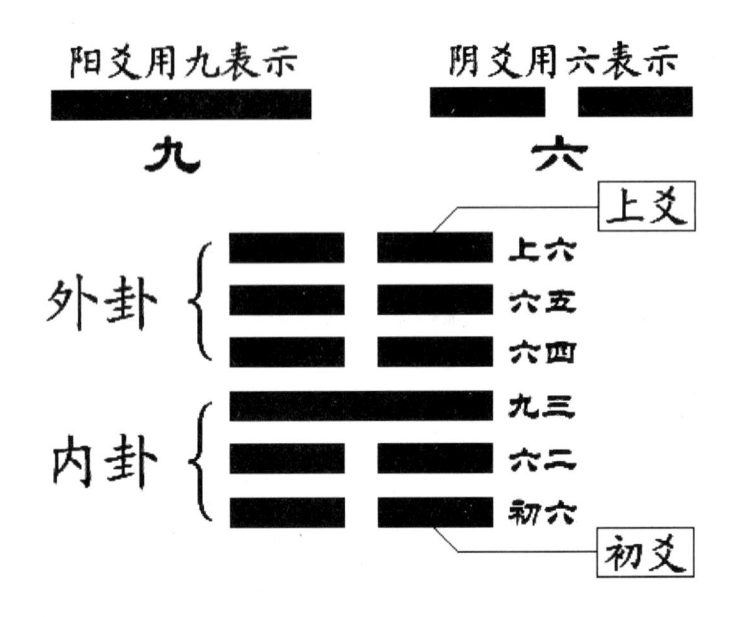

```
阳爻用九表示        阴爻用六表示
    ━━━            ━ ━
     九              六
                          ┌─上爻
                ━ ━   上六
      外卦  {   ━ ━   六五
                ━ ━   六四
                ━━━   九三
      内卦  {   ━ ━   六二
                ━ ━   初六
                          └─初爻
```

(二) 爻位、承乘比应

1. 爻位与当位、不当位

爻位就是指六爻每一爻的位置。由下向上数，为初、二、三、四、五、上。原则上，五是君的地位，四是近臣的地位，三是不太与君接近的高的地位，二是不太高的地位，却有与君意气相投的可能性。初是还没有入世的地位，上表示隐退的人，即"无位"的地位。古人认为，初为平民，二为卿大夫，三为诸侯，四为三公、近臣，五为天子，上为太上皇。

六级爻位的基本特点是，初位象征事物发端萌芽，主于潜藏勿用。二位象征事物崭露头角，主于适当进取。三位象征事物功业小成，主于慎行防凶。四位象征事物新进高层，主于谨慎审时。五位象征事物圆满成功，主于处盛戒盈。上位象征事物发展终尽，主于穷极必反。

前人认为，初、二象征"地"位，三、四象征"人"位，五、六象征"天"位。合"天""地""人"而言，称之"三才"。

六爻位次，有奇、偶之分。初、三、五为奇，属阳位。二、四、六为偶，属阴位。六十四卦三百八十四爻，凡阳爻居阳位，阴爻居阴位，称之"当位"或"得正"；凡阳爻居阴位，阴爻居阳位，称之"不当位"或

"失正"。

六爻所居位次，第二爻当下卦中位，第五爻当上卦中位，两者象征事物守持中道，行为不偏，称之得"中"。

2. 承乘比应

六爻还有承乘比应关系。乘与承是相邻两爻的关系。承是在下承接，乘是乘驾在上。相邻两爻，在上方的一爻对在下方的一爻来说就是承。一般地说，阳爻乘阴爻、阴爻承阳爻为顺；阴爻乘阳爻、阳爻承阴爻为逆。在《易经》的卦画里，每卦共有六爻，从下向上排列。凡是两个相邻的爻称作比，比是比邻、比近的意思。如果相比的两爻是一阴一阳，就更加亲近一些。应是对应、应合的意思。每个六爻卦都是由两个三爻卦上下重叠而成。如果从上下卦分开看，它们各自有第一爻、第二爻、第三爻。如果上下卦连成一体看，上卦的第一爻就是全卦的第四爻，第二爻就是全卦的第五爻，第三爻就是全卦的第六爻。这样初爻与四爻、二爻与五爻、三爻与上爻就有了对应关系。应是一种应合、应援，有应当然是好事。但这种对应关系要从"同性相斥、异性相吸"的易理上去观察。一般说，在相应位置上的两爻如果是一阴一阳，即可成为阴阳正应；如果是两阳或两阴，即构成敌应关系。

（三）阴阳、五行观念

1. 阴阳学说

阴阳五行学说是我国古代朴素的辩证唯物的哲学思想。阴阳学说的基本内容，可以从阴阳相互交感、对立制约、互根互用、消长平衡和相互转化等方面加以说明。

所谓阴阳交感，是指阴阳二气在运动中相互感应而交合的过程。指出阴阳交感是万物化生的根本条件，如果阴阳二气在运动中不能交合感应，新事物和新个体就不会产生。正是由于天地阴阳二气的交感或雌雄二性之精的媾合，有形的万物才能产生，新的个体才能诞生。

阴阳交感的理论告诉我们，阴阳二气是永恒运动的，当二者在运动过程中相遇而处于和谐状态时，就会发生交感作用。阴阳的相互交感，使对立着的两种事物或力量，统一于一体，于是产生了自然界，产生了万物和人类，并使自然界时时处于运动变化之中。

阴阳对立制约　阴阳双方制约的结果，使事物取得了动态平衡。阴阳对立的两个方面并非平静地各不相关地共处于一个统一体中，而是时时刻刻在相互制约着对方。

阴阳互根互用 阴阳互根是指一切事物或现象中相互对立着的阴阳两个方面，具有相互依存，互为根本的关系。即阴和阳任何一方都不能脱离另一方而单独存在，每一方都以相对的另一方的存在作为自己存在的前提和条件。阳依存于阴，阴依存于阳。这种相互依存关系，称之为"互根"。"互用"是指阴阳双方不断地资生、促进和助长对方。

阴阳消长平衡 消，即减少；长，即增加。阴阳消长是指一事物中所含阴阳的量和阴与阳之间的比例不是一成不变的，而是不断地消长变化的。阴阳消长大体可概括为四种类型：

此长彼消 即阴长阳消。这是由于制约较强造成的。**此消彼长** 即阴消阳长，阳消阴长。这是制约不及所造成的。

此长彼亦长 即阴长阳长，阳长阴长。这是互根互用得当的结果。

此消彼亦消 即阴消阳消，阳消阴消。这是互根互用不及所造成的。阴阳消长只是阴阳变化的过程，而导致这种过程出现的根本原则是阴阳的对立制约与互根互用。

阴阳相互转化 阴阳转化，是指一事物总体属性在一定条件下，可以向其相反的方向转化，即阳的事物可以转化为属阴的事物，属阴的事物可以转化为属阳的事物。

综上所述，阴阳的交感、对立制约、互根互用、消长平衡及其相互转化，是从不同的角度来说明阴阳之间的相互关系及其运动规律的，它们之间不是孤立的，而是互相联系的。阴阳交感是阴阳最基本的前提。阴阳的互根互用说明了阴阳双方彼此依存，互相促进，相互为用，不可分离。对立制约是阴阳最普遍规律，事物内部阴和阳两个方面通过对立制约取得平衡。阴阳对立制约和互根互用是阴阳学说中最根本的原理。阴阳消长是阴阳运动的形式，阴阳消长稳定在一定范围内，则取得动态平衡。阴阳的相互转化也是阴阳运动的一种基本形式，是阴阳消长的结果。阴阳的运动是永恒的，而平衡是相对的。这种相对的平衡对于自然界和人类至关重要。

宇宙万物运动的物质基础就是"阴阳之气"，阴阳之气的矛盾运动，使得宇宙由"太极生两仪，两仪生四象，四象生八卦"，"天地感而万物生"，"天地氤氲，万物化醇；男女构精，万物化生"。"阴阳交合，物之

始也；阴阳分离，物之终也。"(《周易集解》)

2. 五行学说

五行即金、木、水、火、土五种元素。早在夏商时期的《尚书·洪范》中记载："五行：一曰水，二曰火，三曰木，四曰金，五曰土。水曰润下，火曰炎上，木曰曲直，金曰从革，土爰稼穑。润下作咸，炎上作苦，曲直作酸，从革作辛，稼穑作甘。"春秋时期，古代思想家们进一步探索五行之间的关系，提出了"五行相克"的理论，其内容是木克土，金克木，火克金，水克火，土克水。战国时期，人们又提出了五行相生的观点，即木生火，火生土，土生金，金生水，水生木。关于五行学说的产生及其本质含义，历代学者有不同的观点。有的认为源自五种构成世界的基本物质，有的认为源自古代的五方观念，也有的认为源自天之五星，还有的认为源自手指的计数，现在一般认为五行的产生源自古人对中原地带五时气候特点和物候特点的抽象。五时是指春、夏、长夏（季夏）、秋、冬。五行学说对中国文化产生了广泛而深远的影响。

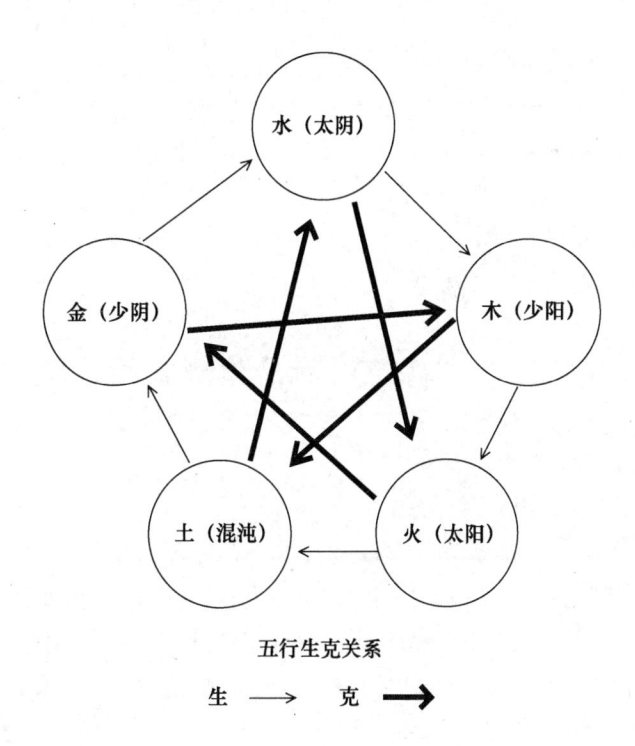

五行生克关系

生 ⟶　　克 ⟶

人体内外相应系统结构表

五行	木	火	土	金	水
方位	东	南	中	西	北
气候	风	热	湿	燥	寒
五味	酸	苦	甘	辛	咸
五色	青	赤	黄	白	黑
五音	角	徵	宫	商	羽
五脏	肝	心	脾	肺	肾
五窍	目	舌	口	鼻	耳
五体	筋	脉	肉	皮	骨
五声	呼	笑	歌	哭	呻
五志	怒	喜	思	忧	恐
病变	握	嗄	哕	咳	栗

(参见贺娟《五行与中国传统文化》,《光明日报》2009年10月22日)

八卦所对应的五行:
金—乾、兑　乾为天,兑为泽
木—震、巽　震为雷,巽为风
土—坤、艮　坤为地,艮为山
水—坎　坎为水
火—离　离为火

二　《易经》简易预测方法

(一) 起卦方法

1. 铜钱(或硬币)起卦法

摇卦方法简介:准备三枚铜钱进行摇卦,乾隆币最佳(如实在没有,请依此理取其他类似钱币)。无字的一面叫作"背",你需要记下每次摇卦出现几个"背",共摇6次成卦。也可用三个1分钱的硬币,正面为"字",背面为"背"。此法有辅助程序帮助起卦。

具体操作步骤：

（1）三枚铜钱平放于手心，双手合扣，意念集中于所测之事（比如想一分钟左右）。

（2）然后晃动手中的钱并撒手落下（第一次），记下反正：

可能出现四种情况：一个背（记作、）为阳，两个背（记作、、）为阴，三个背（记作○，称为老阳，阳极将变阴），没有背（即三个字，记作×，称为老阴，阴极将变阳）。

（3）重新拿起铜钱，并晃动撒手落下（第二次，无须再想一分钟，但意念仍要集中），记下反正，记法同上。

（4）重新拿起铜钱，并晃动撒手落下（第三次），记下反正。

（5）重新拿起铜钱，并晃动撒手落下（第四次），记下反正。

（6）重新拿起铜钱，并晃动撒手落下（第五次），记下反正。

（7）重新拿起铜钱，并晃动撒手落下（第六次），记下反正。

此时一卦快成了。

结果记录示例如下：（顺序一定要记录正确，自下而上！）

×年×月×日×时测某事：

第六次：×　三正（记为叉）

第五次：○　三背（记为圈）

第四次：、、　二背一正（记为两点）

第三次：×　三正（记为叉）

第二次：、、　二背一正（记为两点）

第一次：、　一背二正（记为一点）

画出卦象：

主卦（也叫"本卦"）：屯　变卦（也叫"之卦"）：贲

䷂　　　　　　　　　　䷕

2. 自制橡皮起卦法

作者曾自己制作了一种十分简便的起卦方法，用一块橡皮（也可用别的材料代替）削成正方形（约1厘米见方），正方形共有六个面，其中一个正面写上"日"字，代表老阳，相对应的底部写上"月"字，代表老阴。古代对"易"的解释就有"日月为易，象阴阳也"（东汉许慎《说文解字》引"秘书"之说）。（参见马松源主编《周易》，线装书局2010年版，第一卷第3页）

其他四个面分别在正面画上"—",背面画上"--"。起卦时将其手捧高举,默念所测之事,摇动数次,落在桌上,共六次,自下而上画出卦象。

注意,老阳将变阴,老阴将变阳,由此可得出变卦,如没有"阳"或"阴",则无变卦。由此可知眼前之事和将要发生之事。

(二) 查对卦象

根据一背为阳"—",二背为阴"--",三背为老阳,三字为老阴,画出主卦象。再按照老阳将变阴,老阴将变阳,其他不变,画出变卦象。主卦代表当前状态,变卦代表将来趋势。如没有老阳和老阴,则无变卦。

对照64卦全图,查对主卦和变卦分别是哪一卦。

再对照64卦爻象全图,查对世爻和应爻,世爻为自己,应爻为对方。根据世爻所处地位分析六爻生克,判断将会发生的事及利害关系。

(三) 分析卦象

根据卦象,查对64卦爻辞,分析当前和今后事态的变化,分析利害得失和进退取舍,调整心态,考虑对策,作出抉择。分析时,一个爻动则看爻辞,两个以上爻动,则看卦辞。要全面分析世应生克,所处地位,卦辞爻辞。

断卦时要先看主卦再看变卦,主卦是先发生的事情,变卦是变化的态势,若只有主卦没有变卦,叫静卦,说明已成定势,或目前尚无进展。

三 朱熹"理在事先"批判及部分卦爻辞辨正

(一) 朱熹"理在事先"批判

在我国学术界,有的学者回避甚至否定易经预测方法。高亨就认为,筮法是一种骗人的方术,无须学用,但为理解《周易》古经、《易传》和《左传》《国语》中的某些问题,又须懂得筮法。(参见马松源主编《周易》,线装书局2010年版,第1768页)这种观点是不可取的。笔者强调,必须坚持"学《易》致用"与"以用知《易》"的有机结合。在《易经》运用上又必须坚持义理统一,即既要善于运用《易经》的基本理论或原理来指导我们的工作和生活，也要学会运用其实际预测方法，在实践中检验和丰富《易经》的卦爻辞。

宋代理学大师朱熹对北宋以来的易学及其哲学的发展做了一次总结。他吸取欧阳修易说的某些观点，提出"易本卜筮之书"，企图说明《周易》的本来面貌。他阐发了程颐假象以显义说，提出"易只是个空底物事"，进一步把《周易》中的卦爻象和卦爻辞抽象化和逻辑化了。他视《周易》卦爻象和卦爻辞为代表事物义理的符号，可以代入一切有关事物。《周易》卦爻辞所讲的具体的事，是借事显理，即借此事说未来之事，显示那一类事物的义理，所以说"易只是个空底物事"。他由此提出"理在事先"的命题。

这种说法看到了《周易》预测的指导意义，但却割裂了个别与一般、事物与道理的辩证关系。所谓《周易》之原理是前人经过一代又一代无数次的演练，归纳了天、地、人三才的变化规律而提炼出来的，是对许许多多个别事物的总结，才有了同类事物发展演化的一般规律，最终得出"一阴一阳之谓道"的结论。在具体预测过程中，我们应吸取前人对易的演练成果，借鉴同类事物的运行规则，来研判当前事物的发展趋势。这种预测要针对此情此景此事来具体分析，不能简单用一个抽象的理或公式去套用，此事之"理"与此理之"事"是密切关联的，事理相符、理在事中。

(二)《易经》部分卦爻辞辩证

"天行健，君子以自强不息"，"地势坤，君子以厚德载物"。乾坤之道乃君子之道。荀子说，尚易者不占。懂得乾坤之道并自觉遵循之，则不用事事占问。

"潜龙勿用。"位卑无以施展抱负。"亢龙有悔。"地位过高则容易脱离群众。(《乾卦》)

"直方大，不习无不利。""利永贞。"(《坤卦》)积善之家，必有余庆；积不善之家，必有余殃。为善积德既利人也利己。

"屯：元，亨，利，贞；勿用有攸往，利建侯。"(《屯卦》)一言以蔽之，万事开头难。"女子贞不字，十年乃字。"字，女子出嫁。有译为"孕"，不妥。守持正固不嫁，恃才而恬以待明主，姜子牙为之。十年乃字，反常，是对人才的漠视。

"匪我求童蒙，童蒙求我。"（《蒙》卦）启蒙开智，文明以始。不学无以成才，建设学习型社会必须倡导学习型人生。教育为百年大计，建设人才强国必须重视教育。

　　需者待也。凡事等待，凡事忍耐。"入于穴，有不速之客三人来；敬之，终吉。"（《需》卦）需待至极，虽有险难，柔顺敬待越险而上的下三阳，将有众物相助而获吉。

　　讼谓"争讼"，也有讨论、争议之意。聚会研讨问题，也见讼卦。"或锡之鞶带，终朝三褫之。"（《讼》卦）争讼要适可而止，强争来的利益不能长久。

　　"师出以律，否臧凶。"（《师》卦）出师征战必须要有严明的纪律，如果军纪混乱必然有凶险。没有规矩不成方圆。慈不掌兵。"大君有命，开国承家，小人勿用。"（《师》卦）西周以前，君子与小人是就统治者与被统治者而言。春秋末期，通过孔子的阐发，君子与小人成为两种对立的人格。小人昏庸无能、阿谀逢迎，拉帮结派、挑拨离间，大事做不了、小事不愿做，成事不足、败事有余。如果小人不得不用，必须善于驾驭，时刻警惕。"高宗伐鬼方，三年克之；小人勿用。"（《既济》卦）殷高宗征伐鬼方国，经过三年的连续战斗才获得胜利；不可任用急躁冒进的小人。孔子说：君子和而不同，小人同而不和。君子中庸，小人反中庸。君子坦荡荡，小人常戚戚。君子喻于义，小人喻于利。君子泰而不骄，小人骄而不泰。君子求诸己，小人求诸人。君子周而不比，小人比而不周。当然，君子与小人之分不是一成不变的，所谓"王侯将相宁有种乎"，随着社会的发展和个人心态立场的变化，人的地位、人格也将发生转化。孔子说，圣人，吾不得而见之矣，得见君子者，斯可矣。可见君子人格是可修可得的。在现代社会，调节心理，修养人性，完善人格，做正人君子就是很好的目标追求。

　　物以类聚，人以群分。"比之匪人，不亦伤乎？"（《比》卦）为人在世必有比附，但对于处位不当、行为不当、心术不正的人，要慎之又慎。

　　"风行天上，小畜；君子以懿文德。"（《小畜》卦）和风飘行天上，象征"小有积蓄"；君子面对这种情况应修养美好的品德，用心做好文章，等待发达的时机。

　　"履虎尾，不咥人，亨。"（《履》卦）陕西人管吃饭叫"咥饭"，此处"咥"可解释为"吃"。不入虎穴，焉得虎子，在非常时期或昏暗环境下，要敢闯敢试，无私则无畏。

"无平不陂，无往不复。"（《泰》卦）否极泰来，处泰之时，上下一心，积极有为。处否之时，条件不足，缺乏沟通，创造条件，等待转变。

"天与火，同人；君子以类族辨物。"（《同人》卦）天与火亲和相处，象征"和同于人"，君子要明白物以类聚，人以群分的道理，明辨事物，求同存异，团结众人以治理天下。

"大有：元亨。"《大有》卦象征大有收获：至为亨通。"上九，自天祐之，吉无不利。"上九，从上天降下祐助，吉祥而无所不利。顺天应势，居正通变，即使无意志的上天，似乎也会降下祐助。

"谦谦君子，用涉大川，吉。"（《谦》卦）谦而又谦的君子，可以涉过大河巨流，吉祥。谦虚使人进步，骄傲使人落后。

"由豫，大有得；勿疑，朋盍簪。"（《豫》卦）人们由于他而得到欢乐愉快，大有所获；毋庸置疑，朋友们会像头发汇聚于簪子一样，积聚在他周围。追求欢愉是人的本性，但自乐乐不如与他乐乐。欢乐要有度，谨防乐极生悲。欢乐要乐人，不要脱离群众。

"係丈夫，失小子。随有求得，利居贞。"（《随》卦）随从阳刚方正的丈夫行事，则必然丢失年轻小子。随从于丈夫，有求必得，有利于安居乐业，利于安居、守持正固。追随要正当，要向上，要服从整体利益。不卑劣，不屈从，不营私。

"干父之蛊，有子考，无咎；厉终吉。"（《蛊》卦）挽救父辈所败坏了的基业，由能干的儿子来继承父辈的事业，必无危害；即使遇到艰难险阻但最终必获吉祥。敢于纠正前人的错误，才能促进事业的发展。

"甘临，无攸利。"（《临》卦）靠甜言蜜语临政，必无所利。美国前总统林肯说过，你可以暂时欺骗所有的人，或永远欺骗一部分人，但不能永远欺骗所有的人。君子听其言观其行，欺骗政治非成功之道。

"观我生，君子无咎。"（《观》卦）对照高尚的道德标准省察自己的言行，不断地完善自己，君子就不会有祸患。曾子说，吾日三省吾身：为人谋而不忠乎？与朋友交而不信乎？传不习乎？

"噬干肺，得金矢；利艰贞，吉。"（《噬嗑》卦）实施刑法像咬带骨头的肉那样困难，但因具有金箭般的刚直品德，因此有利于在艰难中坚守正道，其结果是吉利的。教育不是万能的，仅靠自觉也是不能长久的，依法行政与以德为政必须有机结合起来。

"《彖》曰：贲，亨。柔来而文刚，故亨。分刚上而文柔，故'小利有攸往'，刚柔交错天文也。文明以止，人文也。观乎天文，以察时变，观乎人文，以化成天下。"（《贲卦》）人类创造文化，文化又塑造人类，以人化文与以文化人是相互促进的。

下 编

《易经》解读篇
——《易经》解读与心理分析

第六章

《易经》上经

☰乾卦第一　胸怀大志　自强不息

乾上乾下

【原文】乾①：元、亨、利、贞②。

【译文】《乾》卦象征天：元始，亨通，适宜，贞正坚固。

【原文】初③九④，潜龙⑤勿用。

【译文】初九，龙潜伏在水中，暂时还不能发挥作用。

【原文】九二，见龙在田，利见⑥大人⑦。

【译文】九二，龙出现在地上，利于出现大人。

【原文】九三，君子终日乾乾⑧，夕惕若⑨，厉无咎⑩。

【译文】九三，君子整天自强不息，晚上还时时警惕慎行，这样即使遇到危险也会逢凶化吉。

【原文】九四，或跃在渊，无咎。

【译文】九四，龙或腾跃而起，或退居于渊，均不会有危害。

【原文】九五，飞龙在天，利见大人。

【译文】九五，龙飞上了高空，利于出现大人。

【原文】上九，亢龙有悔。

【译文】上九，龙飞到了过高的地方，必将会后悔。

【原文】用九，见群龙无首，吉。

【译文】用九，出现一群巨龙，都不以首领自居，是很吉利的。

【注释】①乾，六十四卦卦名之一。本卦是同卦相叠（乾下乾上）。六画都是阳爻，用以象征天，喻龙，比喻有才德的君子。

②元、亨、利、贞：元："元"有"大""始"的含义，创始。亨：

通达的意思。利：适宜的意思。贞：贞正坚固的意思。

③初：每卦六爻从下往上依次为"初""二""三""四""五""上"。《乾》卦与《坤》卦多了一爻，为七个爻，第七爻称为"用"。

④九：每卦中的阳爻（—）符号称为"九"；每卦中的阴爻（— —）符号称为"六"。

⑤潜龙：龙，古代神话中神奇刚健的动物。"潜龙"，指尚处于冬眠蛰伏期的龙。

⑥见：音（xiàn 现），显现的意思。

⑦大人：指有道德作为的人，即君子圣贤，也指有道德并居于高位的人，如邦国王侯或原始部落酋长。

⑧乾乾：自强不息的意思。

⑨夕惕若：晚上也异常警惕，丝毫不敢懈怠。

⑩厉无咎："厉"，凶厉。"咎"（jiù 旧），古指凶，又指罪过、过失；此处指凶险。"厉无咎"，虽凶亦无凶，即逢凶化吉。

【原文】《彖》①曰：大哉乾元②，万物资③始，乃统④天。云行雨施，品物⑤流行。大明⑥终始，六位时成，时乘六龙以御⑦天。乾道变化，各正性命，保合太和，乃利贞⑦。首出庶物，万国咸宁⑧。

【译文】《彖传》说：伟大啊！上天的开创之功。万物靠它滋生，大自然由它统率。云飘雨降，万物繁殖，赋予形体。太阳落而复升，《乾卦》的六爻也因时不同，六爻就像六条龙一样，其变化发展均反映了自然变化发展，其所以有不同乃是因为所处的位置不同，机遇不同，故应依时而动，把握时机。万事万物的发展应符合大自然变化的规律，要安于自己应有的位置，保持阴阳会合的元气，才能顺利成长。天的功德超出万种物类，给万国带来普遍的康宁。

【注释】①彖（tuàn）：《周易正义》："彖，断也，断定一卦之义，所以名为彖也。"古人以《彖》上下、《象》上下、《系辞》上下共六篇和《文言》《说卦》《序卦》《杂卦》共四篇，合称十翼。用十翼以释经，故又称《易传》。

②乾元：乾，天。元始，创始。

③资：凭借，依赖。

④统：统率。统天，统属于天。

⑤品物：品，品类。这里作动词用。品物，繁殖万物。流，这里引申

为赋予。流形,赋予形体。

⑥大明:即太阳,属天上最光明之物,故称"大明"。

⑦保:保持。合,调整。太和,指自然界的一种普遍调顺谐和的关系。利,施利。贞,中正。

⑧庶:众。首出庶物,指天的功德超出万种物类。咸,皆,周遍。

【原文】《象》①曰:天行健,君子以自强不息。

【译文】《象辞》说:天道运行周而复始,永无止息,谁也不能阻挡,君子应效法天道,自立自强,不停地奋斗下去。

【注释】①象:《象》,易传名,十翼之一。它主要是依据卦象、爻位对卦辞、爻辞进行解释,评价,推衍。其内容体现着儒家政治伦理思想。

【原文】"潜龙勿用",阳在下也。"见龙在田",德施普也。"终日乾乾",反复道也。"或跃在渊",进无咎也。"飞龙在天",大人造也①。"亢龙有悔",盈不可久也。"用九",天德不可为首也。

【译文】龙象征阳。"龙尚潜伏在水中,养精蓄锐,暂时还不能发挥作用",是因为此爻位置最低,阳气不能散发出来的缘故。"龙已出现在地上",犹如阳光普照,天下人普遍得到恩惠。"整天自强不息",是因为要避免出现反复,不敢有丝毫大意。"龙或腾跃而起,或退居于渊,均不会有危害",因为能审时度势,进退自如,不会有危害。"龙飞上了高空",象征德高势隆的大人物一定会有所作为。"龙飞到了过高的地方,必将会后悔",因为物极必反,事物发展到了一个极端,必将走向自己的反面。"用九"的爻象说明,天虽生万物,但却不居首、不居功。

【注释】①造:大人造,尊贵的君子大有所为,大有造化。指君子处世得意,其事业如日中天。

【原文】《文言》①曰:元者,善之长也。亨者,嘉之会也②。利者,义之和也。贞者,事之干也。君子体仁足以长人,嘉会足以合礼,利物足以和义,贞固足以干事。君子行此四德者,故曰:"乾:元、亨、利、贞。"

【译文】《文言》说:元,是众善的首领。亨,是众美的集合。利,是义理的统一。贞,是事业的主干。君子履行仁义就足够可以号令大众,众美的结合就足够可以符合礼义,利人利物就足够可以和同义理,坚持正道就足够可以成就事业。君子身体力行这四种美德,所以说:"《乾》卦具有这四种品德:元、亨、利、贞。"

【注释】①《文言》：十翼之一，专释乾、坤两卦的义理。
②嘉：《说文》："嘉，美也。"

【原文】初九曰："潜龙勿用。"何谓也？子曰："龙，德而隐者也。不易乎世，不成乎名，遁世无闷①，不见是而无闷。乐则行之，忧则违之，确乎其不可拔，潜龙也。"九二曰："见龙在田，利见大人。"何谓也？子曰："龙，德而中正者也。庸言之信，庸行之谨②，闲邪存其诚③，善世而不伐④，德博而化。《易》曰：见龙在田，利见大人。君德也。"九三曰："君子终日乾乾，夕惕若，厉，无咎。"何谓也？子曰："君子进德修业。忠信，所以进德也。修辞立其诚，所以居业也。知至至之⑤，可与言几也⑥。知终终之⑦，可与存义也。是故居上位而不骄，在下位而不忧。故乾乾因其时而惕，虽危无咎矣。"九四曰："或跃在渊，无咎。"何谓也？子曰："上下无常，非为邪也。进退无恒，非离群也。君子进德修业，欲及时也。故无咎。"九五曰："飞龙在天，利见大人。"何谓也？子曰："同声相应，同气相求。水流湿，火就燥。云从龙，风从虎。圣人作而万物睹。本乎天者亲上，本乎地者亲下。则各从其类也。"上九曰："亢龙有悔。"何谓也？子曰："贵而无位，高而无民，贤人在下位而无辅，是以动而有悔也。"

【译文】初九爻辞说："潜藏的龙，无法施展。"这是什么意思？孔子说："龙是比喻有才德而隐居的君子。操行坚定不为世风所转移，不求虚名，隐居避世而没有苦闷，言行不为世人所赏识而没有烦恼。乐意的事就施行它，忧患的事就避开它，坚定而不可动摇，这是潜龙的品德。"九二爻辞说："龙出现在大地上，有利于会见贵族王公。"这是什么意思？孔子说："龙是比喻有德行而秉性中正的君子。日常言论讲究诚信，日常行为讲究谨慎，防止邪恶的侵蚀，保持忠诚的秉性，引导世人向善而不夸耀，德行博大而能感化人民。《易经》上说：'龙出现在大地上，有利于会见贵族王公。'就是说民间出现了有才德的君子。"九三爻辞说："君子始终是白天勤奋努力，夜晚戒惧反省，虽然处境艰难，终究没有灾难。"这是什么意思？孔子说："君子致力于培育品德，增进学业。以忠信来培养品德，以修饰言辞来建立诚信，这是操持自己事业的立足点。知道事业可以发展就发展它，从而努力去捕捉一瞬即逝的时机；知道事业应该终止就终止它，从而保持行为的道义。所以处于尊贵的地位而不骄傲，处于卑微的地位而不忧愁。所以君子勤奋努力，随时提高警惕，虽然处境危险却没有灾害。"九四爻辞说:"也许跳进深潭,没有灾难。"这是什么意思?孔子说:"有时处在上位,有时处在下位,本来就是变动无常的,不是什么行为邪恶的缘故。有时奋进,有时退隐,本来就是应时变化的,不是什么喜爱离群索居的缘故。君子致力于培养品德、增进学业,随时准备着抓住时机全力以赴,所以没有灾难。"九五爻辞说:"龙飞腾在天,有利于会见贵族王公。"这是什么意思?孔子说:"声息相同就互相应和,气味相投就互相求助。水向低湿的地方流动,火向干燥的地方漫延。云萦绕着龙,风追随着虎。圣人兴起,万物景仰。根基在天上的附丽于天空,根基在地上的依附着大地,万物都归属于各自的类别当中。"上九爻辞说:"升腾到极限的龙,将有灾祸之困。"这是什么意思?孔子说:"身份显贵而没有根基,地位崇高而没有人民,有才德的压抑在下层,不能获得他们的辅助,因此有所行动必招祸殃。"

【注释】①遯世无闷:遯,遁,逃遁。遯世无闷,甘心隐居、无所烦闷。

②庸:庸言、庸行,日常的言行。

③闲:防。

④善世而不伐:善世,引导世人向善。伐,夸耀。不伐,不自称其能。

⑤知至至之,前至字,名词,发展。后至作动词用。

⑥可与言几:今本无"言"字。几,《系辞》下曰:"几者,动之微,吉凶之先见者也。"即今所谓事机、征兆。

⑦知终终之,前终字,名词,结果。后终字,作动词用。

【原文】"潜龙勿用",下也①。"见龙在田",时舍也。"终日乾乾",行事也。"或跃在渊",自试也。"飞龙在天",上治也。"亢龙有悔",穷之灾也②。"乾元""用九",天下治也。

【译文】"潜伏的龙,无法施展",是说有才德的君子压抑于底层。"龙出现在大地上",是说君子暂时隐伏等待时机。"终日里勤奋努力",是讲君子刻苦修身自强不息。"也许跳进深潭",是讲君子投身社会自我考验。"龙腾飞在天",是讲君子获得地位治国治民。"升腾到极限的龙将有灾殃",是讲事业极盛必由盛转衰。"天的美德""纯阳全盛",是讲天下政治安定。

【注释】①下也:处于下位,未为时用。

②穷之灾：穷，极限，穷极。穷之灾，事物发展到极限，必遭穷困之灾。

【原文】"潜龙勿用"，阳气潜藏。"见龙在田"，天下文明①。"终日乾乾"，与时偕行。"或跃在渊"，乾道乃革②。"飞龙在天"，乃位乎天德③。"亢龙有悔"，与时偕极④。"乾元""用九"，乃见天则。

【译文】"潜伏的龙，无法施展"，初九阳爻居下位，象征万物蛰伏，阳气潜藏。"龙出现在大地上"，阳爻上升一位，象征万物发生，大地锦绣，风光明媚。"终日里勤奋努力"，阳爻再进一位，象征万物蓬勃，与时俱进。"也许跳进深潭"，阳爻又升上一位，象征阳气更盛，天道发生变化。"龙飞腾在天空"，阳爻上升到崇高的地位，象征时值金秋，天的功德已圆满完成。"升腾到极限的龙将有灾殃"，阳爻上升到极限，象征阳气极盛，将由盛转衰。"天的美德""纯阳全盛"，阳爻依位次而上升，阳气依时节而旺盛，六爻全阳，将尽变为阴爻，从而体现了天道运行的法则。

【注释】①文明：文，纹章，此处讲草木生发，大地锦织有文采。明，明媚。

②乾道乃革：革，变化。乾道，天道。

③位乎天德：九五之爻，处于上卦中位，此位又称天位。此爻是全卦的主爻，集中体现了天的品德属性。

④与时偕极：阳爻依次上升，阳气依时旺盛，一同达到了极限。

【原文】乾元者，始而亨者也，利贞者，性情也。乾始能以美利天下，不言所利，大矣哉！大哉乾乎！刚健中正，纯粹精也。六爻发挥，旁通情也①。时乘六龙，以御天也。云行雨施，天下平也。

【译文】《乾》卦的卦辞：元、亨，是讲天具有生成之功，和谐之美。利、贞，是讲天具有恩惠之情，永恒之性。乾为天，只有天才能把美满的利益施予天下，而且从不提起它的恩德，伟大呀！伟大的上天！真正是刚强、劲健、适中、均衡，达到了纯粹精妙的境地。六个阳爻发挥舒展，广通天道、地道、人道。阳气的结晶——太阳，驾驶着六条飞龙在空中飞行，分布着云彩，降洒着雨露，普天之下同享和平。

【注释】①六爻发挥，旁通情也：周流错综于六个爻位之间的阴阳之爻，发动舒展，沟通反映出天道、地道、人道的情状。

【原文】君子以德为行，日可见之行也。"潜"之为言也，隐而未见，行而未成，是以君子弗"用"也。君子学以聚之，问以辩之，宽以居之，仁以行之。《易》曰："见龙在田，利见大人。"君德也。九三，重刚而不中，上不在天，下不在田①，故"乾乾"因其时而"惕"，虽危"无咎"矣。九四，重刚而不中，上不在天，下不在田，中不在人②，故"或"之。或之者，疑之也。故"无咎"。夫"大人"者，与天地合其德，与日月合其明，与四时合其序，与鬼神合其吉凶；先天而天弗违，后天而奉天时。天且弗违，而况于人乎？况于鬼神乎？"亢"之为言也，知进而不知退，知存而不知亡，知得而不知丧。其唯圣人乎！知进退存亡而不失其正者，其唯圣人乎！

【译文】君子以养成自身的品德作为行为的目的，每天应该落实在行动上。"潜"的意义在于，隐伏而不显露，当自身修养尚未达到成熟的程度，所以君子不能有所作为。君子通过学习来积累知识，通过诘疑来辨明是非，以远大作为内心的目标，以仁义作为履行的责任。《易经》说："飞龙出现在大地上，有利于会见贵族王公。"这就是说出现了有才德的君子。九三爻辞的含义是指，九三阳爻处在重叠的阳爻之上，没有处在上、下卦的中位，既没有占据天位，也没有占据地位，还须勤奋努力，随时提高警惕，不过处境虽然险恶，还没有灾难。九四阳爻处在重叠的阳爻之上，没有处在上、下卦的中位，既没有占据天位，又没有占据地位，也没有占据人位，所以有"也许"的说法。"也许"这个词就是表示迟疑。但没有灾难。九五爻辞所讲的"大人"，他的德行与天地相配合，生成万物，他的光明与日月相配合，普照一切；他的政令与四季相配合，井然有序；他的赏罚与鬼神相配合，吉凶一致。他的行动先天而发，但上天不会背弃他，他的行动后天而发，那是依奉天时行事。上天尚且不背弃他，更何况人呢？更何况鬼神呢？所说的"亢"，意思是某些人自以为自己的事业只会发展不会衰败，只会存在不会消亡，只会胜利不会失败。也许只有圣人才能了解进退存亡的相互联系，恰当地把握它们互相转化的关系，能做到这一点，恐怕只有圣人吧！

【注释】①重刚而不中，上不在天，下不在田：重刚而不中，九二阳爻为刚，九三阳爻为刚，所以说"重刚"。九三不在上下卦的中位，所以说"不中"。上不在天，下不在田，上卦中位即第五爻为天位，下卦中位第二爻为地位，九三之爻既不处上卦中位，又不处下卦中位，所以说，"上不在天，下不在田"。田，指地位。

②中不在人：下卦上位，即第三爻，为人位，九四之爻固不在人位。

【心灵导航】《乾》卦作为《易经》六十四卦之首，以"天"为象征形象，以"龙"作比喻，揭示了"阳刚"元素、"强健"气质的本质作用及其发展变化规律。《乾》卦主要阐释宇宙创始万物，大自然的法则，至大、至刚、至中、至正，具备创始、亨通、祥和、坚贞的伟大功能，周而复始、无穷无尽，是人类至高无上的行为典范。

从"象征"的角度分析，《乾》卦的喻旨，正是勉励人效法"天"的刚健精神，胸怀大志，奋发向上，这也是《大象传》所极力推赞的"君子以自强不息"。卦辞以"元、亨、利、贞"四言高度概括"天"具有开创万物，使之亨通、富利、正固这四方面"功德"，意在表明阳气是宇宙万物"资始"之本。而"阳刚"之气的自身发展，又有一定的规律，于是六爻拟取"龙"作为"阳"的象征，代表着正能量，从"潜龙"到"亢龙"，层层推进，形象地展示了阳气萌生、进长、盛壮乃至穷衰消亡的变化过程。

人类行为，应当效法大自然的运行规律，领悟由无而有，由盈而亏的法则性，始能把握时机，知道进退。当潜伏时期，应当觉悟，无以发生力量，必须坚定信念，隐忍待机，不可妄动。当显现时期，羽毛未丰，应当以诚信接近群众，结合力量，始能获得立足之地。当成长时期，应当奋发，自强不息，充实力量。同时，必须戒慎恐惧以避免危险，遭致毁损。当茁壮时期，应当巩固群众基础，审慎把握最有利的时机，一举而获得成功。当抱负得以施展的极盛时期，应当一本初衷，选贤与能，造福群众，使其各安于位，各得其宜，始能安和乐利。盛极而衰，是大自然的常则，居安必须思危，物极必反，极端阳刚，必然产生反作用，唯有时刻警惕，冷静，客观，不逞强，不冲动，不妄动，顺其自然，谨慎因应变化，善用刚与柔的法则，掌握进退存亡的关键，坚守纯正，才能确保祥和与安全。

《乾》卦的总体精神是"天行健，君子以自强不息"，《坤》卦的总体精神是"地势坤，君子以厚德载物"。就宇宙自然的法则而言，天道之刚健有力与地道之柔顺宽柔双向互补，协调并济，共同促成了万物的化生，就人文的价值而言，自强不息与厚德载物也是两种应当具备而不可或缺的品德，合之则两美，离之则两伤。因此，乾坤并建，做到刚而能柔，柔中有刚，把二者结合得恰到好处而形成一种中和之美，是管理艺术的最高境界，也是从事实际的运作所应当奉行的基本原则。

☷☷坤卦第二　厚德载物　宽容待人

坤下坤上

【原文】坤①：元，亨，利牝马之贞。君子有攸往，先迷，后得主，利。西南得朋，东北丧朋。安贞吉。

【译文】《坤》卦象征地：元始，亨通，如果像雌马那样柔顺，则是吉利的。君子从事某项事业，虽然开始时不知所从，但结果会是有利的。如往西南方，则会得到朋友的帮助。如往东北方，则会失去朋友的帮助。如果保持现状，也是吉利的。

【注释】①坤：卦名。本卦是同卦相叠（坤下坤上）六画都是阴爻，用以象地。代表纯阴柔顺的事物，以及与此相关联的人伦义理概念。

【原文】彖曰：至哉坤元①，万物资生，乃顺承天②。坤厚载物，德合无疆③。含弘光大④，品物咸亨⑤。牝马地类⑥，行地无疆，柔顺利贞⑦。君子攸行⑧，先迷失道，后顺得常。西南得朋，乃与类行。东北丧朋，乃终有庆。安贞之吉，应地无疆。

【译文】《彖传》说：崇高啊，大地的开创之功。万物依赖它获得生命的基础。它顺承着天道的变化。大地厚实，承载万物，大地美德，广大无垠。它蕴藏深厚，地面辽阔，各种物类皆得其所。牝马阴性，与地同类，善于在无边无际的大地上奔跑，生性柔和、温顺、便捷、执着。君子外出，先迷失路途，后来顺利地找到归宿。西南行得到朋友，于是与志同道合的友人同行。东北行丧失朋友，不过最后还是吉庆的。祥和贞吉，则无往而不吉利，正如大地随处伸展不穷一样。

【注释】①至哉坤元：至，朱熹说："至，极也。"坤，大地。元，始，创始。

②乃顺承天：大地顺承天道的变化而变化。

③德合无疆：李鼎祚《周易集解》："蜀才曰：天有无疆之德，而坤合之，故云德合无疆也。"

④含弘光大：含，蕴藏。弘，深厚。光，借为广。

⑤品物咸亨：品，品类。品物，各种物类。咸，皆。亨，通泰。指生长顺畅。

⑥牝马地类：牝马，母马，阴性之物，与地同类。

⑦柔顺利贞：柔，柔和。顺，温顺。利，便捷。贞，贞正，执着。此四字讲牝马之性。

⑧攸：所。

【原文】《象》曰：地势坤①，君子以厚德载物。

【译文】《象辞》说：坤象征大地，君子应效法大地，胸怀宽广，包容万物。

【注释】①坤：释卦名："坤，顺也，上顺乾也。"

【原文】初六，履霜，坚冰至。

【译文】初六，脚踏上了霜，气候变冷，冰雪即将到来。

【原文】《象》曰："履霜坚冰"①，阴始凝也；驯致其道②，至坚冰也。

【译文】《象辞》说："脚踏上了霜，气候变冷，冰雪即将到来"，说明阴气开始凝聚；按照这种情况发展下去，必然迎来冰雪的季节。

【注释】①"履霜坚冰"：履，践踏。《象》传以"阴始凝"释"履霜"二字。"坚冰"则是阴已大凝。所谓"冰冻三尺，非一日之寒"。

②驯，顺。致，推进。驯致其道，遵循自然规律而发展推进。

【原文】六二，直方大，不习①无不利。

【译文】六二，正直，端正，广大，具备这样的品质，即使不学习也不会有什么不利。

【注释】①习，熟习。

【原文】《象》曰：六二之动，直以方也，"不习无不利"，地道光也。

【译文】《象辞》说：六二爻若是出现变化的话，总是表现出正直、端正的性质。"即使不学习也不会有什么不利"，是因为地德广大，包容万物的缘故。

【原文】六三，含章①，可贞②。或从王事③，无成有终④。

【译文】六三，胸怀才华而不显露，如果辅佐君主，能恪尽职守，功成不居。

【原文】《象》曰："含章可贞"，以时发也；"或从王事"，知光大也⑤。

【译文】《象辞》说："胸怀才华而不显露"，是要把握时机才发挥，

"如果辅佐君主"，必能大显身手，一展抱负。

【注释】①章：刚美章彩。

②可贞：内含刚美而不轻易发露，故可守"贞"。

③王事：古代国家以战争和祭祀为大事。这里所说大事，是指战争。

④终：古人讲终，多指好的结局。

⑤知光大也：知，读为智。光大，广大。

【原文】六四，括囊，无咎无誉。

【译文】六四，扎紧袋口，不说也不动，这样虽得不到称赞，但也可免遭祸患。

【原文】《象》曰："括囊无咎"，慎不害也。

【译文】《象辞》说："扎紧袋口，不说也不动，可以免遭祸患"，说明小心谨慎从事，谨言慎行是不会有害的。

【原文】六五，黄裳①，元吉。

【译文】六五，黄色的衣服，最为吉祥。

【原文】《象》曰："黄裳元吉"，文②在中也。

【译文】《象辞》说："黄色的衣服，最为吉祥"，是因为黄色代表中，行事以中道为准则，当然是吉祥的。

【注释】①黄裳：王弼说："黄，中之色也。裳，下之饰也。"裳，即裙、裤。周人以黄裳为吉祥、尊贵之物。

②文：《广雅·释诂》："文，饰也。"衣与裳，都是身上的装饰，这里的文比喻人的美德。

【原文】上六，龙战于野，其血玄黄①。

【译文】上六，阴气盛极，与阳气相战郊外，天地混杂，乾坤莫辨，后果是不堪设想的。

【原文】《象》曰："龙战于野"，其道穷也。

【译文】《象辞》说："阴气盛极，与阳气相战于郊外"，说明阴气已经发展到极端了。

【注释】①玄黄：血流貌，借为泫潢。谓血流得多。

【原文】用六，利永贞。

【译文】"用六"这一爻，利于永远保持中正。

【原文】《象》曰：用六"永贞"，以大终也。

【译文】《象辞》说：用六的爻辞说"利于永远保持中正"，是指阴盛到了极点就会向阳转化。

【原文】《文言》曰：坤至柔而动而刚，至静而德方，后得主而有常①，含万物而化光②。坤道其顺乎。承天而时行。积善之家，必有余庆；积不善之家，必有余殃。臣弑其君，子弑其父，非一朝一夕之故，其所由来者渐矣。由辩之不早辩也。《易》曰："履霜，坚冰至。"盖言顺也③。直其正也，方其义也④。君子敬以直内，义以方外⑤，敬义立而德不孤。"直、方、大、不习，无不利。"则不疑其所行也。阴虽有美，含之，以从王事，弗敢成也。地道也，妻道也，臣道也。地道无成而代有终也⑥。天地变化，草木蕃。天地闭，贤人隐。《易》曰："括囊，无咎无誉。"盖言谨也。君子黄中通理⑦，正位居体⑧，美在其中，而畅于四支，发于事业，美之至也。阴疑于阳，必战，为其嫌于无阳也，故称龙焉。犹未离其类也，故称血焉。夫玄黄者，天地之杂也。天玄而地黄。

【译文】《文言》说：地道极为柔顺但它的运动却是刚健的，它极为娴静但品德是方正的，地道后于天道而行动，但运动具有规律性。它包容万物，其生化作用是广大的。地道多么柔顺啊！顺承天道而依准四时运行。积累善行的人家，必有不尽的吉祥；积累恶行的人家，必有不尽的灾殃。臣子弑杀他的国君，儿子弑杀他的父亲，并不是一朝一夕形成的，所以出现这种局面是逐步发展的结果。《易经》说："践踏着薄霜，坚厚的冰层快要冻结成了。"大概就是一种循序渐进的现象。直是存心的正直，方是行为的道义。君子通过恭敬谨慎来矫正思想上的偏差，用道义的原则来规范行为上的悖乱。恭敬、道义的精神树立起来了，他的品德就会产生广泛的影响。君子"正直、方正、广博，这些品德不为人们所了解，也没有什么不利的"。因为人们不会怀疑他的行为。阴比喻臣下，虽有美德，但宜深藏含隐，从而服务于君王，不敢自居有功。这是地道的原则，也是妻道的原则，同样是臣道的原则。地道不能单独地完成生育万物的功业，但是在时序的交替中，它始终一贯地发挥作用。天地交通变化，草木就茂盛，天地阻隔不通，贤人就隐退。《易经》说："扎紧了口袋，如缄口不言。没有指责也没有赞誉。"大概意在谨慎吧。君子内心美好，通达事理，整肃职守，恪守礼节，美德积聚在内心里，贯彻在行动上，扩大在事业中，这是最为美好的。阴与阳势均力敌，必然发生争斗。因为阴极盛而与阳均等，所以把阴阳一并称作龙。其实阴并未脱离其属类，所以又称为血，血即阴类。所谓玄黄——天玄地黄——是天地交相混合的色彩。

【注释】①后得主而有常：后得主，言地道顺承天道，后于天道的变化而变化。常，常规。

②化光：生化万物，其道广大。

③顺：循规律而推进发展。

④直其正也，方其义也：直，正直，存心不邪。方，端正，存心不乱。

⑤敬以直内，义以方外：直内：直，作动词用，矫正。直内，矫正内心的僻邪。方外，方作动词用，规范。方外，规范行为上的悖乱。

⑥地道无成而代有终：地道不能脱离天道单独地完成生化万物的功业，只能在时序的更替中，始终一贯地发挥作用。

⑦黄中通理：《文言》作者以黄裳，比喻贤人才高德劭。黄中，内心美好。通理，通达情理。

⑧正位居体：正位，忠于本份。居体，体借为礼，守礼。

【心灵导航】《易经》以《坤》卦继《乾》卦之后，寓有"天尊地卑""地以承天"的意旨。全卦大意，在于揭示"阴"与"阳"既相对立，又相依存的关系。就卦象看，《坤》以"地"为象征形象，其义主"顺"。卦辞强调，利于"雌马"之"贞"，"后得主"以随人，获吉于"安贞"，均已明示"柔顺"之义。六爻进一步抒发"阴"在附从"阳"的前提下的发展变化规律：二处下守中，五居尊谦下，三、四或"奉君"或"退处"，皆呈"坤，顺"之德，而以二、五最为美善，至于初六"履霜"与上六"龙战"，两相对照，又深刻体现了阴气积微必著、盛极转阳的辩证思想。

在宇宙创始万物的过程中，天创生万物，地负载完成生命。地的法则，是安详与纯正，柔顺地遵循天的法则，而刚毅行动；安静的谨言慎行，且行动方正；追随而不超越，包容而不排斥；具备至柔的性格，这正是为人的基本态度，应当见微知著，了解一切结果，都有累积而成的必然性，必须防患于未然。应当直率、方正、宽大，含蓄而不炫耀，收敛而言行谨慎，谦逊坚持中庸的原则，应当外柔而内刚，外圆而内方。然而，用柔的原则，也不可以极端，极端必然凶险。必须深切体认主从关系，坚持纯正，冷静客观。通权达变，掌握变化，柔而能刚，善用柔的法则，才能逢凶化吉。

《文言》说"积善之家，必有余庆；积不善之家，必有余殃。"其实民间也有类似的说法，叫作"行善之人如春园之草，作恶之人像磨刀之石"。这都可以作为"厚德载物"的通俗解释。

䷂ 屯卦第三　天地生机　初创艰难

震下坎上

【原文】屯①：元、亨、利、贞；勿用有攸往，利建侯。

【译文】《屯》卦象征初生：元始，亨通，和谐，贞正。不宜有所前往，利于建立诸侯。

【注释】①屯（zhūn）是本卦标题。屯的意思是困难，卦象是表示雨的"坎"和表示雷的"震"相叠加。

【原文】彖曰：屯，刚柔始交而难生，动乎险中，大亨贞。雷雨之动满盈，天造草昧，宜建侯而不宁。

【译文】《彖传》说：孕育，是说阴阳交合而难以出生，运动在危险中。大者亨通但必须守正，就像这雷雨将至，雷声乌云布满天空，雨虽然未降但一定会降。乾天创造的生命世界还未开化，因此宜建立诸侯而治理不宁。

【原文】《象》曰：云雷屯，君子以经纶。

【译文】《象辞》说：云雷大作，是即将下雨的征兆，故《屯》卦象征初生。天地初创，国家始建，君子应以全部才智投入创建国家的事业中去。

【原文】初九，磐桓①，利居贞，利建侯。

【译文】初九，徘徊不前，利于静居守持正固，利于建立诸侯。

【注释】①磐（pán）桓（huán）：徘徊难行。

【原文】《象》曰：虽磐桓，志行正也。以贵下贱，大得民也。

【译文】《象辞》说：虽然徘徊不前，但志向和行为纯正。只要能下定决心，深入基层，仍然会大得民心的。

【原文】六二，屯如邅如①，乘马班如②。匪寇③婚媾，女子贞不字④，十年乃字。

【译文】六二，初创多么艰难，回复彷徨不前。骑着马的人纷纷而来，但他们不是强寇而是来求婚配的。女子守持正固不急于出嫁，久待十年才缔结良缘。

【注释】①屯如邅（zhān）如：想前进又不前进的样子。

②班如：回旋不前进的样子。

③匪寇：不是强盗。

④字：女子出嫁。

【原文】《象》曰：六二之难，乘刚也。十年乃字，反常也。

【译文】《象辞》说：六二爻之所以出现困难，是由于阴柔乘凌阳刚之上。久待十年才许嫁，是很反常的现象。

【原文】六三，即鹿无虞①，惟②入于林中，君子几③，不如舍，往吝④。

【译文】六三，追逐鹿时，由于缺少管山林之人的引导，致使鹿逃入树林中去。君子此时如仍不愿舍弃，轻率地继续追踪，则必然会发生祸事。

【注释】①即：接近。指追逐。鹿：麋鹿。虞：掌管山林的官，指熟悉山林的人。

②惟：思考，想。

③几：当机智的"机"用。

④吝：古指耻辱；也指恨惜。

【原文】《象》曰："即鹿无虞"，以从禽也。君子舍之，往吝穷也。

【译文】《象辞》说："追逐鹿缺少管山林之人引导"，是因为获鹿之心过于急切。君子应及时放弃，否则必有祸事或导致穷困。

【原文】六四，乘马班如，求婚媾，往吉，无不利。

【译文】六四，乘马纷纷而来，欲求婚配，前往必获吉祥。

【原文】《象》曰：求而往，明也。

【译文】《象辞》说：坚定不移地去追求，是明智之举。

【原文】九五，屯其膏①，小贞吉，大贞凶。

【译文】九五，只顾自己囤积财富而不注意帮助别人，是很危险的，那样做，办小事虽有成功的可能，但办大事则必然会出现凶险。

【注释】①"膏"，指脂肪、油脂；又指肥沃的土壤，如"膏腴""膏壤"。泛指一切财力。"屯其膏"，指囤积财富和力量。

【原文】《象》曰："屯其膏"，施未光也。

【译文】《象辞》说："只顾自己囤积财富而不注意帮助别人"，这样的人即使想有所作为，其前景也不大光明。

【原文】上六，乘马班如，泣血涟如①。

【译文】上六，乘马纷纷而来，欲求婚配，（但竟无感应）悲伤哭泣，泣血不止。

【注释】①涟如：水波荡漾的样子，形容血泪不断地流淌。

【原文】《象》曰："泣血涟如"，何可长也？

【译文】《象辞》说："悲伤哭泣，泣血不止"，这种状况怎能维持长久呢？

【心灵导航】屯卦喻示事物初生之际的情状，义在阐明"初创艰难"。卦辞既言此时可致亨通，又谓利于守正，宜"建侯"广资辅助，说明创物虽艰难，但若能把握正确的规律，前景必将充满光明。卦中六爻，通过不同的物象，揭示处屯之道：初"磐桓"，以居正不出为利；二"屯邅"，似女子"守贞待字"则宜；三"即鹿"，当退不当进；四"求婚"，亲下获吉；五"初创"局面将通，但不可疏忽，须守正防凶；上虽"泣血"，但大势已通，必将化忧为喜。总之，六爻均围绕物之"初生"、时之"草创"明其吉凶利咎，大旨无不强调居正慎行。

天地草创，接着来的，是秩序尚未建立，混乱不安的苦难时期，但也是英雄豪杰建功立业的大好时机。当此草创时刻，充满危机，必然踌躇，难以把握方向；必须坚定纯正的信念，否则一失足成千古恨。因而，必须富贵不淫，贫贱不移，威武不屈，不可因一时反常现象而动摇；应当明辨果断，知道取舍，不可轻举妄动。当处于进退两难的困境时，应当积极进取，才能使状况明朗，找到出路。当孤立无援时，应当退守自保，先求安全，再求发展。最后再以满盈告诫，物极必反，应知适可而止。

蒙卦第四　启蒙教育　开发民智

坎下艮上

【原文】蒙①：亨。匪我求童蒙②，童蒙求我；初筮告③，再三渎④，渎则不告。利贞。

【译文】《蒙》卦象征启蒙：亨通。不是我有求于幼童，而是幼童有求于我，第一次向我请教，我有问必答，如果一而再、再而三地没有礼貌地乱问，则不予回答。利于守正道。

【注释】①蒙：六十四卦卦名之一。乃论述蒙昧之卦。

②童蒙：指像小童一样蒙昧无知。

③筮告："筮"，用蓍草进行卜吉卜凶的一种占卜活动。"筮告"，指用蓍草占卜的办法求告神灵。

④渎：轻慢之义。亵渎神灵的意思。

【原文】《彖》曰：蒙，山下有险，险而止，蒙。蒙亨，以亨行，时中也。匪我求童蒙，童蒙求我，志应也。初筮告，以刚中也。再三渎，渎则不告，渎蒙也。蒙以养正，圣功也。

【译文】《彖传》说：蒙昧，山下有危险，有危险不明白如何行，这就是蒙昧。"蒙亨"，是用启蒙之道使人明白如何适时把握中道而行。"匪我求童蒙，童蒙求我"，是指心志能够相应。"初筮告"，是指九二阳刚坚守中道。"再三渎，渎则不告"，因为这是对教育的亵渎。以教养育正道，这是神圣的功业。

【原文】《象》曰：山下出泉，蒙；君子以果行育德。

【译文】《象辞》说：山下涌出泉水，刚流出，处于蒙昧状态，故叫《蒙》卦。君子必须行动果断，才能培养出人的良好品德。

【原文】初六，发蒙①，利用刑人②，用说③桎梏④；以往吝。

【译文】初六，要进行启蒙教育，贵在树立典型，以便防止罪恶发生；如不专心求学，而是急功冒进，将来必然会后悔。

【注释】①发蒙："发"，启发，"发蒙"，启发蒙昧。

②用刑人："刑人"，刑法规章。"用刑人"，用刑罚规章约束人。

③用说："说"（yuè 悦），同悦。"用说"，指用礼乐进行教化。

④桎梏："桎"（zhì），古拘系罪犯两脚的刑具；"梏"（gù），古木制的手铐。指束缚人。

【原文】《象》曰：利用刑人，以正法也。

【译文】《象辞》说：用树立典型的办法来进行启蒙教育，是为了确立正确的法度，以便遵循。

【原文】九二，包蒙①，吉。纳妇②，吉；子克家③。

【译文】九二，周围都是上进心很强的蒙童，希望获得知识，这是很吉利的。如果迎娶新媳妇，也是吉祥的。由于渴望接受教育，上进心很强，所以连孩子们已经能够治家了。

【注释】①包蒙：包容蒙昧。

②纳妇：容纳妇人之蒙昧。此句亦含有"包蒙"的意思。俗话说

"妇人之见"。

③子克家："子",古泛指"人"讲。"克",能够、胜任的意思。"子克家",人人能治理家业。

【原文】《象》曰："子克家",刚柔接也。

【译文】《象辞》说："由于渴望接受教育,上进心很强,所以连孩子们都已经能够治家了",这是因为刚柔相济,孩子们受到了很好的启蒙教育的结果。

【原文】六三,勿用取女①,见金夫②,不有躬③,无攸利。

【译文】六三,不能娶这样的女子,她的心目中只有有钱财的郎君,不能守礼仪,也难以保住自己的节操,娶这样的女子是没有什么好处的。

【注释】①勿用取女:不要娶这样的女子。

②金夫:指有钱财的男子。

③不有躬:"躬",身体。"不有躬",不能把握自己,屈身投靠。

【原文】《象》曰："勿用取女",行不顺也。

【译文】《象辞》说："不能娶这个女子",这个女子的行为是不合乎礼仪的,即这个女子没有受过良好的启蒙教育、缺乏教养。

【原文】六四,困蒙①,吝。

【译文】六四,人处于困难的境地,不利于接受启蒙教育,因而孤陋寡闻,结果是不大好的。

【注释】①困蒙:"困",围困、束缚。"困蒙"与"发蒙"相对,愚民政策。

【原文】《象》曰："困蒙之吝",独远实也。

【译文】《象辞》说："人处于困难的境地,不利于接受启蒙教育",是因为疏远有真才实学的老师。

【原文】六五,童蒙,吉。

【译文】六五,蒙童虚心地向老师求教,这是很吉祥的。

【原文】《象》曰："童蒙之吉",顺以巽也。

【译文】《象辞》说："蒙童虚心地向老师求教,这是很吉祥的",这是因为蒙童对老师采取了恭顺谦逊的态度。

【原文】上九,击蒙①,不利为寇,利御寇。

【译文】上九,猛击以启发蒙昧。不利于施用寇暴的方式,宜采用抵御强寇的方式。

【注释】①击蒙：敲击振动以使蒙昧开窍。

【原文】《象》曰："利用御寇"，上下顺也。

【译文】《象辞》说："利于采用抵御强寇的方式治蒙"，是说可以使老师和蒙童互相配合，上下意志顺应和谐。

【心灵导航】百年大计，教育为本。事物发展的初始阶段，必多蒙昧。蒙卦主旨在启蒙教育。六爻大旨，二阳爻喻"师"，四阴爻喻"蒙童"，其中九二阳刚处下，启迪群蒙，为有道"师表"之象；上九刚健居终，以严施教则利，以暴施教则不利；这是从"教"的角度揭明"启蒙"规律。六五居尊谦下，"蒙以养正"，为好学"君子"之象；初六阴弱蒙稚，潜心"发蒙"则可，急于求进必"吝"；六三、六四两爻，或不循学径、盲目躁动，或远离其"师"、困险蒙昧，均不能去蒙发智；这是从"学"的角度揭明"治蒙"规律。

当草创时期，秩序未建立，处于混乱蒙昧的状态，危机四伏，使人内心恐惧，产生抗拒心理，以致重私利，轻公益，趋向保守，缺乏进取心。因而，启发民智，为治国平天下的首要工作。而教育的原则，首要自然感应，潜移默化，循序渐进，不可强求。教育为百年大计，应把握不偏不倚的中庸原则。教育又是神圣不可侵犯的工作，动机必须纯正，而且坚持到底。

教育应当严厉，但也应适度，过严反而抗拒。应当包容，有教无类。应当坚定信念，贯彻始终，不可见异思迁。必须切合实际，不可好高骛远。不论教与学，均应谦虚，相互切磋，教学相长，彼此受益。而且应当内柔外刚，对内应当兼容并蓄，对外来的邪恶，则应断然排斥。

需卦第五　踌躇等待　坚守纯正

乾下坎上

【原文】需①：有孚②，光亨③，贞吉，利涉大川④。

【译文】《需》卦象征等待：诚实守信，光明正大，亨通顺利，占问吉祥，有利于渡过宽阔的河流。

【注释】①需：六十四卦卦名之一。论述在某种时域里如何等待的卦。

②孚：诚实信用。

③光亨：光明而亨通。

④利涉大川：大川即大河流，喻艰难险阻。

【原文】彖曰：需，须也；险在前也。刚健而不陷，其义不困穷矣。需有孚，光亨，贞吉。位乎天位，以正中也。利涉大川，往有功也。

【译文】《需》卦象征等待：譬如艰难险阻正在前方，刚健强实而不陷入厄境，因为期待适宜便不致路困途穷。等待，具有诚实守信的品德，光明正大，做事才会亨通顺利，守持正固可获吉祥，说明九五居于"天"的位置，而且处位正中。有利于渡过宽阔的河流。

【原文】《象》曰：云上于天，需；君子以饮食宴乐。

【译文】《象辞》说：水汽聚集天上成为云层，密云满天，但还没有下雨，需要等待；君子在这个时候需要吃喝，饮酒作乐，积蓄力量。

【原文】初九，需于郊①，利用恒②，无咎。

【译文】初九，在郊外等待，必须有恒心，长久耐心地静候时机，不会有什么祸患。

【注释】①需于郊：待在郊外。

②利用恒：利用恒心耐心对待。

【原文】《象》曰："需于郊"，不犯难行也；"利用恒，无咎"，未失常也。

【译文】《象辞》说："在郊外等待"，表明不能冒险轻率前行；"长久耐心地等候时机，不会有什么祸患"，表明没有偏离正道，没有偏离天地恒常之理。

【原文】九二，需于沙①，小有言，终吉。

【译文】九二，在沙滩上等待，虽然要受到别人的一些非难指责，耐心等待终究会获得吉祥。

【注释】①需于沙：待在沙滩。

【原文】《象》曰："需于沙"，衍在中也；虽有小言，以终吉也。

【译文】《象辞》说："在沙滩上等待"，表明宽宏大量不急躁；虽然受到一些非难和指责，但终久能获得吉祥。

【原文】九三，需于泥①，致寇至②。

【译文】九三，在泥泞中等待，结果抢劫的强徒乘机而至。

【注释】①需于泥：待在泥泽中。

②致寇至：招致强徒进犯。

【原文】《象》曰:"需于泥",灾在外也;自我致寇,敬慎不败也。

【译文】《象辞》说:"在泥泞中等待",说明灾祸还在外面,尚未殃及本身;自己招引来强盗,说明要处处谨慎小心才能避开危险。

【原文】六四,需于血①,出自穴。

【译文】六四,在血泊中等待,不小心陷进深穴,用尽全力才逃脱出来。

【原文】《象》曰:"需于血",顺以听也。

【译文】《象辞》说:"在血泊中等待",表明此时必须沉着冷静,顺应时势,听天由命,以等待转机。

【原文】九五,需于酒食①,贞吉。

【译文】九五,准备好酒食招待客人,占问结果吉祥。

【原文】《象》曰:"酒食贞吉",以中正也。

【译文】《象辞》说:"准备好酒食招待客人,占问结果吉祥",说明此时处于中位,完美无缺。

【原文】上六,入于穴①,有不速之客②三人来;敬之,终吉。

【译文】上六,落入了洞穴之中,忽然有不请自来的三位客人到来;对他们恭恭敬敬,以礼相待,终究会得到吉祥的结果。

【注释】①入于穴:落入巢穴之中。

②不速之客:不请自来之客。

【原文】《象》曰:"不速之客来,敬之终吉。"虽不当位,未大失也。

【译文】《象辞》说:"不请自来的三位客人到来,对他们恭敬而且热情地招待,终久获得吉祥",表明此时尽管处在不适当的地位,但还没有遭受大的损失。

【心灵导航】《需》卦阐发"需待"之意。阐明事物在发展过程中当耐心待时的道理。卦辞所谓"亨""吉""利涉大川",即是守正需待所致。卦中六爻,不论刚柔,各能容忍守静、敬慎待时,故或吉、或无咎、或化险为夷,皆不呈凶象。藏德待用,守正待时,是本卦的主旨。

当草创时期,仍动荡不安,危机四伏,往往状况不明,或面临危险,必须等待时机。等待需要恒心与耐心,而恒心与耐心来自信心,信心源自纯正的信念。因而,不得不等待,必须等待的时刻,更应当坚定信心,以恒心与耐心等待有利时机的来临。此时,应当尽可能远离危险,以策安全，而且保持距离，才能够了解情况。应当忍耐，不可被闲言动摇，不可急躁冒进。盲目妄进，将自己招祸。愈接近危险，愈应当谨慎。当陷入危险时，不可逞强，应当冷静，运用柔的法则，因应变化，方可化险为夷。即便在安全中，也应居安思危，把握中正的原则，谨慎戒备。总之，因应危险的最高法则，是要以柔制刚，有目的等待，正是应用柔的法则。

凡事等待，凡事忍耐，韬光养晦，机会自来。

䷅ 讼卦第六　谨慎争讼　隐忍自励

坎下乾上

【原文】讼①：有孚窒②惕③，中吉；终凶，利见大人，不利涉大川。

【译文】《讼》卦象征打官司：诚实守信的德行被阻塞，心中畏惧有所戒备，坚守正道居中不偏吉祥；坚持把官司打到底则有凶险，利于出现德高望重的大人物，但不利于渡过宽阔的大河。

【注释】①讼：六十四卦卦名之一。讼，诉讼、争辩、斗争。

②窒（zhì）：阻塞。

③惕：警惕戒备。

【原文】象曰：讼，上刚下险，险而健讼。讼有孚窒，惕中吉，刚来而得中也。终凶；讼不可成也。利见大人；尚中正也。不利涉大川；入于渊也。

【译文】《象传》说：讼这一卦是象征着打官司，即有纠纷。上刚就是刚强，下险就是阴险，刚强的人碰到阴险的人，感到压抑，这时候应该保持冷静和警惕，小心谨慎地处理事情，最后也会吉祥的。坚守正道居中会有吉祥；坚持把官司打到底则有凶险，利于出现德高望重的大人物，是因崇尚中正之道。不利于渡过宽阔的大河，强行出行会走入深渊之中。

【原文】《象》曰：天与水违行，讼；君子以作事谋始。

【译文】《象辞》说：（坎下乾上），天与水是逆向相背而行的，象征着人们由于意见不合而打官司。所以君子在做事前要深谋远虑，从开始就要消除可能引起争端的因素。

【原文】初六，不永所事①；小有言②，终吉。

【译文】初六，不久将陷于争端之中；虽然会受到一些非难和指责，但终究将获得吉祥。

【注释】①不永所事：不会永远处于原来所事的平安状态。

②孚：诚实信用。

【原文】《象》曰："不永所事"，讼不可长也；虽"小有言"，其辩明也。

【译文】《象辞》说："不久陷于争端之中"，说明与人争端决不可长久，决不可互不让步，相持不下；虽然"受到一些非难指责"，但通过摆事实讲道理，可以明辨是非。

【原文】九二，不克讼，归而逋①，其邑人三百户②，无眚③。

【译文】九二，打官司失利，走为上策，赶快逃回来，跑到只有三百户人家的小国中，没有灾祸。

【注释】①逋（bū）：逃。

②其邑人三百户：藏匿到三百户人家的小邑国中。

③眚（shěng）：灾祸。

【原文】《象》曰："不克讼，归逋窜也"；自下讼上，患至掇也。

【译文】《象辞》说："打官司失利，迅速逃回来"，因为自己处于下位，与上面有权有势的人打官司，必然要失败而且有灾祸降临，但逃走避开，灾祸就没有了。

【原文】六三，食旧德①，贞厉，终吉；或从王事，无成。

【译文】六三，安享着原有的家业，吃喝不愁，坚守正道，处处小心防备危险，终究会获得吉祥；如果辅佐君王建功立业，成功后不归功于自己。

【注释】①食旧德：享受祖辈或自己原来的基业。

【原文】《象》曰"食旧德"，从上吉也。

【译文】《象辞》说："安享着祖上遗留下来的家业"，说明只要顺从上级，则可以获得吉祥的结果。

【原文】九四，不克讼；复即命①，渝②，安贞吉。

【译文】九四，打官司失利，经过反思改变了主意，决定不打官司了，安分守己，必然会得到吉利的结果。

【注释】①复即命：恢复到原来的命运状态。

②渝：改变。

【原文】《象》曰："复即命，渝"，安贞不失也。

【译文】《象辞》说:"打官司失利后,回过头仔细反思,觉得和为贵",还是息事宁人为好,改变了主意,撤回诉状,退出争端,说明坚守正道,安分守己就没有什么损失了。

【原文】九五,讼,元吉①。

【译文】九五,官司得到了公正的判决,大为吉祥。

【原文】《象》曰:"讼,元吉",以中正也。

【译文】《象辞》说:"官司得到公正的判决,大为吉祥",表明此时居于正中地位,得到了大人物公正的判处。

【原文】上九,或锡①之鞶带②,终朝三褫③之。

【译文】上九,因打官司获胜,君王偶然赏赐给饰有皮束衣带的华贵衣服,但在一天之内却几次被剥下身来。

【注释】①锡(xī):锡与裼字同音,此处当裼字之误。皮衣上加罩衣,引申为穿戴。

②鞶(pán)带:命服之饰,有皮束的华贵服妆。

③褫(chǐ):脱的意思。

【原文】《象》曰:以讼受服,亦不足敬也。

【译文】《象辞》说:因为打官司获胜而得到赏赐,没有什么可以值得尊敬的。

【心灵导航】《讼》卦并非教人如何争讼,而是诫人止讼免争。卦辞一方面指出,必须在"信实"被止塞的情况下才能"起讼";另一方面深诫,讼事应当持"中",若终极不止必凶。卦中九五喻"听讼"尊主,以中正、明决获"元吉";其余五爻皆身系讼事,其中初六不与人争而获"终吉",九二败讼速退而获"无眚",六三安分不讼亦获"终吉",九四败讼悔悟而获"安贞吉",唯上九穷争强讼,自取"夺赐"之辱。可见,全卦大旨是始终申言"讼"不宜强争、应及早平息的道理。杜绝争讼的最好办法,就是要作事谋始,事先明确章约、判定职分,防讼于未萌。

在事业进行中,难免发生争执、引起争讼,但《讼》卦告诫不可争讼。争讼多半因为内心险恶,行动过于刚强,会使信实蒙羞,招来忧伤,必须警惕。不可自以为得理而逞强,难以达到目的,反而使自己陷入泥淖。应当深自反省,戒慎恐惧,把握中庸的原则,避免争讼。

当争讼不可避免,则宜于化解,不可拖延过久,以致不可收拾。应当退让,自我反省,于争讼之前就应当谨慎,不可轻启争端,惹祸上身。要知足常乐，应当隐忍自励，韬光养晦，不可逞强争胜。隐忍顺其自然，安于正理，必然心安理得，裁判争讼，以至中至正为根本。总之，即或以争讼获胜，也不能持久，而且不会受人尊敬，徒然使信实蒙羞。无论利益之争，还是真谬之辩，都宜适可而止，有理、有利、有节。

䷆师卦第七　严明军纪　刚健中正

坎下坤上

【原文】师①：贞，丈人②吉，无咎。

【译文】《师》卦象征兵众：坚守正道，德高望重富有经验的长者统帅军队可获吉祥，没有灾祸。

【注释】①师：六十四卦卦名之一。师指军队，乃论述立师和用将之卦。

②丈人：与"君子""大人""王""侯"为同义语，指一国之长。

【原文】象曰：师，众也，贞正也，能以众正，可以王矣。刚中而应，行险而顺，以此毒天下，而民从之，吉又何咎矣。

【译文】《象传》说："师"，就是群众的意思。"贞"，是守持正固的意思。能够使群众归正，可以统治天下了。阳刚在中位而有上下相应，行于险地而顺利，用这样来治理天下，并且民众都服从他，是吉，还有什么害处呢？

【原文】《象》曰：地中有水，师；君子以容民畜众。

【译文】《象辞》说：地中蕴藏大量的水，象征兵源充足；君子要像地中藏水一样容纳天下百姓，养育众人。

【原文】初六，师出以律①，否臧②凶。

【译文】初六，出师征战必须要有严明的纪律，如果军纪混乱必然有凶险。

【注释】①律：军纪。

②否（pǐ）臧（zāng）：朱熹注为"不善"。指军纪混乱。

【原文】《象》曰："师出以律"，失律凶也。

【译文】《象辞》说："出师征战必须要有严明的纪律"，要号令整齐，行动一致，赏罚分明。如果军纪不良，指挥不灵，必然要发生凶险。

【原文】九二，在师①，中吉，无咎；王三锡命②。

【译文】九二，在军中任统帅，持中不偏可得吉祥，不会有什么灾祸；君王多次进行奖励，并被委以重任。

【注释】①在师：保存师旅。

②王三锡命："锡"，古通赐。君王再三命令筹建军队、选择将帅。

【原文】《象》曰："在师中吉"，承天宠也；"王三锡命"，怀万邦也。

【译文】《象辞》说："在军中任统帅，持中不偏可得吉祥，不会有什么灾祸"，表明承受"天命"，因此得到君王的宠幸；"君王多次进行奖励"，说明怀有治国平天下使万邦悦服的弘大志向。

【原文】六三，师或舆尸①，凶。

【译文】六三，不时有士兵运送战死者的尸体回来，凶险。

【原文】《象》曰："师或舆尸"，大无功也。

【译文】《象辞》说："士兵不时运送战死者的尸体回来"，说明不自量力发动进攻，结果战败，没有任何功绩可言。

【原文】六四，师左次①，无咎。

【译文】六四，率军暂时撤退，免得遭受损失。

【注释】①左次：指师旅出师不利或败退。

【原文】《象》曰："左次无咎"，示失常也。

【译文】《象辞》说"暂时后退以避敌精锐，免遭更大损失"。说明深通兵法，懂得用兵有进有退的常理。

【原文】六五，田有禽①，利执言②，无咎；长子③帅师，弟子④舆尸，贞凶。

【译文】六五，田野中有野兽出没，率军围猎捕获，不会有损失；委任德高望重的长者为军中主帅，必将战无不胜，委任无德小人将运送着尸体大败而回，占问结果是凶险。

【注释】①田有禽：是一种政治术语，指敌对一方。亦即朱熹注的"兵端也"。

②利执言：利于兴师问罪。

③长子：明智的将帅。

④弟子：无能的庸才。

【原文】《象》曰:"长子帅师",以中行也;"弟子舆尸",使不当也。

【译文】《象辞》说:"委任有德长者统帅军队战无不胜",表明居中恃正,行为有法度,必然获胜;"委任无德小人将运送着战死者的尸体,大败而归",说明用人不当,必招致大败,将自食恶果。

【原文】上六,大君有命①,开国承家②,小人③勿用。

【译文】上六,凯旋而归,天子颁布了诏命,分封功臣,或封为诸侯,或封为上卿,或封为大夫,但小人决不可以重用。

【注释】①大君有命:"大君",指国君。"命"有使命的成分,也有天命的含义。

②开国承家:指开辟国家。

③小人:指昏庸无能和阿谀逢迎之辈。

【原文】《象》曰:"大君有命",以正功也;"小人勿用"。必乱邦也。

【译文】《象辞》说:"天子颁布了诏命,分封功臣",是为了按功劳大小而公正封赏。"小人决不可以重用",因为重用小人必然危害并扰乱邦国。

【心灵导航】《师》卦以"兵众"为名,阐发用兵的规律。卦辞强调两项原则:一、用兵的前提在"正",即认为"能以众正"的"仁义之师",可以"毒天下而民从之"(《彖传》);二、出师胜负的关键,系于择将得当与否,故必用贤明"丈人"才能获吉。六爻分别展示用兵的各方面要旨:初六极言严明军纪的必要,九二揭明主帅成功的条件,六三陈述失利败绩的教训,六四指出撤兵退守的情状,六五申言"君主"择将的标准,上六体现论功行赏的法则。

没有规矩,不成方圆。用兵的原则,首重纪律严明,统帅必须刚健中正、恩威并重,不可刚愎自用。作战应以安全为首要,指挥权必须统一,小人不能重用,即或有战功,也不可使其拥有政治权力,否则会使国家陷于混乱。

战争是凶恶的工具,关系着人民的生命,国家的存亡,所以用兵必须慎重。军队必须是正义之师,统帅必须中庸、公正,老成持重,不可好战喜功。战争必须得到人民的支持,才能战无不胜。

䷇比卦第八　精诚团结　追随英明

坤下坎上

【原文】比①：吉。原筮②，元永贞③，无咎。不宁方来，后夫凶④。

【译文】《比》卦象征亲密无间，团结互助：吉祥。探本求原，再一次卜筮占问，知道要辅佐有德行的长者，长久不变地坚守正道，没有灾难。连不安分的诸侯现在也来朝贺，还有少数来得迟的诸侯将有凶险。

【注释】①比：六十四卦卦名之一。"比"，亲近的意思，论述比邻以及用亲附和和征伐进行联盟之卦。

②原筮：指原来曾做过的卜筮。

③元永贞：指一开始便贞正。

④不宁方来，后夫凶：指一些小国立即前来归附，迟则有遭征讨之祸。

【原文】彖曰：比，吉也，比，辅也，下顺从也。原筮元永贞，无咎，以刚中也。不宁方来，上下应也。后夫凶，其道穷也。

【译文】《象传》说：亲密比附，必有吉祥；"比"，是亲附的意思，是下顺从上。这一点，即使用卜验证，也是元始，是坚贞的德行。不会有灾难，因为不使硬，刚毅中正，没有坚持中正的原则，有趋炎附势的嫌疑。如果当初不和人家互助，等到人家好了之后才去呼应，那就凶险了，会走投无路。

【原文】《象》曰：地上有水，比；先王以建万国，亲诸侯。

【译文】《象辞》说：《比》卦的卦象为坤（地）下坎（水）上，象征地上有水。大地上百川争流，流水又浸润着大地，表明地与水亲密无间，互相依存；以前的历代君主明白这个道理，所以分封土地，建立万国，安抚亲近各地诸侯。

【原文】初六，有孚比之，无咎；有孚盈缶①，终来有它②，吉。

【译文】初六，具有诚实守信的德行，亲密团结，辅佐君主，不会有灾祸；诚信的德行如同美酒注满了酒缸，这样远方的人纷纷前来归附，结果是吉祥的。

【注释】①有孚盈缶："缶"（fǒu），古一种瓦器。此句是说其诚实信用如同酒可以溢出酒缸。

②终来有它：终能招来更多的邦国前来依附。

【原文】《象》曰：《比》之初六，有它吉也。

【译文】《象辞》说：《比》卦的第一爻位（初六），表示一开始便具有诚信的德行，致使远方来人归附，自然可获吉祥。

【原文】六二，比之自内①，贞吉。

【译文】六二，在内部亲密团结，努力辅佐君主，结果是吉祥的。

【原文】《象》曰："比之自内"，不自失也。

【译文】《象辞》说："内部亲密无间团结一致，辅佐君主"，说明没有偏离了正道。

【原文】六三，比之匪人①。

【译文】六三，和行为不端正的人交朋友，而且关系亲密。

【注释】①比之匪人：此一语可作多种解释。王弼注为"与所比者，皆非己亲，故曰'比之匪人'"。但按《否》卦"否之匪人"中的"匪人"一辞来看，此"匪人"当有"小人"之义。

【原文】《象》曰"比之匪人"，不亦伤乎？

【译文】《象辞》说："和行为不端正的人交朋友，而且关系亲密"，难道不是一件很可悲的事吗？

【原文】六四，外比之①，贞吉。

【译文】六四，在对外交往中互相信任，亲密团结，尽力辅佐贤明的君主，其结果是吉祥的。

【注释】①外比之：指来自邻邦发出的和睦或亲附政策。

【原文】《象》曰：外比于贤，以从上也。

【译文】《象辞》说：在外面亲密团结朋友，辅佐贤君，说明要顺从居于尊上地位的君主，才会有好的结果。

【原文】九五，显比①；王用三驱②，失前禽③，邑人不诫④，吉。

【译文】九五，光明无私，亲密团结，互相辅助；跟随君王去田野围猎，从三面驱赶，网开一面，看着禽兽从放开的一面逃走，毫不在乎，君王的部下也不戒备，吉祥。

【注释】①显比：指大兵讨伐一些不来归顺的邑国，也即卦辞中说的"不宁方来，后夫凶"的含义。

②三驱：过去君王围猎，三面驱赶，网开一面，含有放生之义。

③失前禽：此语乃承《师》卦的"田有禽"而言，即对敌国兵众有放生的含义。也有化敌方为归属的含义。

④邑人不诫：邑人，指一些邑国臣民。指被征服的邑国的臣民对此毫无戒惧心理。

【原文】《象》曰："显比"之吉，位正中也，舍逆取顺，失前禽也；邑人不诫，上使中也。

【译文】《象辞》说："光明无私，亲密团结，互相辅助"，可获得吉祥，因为此时居于正中位置。抛弃逆天行事的举动而顺其自然，就好像围猎时网开一面，让该被擒的禽兽落网，不该被获的从前面逃掉；君王的部下听其自然，不加戒备；这是君王的贤德感化了部下的缘故。

【原文】上六，比之无首①，凶。

【译文】上六，和众人亲密团结、互助友爱但自己不居于领导地位，将有凶险。

【注释】①比之无首：指邦国林立的古代，无有盟主，"无首"而互相攻杀不已。

【原文】《象》曰："比之无首"，无所终也。

【译文】《象辞》说："和众人亲密团结、互助友爱但自己不居于领导地位，将有凶险"，说明自己将来没有可以归附的地方，无立足之地。

【心灵导航】《比》卦的要义，主于上下、彼此之间"亲密比附"的道理。卦辞先总称能"比"必"吉"，又分叙"比道"的三大要素：（1）选择比附的对象必须慎重，即"原"情"筮"意而后比；（2）应当比附于有德长者，永守正道；（3）亲比之时，宜速不宜缓。卦中六爻，九五阳刚居尊，为被人比附之象；余五爻阴柔分居上下卦，均为比附于人之象。其中初六、六二、六四不失"比道"，各能获吉；六三亲比不得其人，上六居后无所比附，并失"比道"，或不利、或凶。就六爻间的联系看，其大旨在于，不论"比"于人，还是被人"比"，均当正而不邪、顺而来逆、明而不晦。事实上这是涉及人与人关系的一个具有普遍意义的问题，其中尤为重要的是主、从关系的处理。九五所以能为一卦"尊主"，正是基于"大公无私"、以"信"亲下的原因，遂获众人争相比附。

物以类聚，人以群分，形成群体，必须相亲相辅，在刚毅中正的领袖领导下，和平相处，才能精诚团结。这是创造共同幸福的根本，永远正当的真理，不可以迟疑。

相亲相辅的原则，应以诚信为本，发自内心，采取积极主动的态度。但动机必须纯正，亲近的对象，必须择善固执、远恶亲贤。而且应当宽宏无私，包容而不可强求。更应当一本初衷，贯彻始终，才能够精诚团结，一片祥和。

䷈小畜卦第九　蓄积待机　适可而止

乾下巽上

【原文】小畜①：亨；密云不雨②，自我西郊③。

【译文】《小畜》卦象征小有积蓄：亨通顺利；天空布满浓密的积云，但还没有下雨，云气是从城西郊区升起来的。

【注释】①小畜：六十四卦卦名之一。本为论述休养生息积蓄力量之卦，但还兼有论述对内稳定政权和对外设防之策。

②密云不雨：指虽有战争气氛，但还不到一触即发。

③自我西郊：从我邑的西郊来。

【原文】彖曰：小畜；柔得位，而上下应之，曰小畜。健而巽，刚中而志行，乃亨。密云不雨，尚往也。自我西郊，施未行也。

【译文】《彖传》说：象征小有积蓄：柔顺者得其位，而上下团结一心，会小有积蓄。上下强健而又逊顺，阳刚居中而志向可以施行，亨通顺利。天空布满浓密的积云，但还没有下雨，云气是从城西郊区升起来的，大雨具备条件只是还没有下而已。

【原文】《象》曰：风行天上，"小畜"；君子以懿文德。

【译文】《象辞》说：和风飘行天上，象征"小有积蓄"；君子面对这种情况，于是修养美好的品德，用心做好文章等待发达的时机。

【译文】初九，复自道①，何其咎？吉。

【译文】初九，复返自身阳刚之道，哪里会有什么灾害呢？吉祥。

【注释】①复自道："复"，指回复的意思，也有《复》卦更正错误的意思。"复自道"，指稳定本国政权，暂时不要再向外扩张。

【原文】《象》曰："复自道"，其义吉也。

【译文】《象辞》说："复返自身阳刚之道"，表明这行动很适宜，因而吉祥。

【原文】九二，牵复①，吉。

【译文】九二，被牵连复返阳刚之道，吉祥。

【注释】①牵复："牵"，牵引。

【原文】《象》曰：牵复在中，亦不自失也。

【译文】《象辞》说：被牵连复返阳刚之道、处于居中位置，自己不会失掉阳刚的德行。

【原文】九三，舆说辐①，夫妻反目。

【译文】九三，行在半路上，忽然大车的辐条从车轮中脱出来，车不能再行了，回到家里，夫妻闹着要离婚。

【注释】①舆说辐："舆"，车。"说"（tuō），同脱。"辐"，车轮中间的辐条。车子的轮子脱掉辐条。

【原文】《象》曰：夫妻反目，不能正室也。

【译文】《象辞》说：结发夫妻闹离婚，说明丈夫不能以家规要求妻子，自己也没有给妻子作出表率，所以妻子不守妇道。

【原文】六四，有孚；血去惕出①，无咎。

【译文】六四，具有诚实守信的德行，互相信任；抛弃忧患意识与戒备心理，这样就没有灾祸。

【注释】①血去惕出：除去浓胞，解除隐患。

【原文】《象》曰："有孚惕出"，上合志也。

【译文】《象辞》说："具有诚信之德并抛弃戒备心理"，表明这样符合居于尊上地位的权势者的意愿。

【原文】九五，有孚挛如①，富以其邻。

【译文】九五，具有诚信的德行，与别人紧密联系并互相帮助，自己致富也要使邻人跟着一同富起来。

【注释】①挛（luán）如：联系亲密的样子。

【原文】《象》曰："有孚挛如"，不独富也。

【译文】《象辞》说："具有诚信的德行与别人紧密联系并互相帮助"，表明要与人共同富裕，不独自享受富贵。

【原文】上九，既雨既处，尚德载①；妇贞厉②，月几望③；君子征凶④。

【译文】上九，下起了细雨，但不久又停下来，阳刚者的德行被阴气所弥漫掩盖；这时妇人要坚守正道，因为十五月圆十六就开始亏了，要小心防备危险。君子出外远行有凶险。

【注释】①既雨既处,"雨",指内忧外患的阴影。在内忧外患的情况下,要安然稳妥处理,特别要崇尚道德,维系民心。

②妇贞厉:此一句当与"九三"爻的"夫妻反目"有关,有内人擅权预政之弊。

③月几望:"望",每月十五日为"望日"。"月几望",指此时已靠近每月十五月圆之时,喻女人得势。

④征凶:迹象凶险。

【原文】《象》曰:"既雨既处",德积载也;"君子征凶",有所疑也。

【译文】《象辞》说:"下起了细雨,但不久又停下来",表明这时阴气弥漫掩盖了阳刚之德;"君子外出远行必遭凶险",说明阴湿之气聚集,到处一片茫茫,方向不清,情况不明,会发生危险。

【心灵导航】《小畜》卦旨,揭示事物发展过程中"小畜大""阴畜阳"的道理。就畜聚的主体看,是"小"者、"阴"者;就畜聚的程度看,是微小、不过甚。卦辞以"密云不雨"为喻,正是从这两方面指明卦意,强调"阴"只能在适宜的限度内畜聚"阳",以略施济助为己任,形成浓云而不降雨的情状:这是"小有畜聚"的至美之道。换言之,阴聚阳而不制阳,犹如臣畜君而不损君,于是"小畜"可致"亨通"。卦中五阳爻为被畜的对象,六阴爻为畜阳的主体。下卦三阳不宜被六四所畜,在于阳质尚弱,被"畜"必被制,故初、二能返复、自畜阳刚获"吉",三躁进被畜遂致"脱幅""反目"之灾;上九居小畜穷极之际,被"畜"必被损,故以凶设戒;唯九五阳刚中正,与六四如君臣相得,诚信相推,成为"畜"与"被畜"之间最完美的象征。可见,本卦虽以阴为主爻,其大旨还是以"扶阳"为根本归宿,体现了《易经》崇尚阳刚之德的思想。

在成长过程中,往往因力量不足,发生不得不停滞不前的现象,但并不足以阻止行动,而是在蓄积整备,为下一步行动做准备。因而,应坚定信念,一本初衷,为实现自己的理想,全力以赴;应当本中庸原则,刚柔并济,精诚团结,共同奋斗,应当断然排除一切羁绊,以诚信感召,自助助人,才能结合所有力量,获得一切应援,达到实现理想的目的。最后再以盈满告诫,不可贪多无厌,必须适可而止,蓄积过度丰盛，因满招损，反而凶险。

☰☱ 履卦第十　戒慎恐惧　以柔克刚

兑下乾上

【原文】履①：履虎尾②，不咥③人，亨。

【译文】《履》卦象征小心行动：跟在老虎尾巴后面走路，老虎却没有回头咬人，亨通顺利。

【注释】①履：六十四卦卦名之一。"履"本为踩的意思，此乃为论述君王御将之卦。

②履虎尾：本指踩虎尾，此指驾驭将帅。

③咥（dié）：咬。陕西话"吃饭"为"咥饭"。

【原文】象曰：履，柔履刚也。说而应乎乾，是以履虎尾，不咥人，亨。刚中正，履帝位而不疚，光明也。

【译文】《象传》说："小心行走"，犹如阴柔者小心行走在阳刚者之后，以和悦应和强健。所以说小心行走在老虎后面，不会被老虎咬到，亨通顺利。又如阳刚中正者，小心践行"天子"之位没有什么可以内疚的，是因为光明正大。

【原文】《象》曰：上天下泽，"履"；君子以辩上下，定民志。

【译文】《象辞》说：上有天，下有泽，说明要处处小心行动；君子要深明大义，分清上下尊卑名分，坚定百姓的意志，遵循礼仪而行，必然秩序井然。

【原文】初九，素履①，往无咎。

【译文】初九，心地纯朴，品行端正，处处小心行事，无论到什么地方都没有灾祸。

【注释】①素履：指平素的御将之道。

【原文】《象》曰："素履之往"，独行愿也。

【译文】《象辞》说："心地纯朴，品行端正，处处小心行事"，表明要专心致志，遵循礼仪实现自己的意愿。

【原文】九二，履道坦坦①，幽人②贞吉。

【译文】九二，小心行走在平坦宽广的大道上，幽居的人安于闲逸恬静的生活，吉利。

【注释】①履道坦坦：指将帅忠心耿耿，君主知人善任，君臣相安无事。

②幽人：指深居九五之上的君王。

【原文】《象》曰："幽人贞吉"，中不自乱也。

【译文】《象辞》说："幽居的人吉祥"，说明自己内心平静自然、毫不紊乱，循礼仪而行的信念坚固。

【原文】六三，眇能视，跛能履①。履虎尾咥人，凶；武人为于大君。

【译文】六三，眼睛快要瞎了，但勉强能看到一点点；腿跛了，但勉强能走几步。不小心踩在老虎尾巴上，老虎回头就咬人，凶险；勇敢的武士要竭力为君主效劳。

【注释】①眇能视，跛能履："眇"，古指一只眼睛瞎掉。指一只眼睛尚能看见，一条腿尚能走路，比喻六三阴居阳位，不能"小心行走"却盲动妄为。

【原文】《象》曰："眇能视"，不足以有明也；"跛能履"，不足以与行也；"咥人之凶"，位不当也；"武人为于大君"，志刚也。

【译文】《象辞》说："眼睛快瞎了，但勉强能看到一点点"，不足以分辨事物；"腿跛了，但勉强能走几步"，不能出外远行；"老虎咬人是凶险的"，表明这时处的位置很不妥当，竟然踩在老虎尾巴上。"武士要竭力为君主效劳"，表明武士的志向刚强。

【原文】九四，履虎尾，愬愬①，终吉。

【译文】九四，跟在老虎尾巴后面走路，感到恐惧害怕，但谨慎小心，终久吉祥。

【注释】①愬愬（sù）：恐惧貌。

【原文】《象》曰："愬愬终吉"，志行也。

【译文】《象辞》说："感到恐惧害怕，但谨慎小心，终久吉祥"，说明小心遵循礼仪而行就能实现自己的志愿。

【原文】九五，夬履，贞厉。

【译文】九五，刚毅果决，小心行动，守持正固以防危险。

【原文】《象》曰："夬履贞厉"，位正当也。

【译文】《象辞》说："刚毅果断，小心行动，守持正固以防危险"，说明此时处于正当的位置。

【原文】上九，视履考祥①，其旋②元吉。

【译文】上九，回头看看走过的路，详细察看一下吉凶祸福，转身来顺应阴柔自然之道，极为吉祥。

【注释】①视履考祥：祥，吉凶祸福的体现。

②旋：周旋运转。

【原文】《象》曰：元吉在上，大有庆也。

【译文】《象辞》说：极为吉祥，高居尊上之位，表明有大的福分值得庆祝。

【心灵导航】《履》卦取名于"小心行走"，譬喻处事必须循礼而行的道理。卦辞"履虎尾，不咥人"，即形象地揭示出小心行走，虽危无害的寓意。卦中六爻，根据不同的地位、性质，分别陈述处"履"的情状。初九居下守"素"，九二持中不乱，九四恐惧谨慎，九五循礼果决，上九"履道"大成，这五爻均以阳刚善处其身，行不违礼，故多"无咎""吉""元吉"；其中九五虽诫"危厉"，能贞则无害。唯六三阴柔躁进，有"履虎尾咥人"之"凶"，但也勉其改过归正，以避凶危。纵观全卦，多从正反两方面示警，尤以"危辞"设诫最深。

《履》卦阐释实践理想，履行责任的原则。以"履虎尾"象征，充满危机感，不可不戒惧。应以柔顺和悦中庸的态度，小心翼翼去践履。应当坚定平素的志向，不被世俗诱惑，特立独行；又要能心胸坦荡，择善固执，甘于寂寞。应知量力守分，不可逞强冒进。应戒慎恐惧，把握以柔制刚的法则，不可一意孤行，刚愎自用。并应一本初衷，贯彻到底，不可妥协，结果要求尽善尽美，稍有瑕疵，前功尽弃。

䷊泰卦第十一　天地通泰　居安思危

乾下坤上

【原文】泰①：小往大来②，吉，亨。

【译文】《泰》卦象征通达：弱小者离去，强大者到来，吉祥，亨通。

【注释】①泰：六十四卦卦名之一。乃平安大通之卦。

②小往大来："小"当"否"之义，"大"当"泰"之义。即否去泰来。

【原文】彖曰：泰，小往大来，吉亨。则是天地交，而万物通也；上下交，而其志同也。内阳而外阴，内健而外顺，内君子而外小人，君子道长，小人道消也。

【译文】《彖传》说：通泰，柔小者过去，刚大者来临，顺利吉祥。这是表明，阳气向上走，阴气向下走，万物通行无往不利全在一个"通"字上。天与地相交，阴阳心心相印，是因为彼此怀着共同的目的，这样的现象一定会出现和谐。内心阳刚，外部柔顺，内心要做个君子真实坦诚，外面可以用小人的行为做事，君子的行为越来越多，小人的行径越来越少。

【原文】《象》曰：天地交，泰；后以财（裁）成天地之道，辅相天地之宜，以左右民。

【译文】《象辞》说：天地交合，象征通泰；君主这时要掌握时机，善于裁节调理，以成就天地交合之道，促成天地化生万物之机宜，护佑天下百姓，使他们安居乐业。

【原文】初九，拔茅茹①，以其汇②，征吉。

【译文】初九，拔起了一把茅草，根相连在一起，真是物以类聚，找它时要以其种类而识别，前行吉祥。

【注释】①拔茅茹："茅"，指茅草。"茹"古代是蔬菜的总称。"拔茅茹"，拔取茅草与蔬菜，汇集天下之物。

②汇：汇集的意思。

【原文】《象》曰：拔茅征吉，志在外也。

【译文】《象辞》说：拔起一把茅草，前行吉祥，说明有远大的志向，有在外建功立业的进取心。

【原文】九二，包荒①，用冯河②，不遐遗③；朋亡④，得尚于中行⑤。

【译文】九二，有包容大川似的宽广胸怀，可以徒步涉过大河急流；礼贤下士，对远方的贤德之人也不遗弃；不结成小团体，不结党营私，能够辅佐公正有道德的君主。

【注释】①包荒：包揽四海八方。

②冯（píng）河：涉水过河。

③不遐遗：连最远的地方也不遗弃。

④朋亡：周围各诸侯部落皆灭亡于大一统的意思。

⑤得尚于中行："中行"，不偏不倚。崇尚不偏不倚、过犹不及

之道。

【原文】《象》曰："包荒"，"得尚于中行"，以光大也。

【译文】《象辞》说："有包容大川似的宽广胸怀"，"能够辅佐公正有道德的君主"，说明自己光明正大，道德高尚。

【原文】九三，无平不陂①，无往不复②；艰贞③无咎，勿恤其孚④，于食有福⑤。

【译文】九三，没有平地不变为陡坡的，没有只出去不回来的，处在艰难困苦的环境中坚守正道就没有灾害，不要怕不能取信于人，安心享用自己的俸禄是很有福分的。

【注释】①无平不陂："陂"（pō坡），倾斜貌。没有永远不会出现倾斜的平地。

②无往不复：指没有只前往不回复。

③艰贞：在艰苦中坚持贞正。

④勿恤其孚：不要吝惜信用恩泽。

⑤食：原指食禄，指帝王享受天下的朝贡。

【原文】《象》曰："无往不复"，天地际也。

【译文】《象辞》说："没有只出去而不回来的"，说明九三处在"天地"交合的边际，处于变化之中。

【原文】六四，翩翩不富①，以其邻不戒以孚②。

【译文】六四，像飞鸟连翩下降，虚怀若谷，这样与邻居相处，不互相戒备，彼此以诚相见，讲求信用。

【注释】①翩翩不富：不得意狂妄，不炫耀。

②以其邻不戒以孚：当邻邦或部落属国以不存戒备恐惧心理方为信用下行。

【原文】《象》曰："翩翩不富"，皆失实也；"不戒以孚"，中心愿也。

【译文】《象辞》说："像飞鸟从高处连翩下降，虚怀若谷"，说明此时不以个人的殷实富贵为念；"与邻居相处，不互相戒备，彼此以诚相见，讲求信用"，因为这是大家内心共同的意愿。

【原文】六五，帝乙归妹①，以祉②元吉。

【译文】六五，商代帝王乙嫁出自己的女儿，因此得到了福分，是十分吉祥的事。

【注释】①帝乙归妹:"帝乙",殷商王朝倒数第二个君王,为殷纣王之父。"归妹",女出嫁曰"归",指女儿出嫁。此处有国君女儿下嫁联姻的意思。

②祉(zhǐ 止):福。

【原文】《象》曰:"以祉元吉",中以行愿也。

【译文】《象辞》说:"帝乙把女儿嫁给贤德而又富裕的人家,因此获得了深厚的福分,是大吉大利的事",说明因为实现了长期以来心中祈求的意愿,所以结果吉祥。

【原文】上六,"城复于隍"①;勿用师,自邑告命②,贞吝。

【译文】上六,"城墙倒塌在久已干涸的护城壕沟里";不可进行战争,应减少烦琐的政令,守持正固以防憾惜。

【注释】①城复于隍:指城墙倒塌于护城壕里。

②告命:"命",当指天命。古代帝王诸侯外出或遇大事须向祖庙祭告,曰"告庙"。

【原文】《象》曰:城复于隍,其命乱也。

【译文】《象辞》说:"城墙倒塌在久已干涸的护城壕沟里",说明形势已经向错乱不利的方面转化,其前景是不大美妙的。

【心灵导航】《泰》卦是以上下交通、阴阳应合,阐明事物"通泰"之理。卦象天在下、地在上,《象传》谓"上下交而其志同",已明确喻示其意。《泰》卦六爻所示,无不见"交通"之旨。初与四相交,泰之始也,二与五相交,泰之中也,三与上相交,泰之终也。六爻中诚意最深的,当属三、上两爻所体现"泰极否来"的哲理,九三是转化的苗头,以"无平不陂,无往不复"示警;上六是转化的终极,以"城复于隍"见义。《论语·子路》所谓"君子泰而不骄",足以印证泰卦所寓涵的"处泰虑否"的鉴诫意义。

创业固然艰难,守成更加不易,不可以既有成就为满足,唯有精诚团结,力求发展,始可不断开创新局面。应知物极必反,唯有坚持理想,才能突破。居安应当思危,不可轻举妄动,应以促进团结为根本,态度光明磊落,把握中庸原则,兼容并蓄,刚柔相济,选贤与能,修明政治,于安定中要求进步。当盛极而衰,预势已经显现时,应知不可抗拒,唯有因势利导,使损伤减少到最低限度;如果逞强,反而加速灭亡。

䷋否卦第十二　黑暗闭塞　谨防小人

坤下乾上

【原文】否①：否之匪人②，不利，君子贞③；大往小来④。

【译文】《否》卦象征闭塞：否闭之世人道不通，天下没有便利之处，君子必须坚守正道；强大者离去，弱小者到来。

【注释】①否：六十四卦卦名之一。乃窒塞不通之卦。

②否之匪人："否"，音痞 pǐ，窒塞不通。此"匪人"当指"小人"。"否之匪人"，乃"窒塞不通与小人"。

③贞：指君子而言。

④大往小来：泰往否来。

【原文】象曰：否之匪人①，不利君子贞。大往小来，则是天地不交，而万物不通也；上下不交，而天下无邦也。内阴而外阳，内柔而外刚，内小人而外君子。小人道长，君子道消也。

【译文】《象传》说：否就是指的匪人当世，不利于君子保持正当的位置。泰的和平景象不见了，社会出现小的利益团体。统治者与老百姓不是一条心，天下的人之间没有相互帮助之心。内心是阴暗的，外面则是谦谦的君子，内心软弱外面坚强，内心是小人，外面装君子，小人的行事方法越来越多，而君子的作为越来越少。

【注释】①匪人：是指：一、不是亲近的人。二、引申指孤独无亲的人。三、行为不端正的人，即"小人"。四、盗寇。

【原文】《象》曰：天地不交，否；君子以俭德辟难，不可荣以禄。

【译文】《象辞》说：天地阴阳之间不能互相交合，时世闭塞不通，这时候君子必须坚持勤俭节约的美德，以避开危险与灾难，不能追求荣华富贵。

【原文】初六，拔茅茹，以其汇，贞吉，亨。

【译文】初六，拔起一把茅草，它们的根连在一起，物以类聚，找它们时要以其种类来识别；结果吉祥亨通。

【原文】《象》曰："拔茅贞吉"，志在君也。

【译文】《象辞》说："拔起茅草，其根相连，结果吉祥"，说明忠心耿耿，有为君主建功立业的远大志向。

【原文】六二，包承①，小人吉；大人否，亨。

【译文】六二，阿谀奉承有权势的人，小人因此获得吉祥；德高望重的大人物否定了阿谀奉承，吉利。

【注释】①包承：包容奉承之流。

【原文】《象》曰："大人否亨"，不乱群也。

【译文】《象辞》说："德高望重的大人物否定了阿谀奉承，吉利"，因为德高望重的大人物是不能与小人为伍的。

【原文】六三，包羞。

【译文】六三，由于受纵容而胡作非为，终于召致羞辱。

【原文】《象》曰："包羞"，位不当也。

【译文】《象辞》说："由于受纵容而胡作非为，终于召致羞辱"，说明此时处的位置不正。

【原文】九四，有命无咎①，畴离祉②。

【译文】九四，奉行天命，替天行道，开通闭塞，没有灾祸，互相依附可获福分。

【注释】①有命无咎："命"，天命。指有命无灾。

②畴离祉："畴"，谁。"祉"，福。谁又能让我离开此福祉呢？

【原文】《象》曰："有命无咎"，志行也。

【译文】《象辞》说："奉行天命，替天行道，开通闭塞没有灾祸"，说明要实现济困扶危替天行道的志向。

【原文】九五，休否①，大人吉；其亡其亡，系于苞桑②。

【译文】九五，时世闭塞不通的局面将要停止，大人可获吉祥；居安思危，常常以"不久将要灭亡，不久将要灭亡"这样的警句来提醒自己，才能像系结在一大片丛生的桑树上那样牢固，安然无事。

【注释】①休否："休"，吉。指否向吉的一方面转换。

②苞桑：根深蒂固的桑树。

【原文】《象》曰："大人之吉"，位正当也。

【译文】《象辞》说："大人的吉祥"，说明此时处于居中位置，合适得当。

【原文】上九，倾否①；先否后喜。

【译文】上九，时世闭塞不通的局面要改变，发生天翻地覆的变化；起初闭塞不通，后来顺畅通达，大家欢喜。

【注释】①倾否：窒塞不通的现象倾覆。否极泰来。

【原文】《象》曰：否终则倾，何可长也！

【译文】《象辞》说：闭塞到了极点必然要发生倾覆，物极必反，否极泰来，一种局面是不会长久持续不发生变化的！

【心灵导航】《否》卦所明"否闭"之理，体现于事物对立面之间不相应和，即上下不交，阴阳不合。卦中六爻，下三爻就阴柔者"处否"而言，初六知时能退获"贞吉"，六二被包容顺承一时得"吉"，但为"大人"所不取，六三被包容为非、徒获羞辱，此主于警戒群阴守正勿进；上三爻阳刚者"济否"而言，九四奉命扭转否道"无咎"，九五休止否道获"吉"，上六倾覆否道有"喜"，此主于嘉勉群阳用力行志。可见，"否"时虽万物闭塞不通，但"否极泰来"是事物发展的必然规律。因此，本卦的核心思想是教人当"否"之时，要有转"否"成"泰"的毅力与信念，并给人带来在"否闭"中走向"通泰"的期望。

否卦阐释由安泰到混乱，由通畅到闭塞，小人势长，君子势消的黑暗时期到来时的应对原则。当此反常时期，君子应当提高警觉，巩固团结，坚定立场，伸张正义，以防患于未然；但也应当觉悟，泰极而否，为必然现象，人力难以挽回。坦然承受，先求自保，小人恬不知耻，一旦得势，无所不用其极，尤其应当时刻警惕，避免遭到伤害，无谓牺牲。当小人势力显露衰败迹象时，也不可轻举妄动，必须谨慎，集中力量，把握时机，给以致命的一击。更应当特别防范，小人穷凶极恶的反击，否极必然泰来，黑暗不会长久，应当坚定信心，不可动摇。

冬天来了，春天还会远吗？

䷌同人卦第十三　求同存异　沟通意志

离下乾上

【原文】同人①，同人于野②，亨，利涉大川，利君子贞。

【译文】《同人》卦象征与人和睦相处：和别人亲密地走在宽广的原野上，亨通，有利于渡过大河急流，有利于君子坚守正道。

【注释】①同人：六十四卦卦名之一。乃论述寻求、广交、收揽天下英雄之卦。

②同人于野："野"与"朝"相对，乃"朝野"之"野"。此句是说到郊野民间去寻找能人志士。

【原文】彖曰：同人，柔得位得中，而应乎乾，曰同人。同人曰，同人于野，亨。利涉大川，乾行也。文明以健，中正而应，君子正也。唯君子为能通天下之志。

【译文】《彖传》说：和同于人，象征与人和睦相处，用柔和的方法和别人相处，结果是得到天下，就是团结天下的意思。说到团结，要和广大的老百姓团结，便会天下亨通。利于涉越大河巨流，表明刚健者的求同心志在施行。文明的产生离不开团结，离不开大众的智慧，团结有利于遵守正确的道路，君子的作风也得到保证。团结使君子实现走遍天下、得到天下的大志。

【原文】《象》曰：天与火，同人；君子以类族辨物。

【译文】《象辞》说：天与火亲和相处，象征"和同于人"，君子要明白物以类聚，人以群分的道理，明辨事物，求同存异，团结众人以治理天下。

【原文】初九，同人于门①，无咎。

【译文】初九，一出门便能与人和睦相处，不会有什么灾祸。

【注释】①同人于门：在同一学派或同一门派中去寻找一些人才。

【原文】《象》曰：出门同人，又谁咎也！

【译文】《象辞》说：一出门便能与人和睦相处，又有谁会来危害你呢？

【原文】六二，同人于宗①，吝。

【译文】六二，只和本宗本派的人和睦相处，必然会惹来一些麻烦。

【注释】①同人于宗：只在同宗中去交几个亲信。

【原文】《象》曰："同人于宗"，吝道也。

【译文】《象辞》说"只和本宗本派的人和睦相处"，这是引起麻烦的根源。

【原文】九三，伏戎于莽①，升其高陵②，三岁不兴③。

【译文】九三，把军队埋伏在密林草莽之中，占据附近的制高点频频瞭望，三年都不敢出兵打仗。

【注释】①伏戎于莽：指潜伏兵戎于密林丛草之中，含有隐伏战机之义。

②升其高陵："高陵"，高大的丘陵。伺机进取。

③三岁不兴：敌方强大，三年都难于兴师。

【原文】《象》曰："伏戎于莽"，敌刚也；"三岁不兴"，安行也？

【译文】《象辞》说："埋伏军队在密林草莽中"，说明敌人力量强大，我方力量弱小，只能潜伏下来。"三年都不敢兴兵打仗"，表明敌我力量相差悬殊，怎么敢冒险轻进呢？

【原文】九四，乘其墉①，弗克攻②，吉。

【译文】九四，准备登城向敌人进攻，但终于没有进攻，是吉祥的。

【注释】①乘其墉：兵临城下，进攻城池。

②弗克攻：没有攻下城池。

【原文】《象》曰："乘其墉"，义弗克也，其"吉"，则困而反则也。

【译文】《象辞》说："准备登城向敌人进攻"，但终于没有进攻，是因为发现这种进攻是不仁义的，这样做能获得吉祥，是因为在困惑时能及时醒悟，反过来能按正确的办法行事。

【原文】九五，同人，先号咷，而后笑，大师克相遇①。

【译文】九五，与人和睦相处，开始大声痛哭，后来破涕为笑，大军作战告捷，志同道合者相会在一起。

【注释】①大师克相遇：大军交战获胜。

【原文】《象》曰：同人之先，以中直也；大师相遇，言相克也。

【译文】《象辞》说：与人和睦相处，开始大声痛哭，说明这时内心中正诚信，因不知战事的胜败而焦急痛哭；大军遇到了志同道合者，终于获得了战争的胜利，于是欢笑起来。

【原文】上九，同人于郊①，无悔。

【译文】上九，在荒郊也愿与人和睦相处，未遇到志同道合者，也不后悔。

【注释】①同人于郊：与"同人于野"一义同。

【原文】《象》曰："同人于郊"，志未得也。

【译文】《象辞》说："在荒郊也愿与人和睦相处，未遇到志同道合者"，说明此时团结众人，而希望天下大同的愿望没有实现。

【心灵导航】《同人》卦阐述"和同于人"的意义。要实现"同人"愿望，并不是轻而易举的。卦中六爻展示了"同人"之时的各种曲折情状：初九刚出门就与人和同，仅获"无咎"；六二"同人"于宗族，所同褊狭，未免憾惜；九三、九四争相强"同"于人，违"中"失"正"，故前者徒劳无益，后者改过则吉，九五先遭危厄，后以刚正执中得遂"同人"之志；上九孤身远遁荒外，"同人"道穷。可见，"和同"往往是经过"斗争"而得来的。

《同人》卦阐释和同的原则。否极终于泰来；然而，安和乐利的大同世界，并不会凭空到来，仍然需要积极追求。首先应当破除一家、一族的私见，重视大同，不计较小异，本着大公无私的精神，以道义为基础，于异中求同，积极地广泛与人和同，才能排除、牺牲小我，然后才能完成大我，先苦而后始能甘。不过，与人和同，应当积极，不可逃避，固然不能同流合污，但自命清高，脱离群众的孤僻态度，也不值得赞扬。

䷍大有卦第十四　大有收获　满而不溢

乾下离上

【原文】大有①：元亨。

【译文】《大有》卦象征大有收获：至为亨通。

【注释】①大有：六十四卦卦名之一。乃论述昌盛富有之卦。

【原文】彖曰：大有，柔得尊位，大中而上下应之，曰大有。其德刚健而文明，应乎天而时行，是以元亨。

【译文】《彖传》说：《大有》卦象征大有收获，天下亨通。这一卦好比一位善良、宽容的君主端坐在最尊贵的位置上，得到上下左右的群臣拥戴，天下丰收祥和。君主有威望并且以仁厚待人，顺应天命而能正确地行使职责，所以天下信服、亨通。

【原文】《象》曰：火在天上，"大有"；君子以遏恶扬善，顺天休命。

【译文】《象辞》说：火焰高悬于天上，象征太阳照耀万物，世界一片光明，"大有收获"。君子在这个时候要阻止邪恶，颂扬一切善行，顺应天命，替天行道，以保护万物性命。

【原文】初九，无交害①，匪咎②；艰③则无咎。

【译文】初九，不互相来往，也不彼此伤害，没有什么祸患；要牢记过去的艰难困苦，才能免于引起祸患。

【注释】①无交害：与人不相交往，因此不惹祸患。

②匪咎：没有灾祸。

③艰：艰苦，不骄奢放纵。

【原文】《象》曰：大有初九，无交害也。

【译文】《象辞》说：《大有》卦的第一爻（初九），说明此时不互相往来，一动不如一静，就不会有什么是非，自然没有什么祸患了。

【原文】九二，大车以载①，有攸往，无咎。

【译文】九二，用大车装载着财物，送到前面的地方，必然没有什么祸患。

【注释】①大车以载：指国家非常富有。

【原文】《象》曰："大车以载"，积中不败也。

【译文】《象辞》说："用大车装载着财物"，说明很富有，把财物放于车中，无论怎样颠簸震荡，都不会倾覆。

【原文】九三，公①用亨②于天子，小人弗克③。

【译文】九三，王公前来朝贺，向天子贡献礼品并致以敬意，小人不能担任如此重要的职务。

【注释】①公：王公，喻九三。

②亨：此处指"享"，古"亨""享"通用。

③弗克：不能胜任。

【原文】《象》曰："公用亨于天子"，小人害也。

【译文】《象辞》说："王公前来朝贺，向天子贡献礼品并致以敬意"，小人若担任如此重要的职务，必然发生变乱，成为祸害。

【原文】九四，匪其彭①，无咎。

【译文】九四，虽然家财万贯，但不过分聚敛财物，就不会发生灾祸。

【注释】①匪其彭："彭"，盛多之状。"匪其彭"，指无骄傲自满之状。

【原文】《象》曰："匪其彭，无咎"，明辨晢也。

【译文】《象辞》说："虽然家财万贯，但不过分聚敛财物，就不会发生灾祸"，说明眼光远大，智慧过人能明辨是非，懂得凡事不能做过头的哲理。

【原文】六五，厥孚交如①，威如②，吉。

【译文】六五，以诚实守信的准则对外交往，对上尊敬，对下怀柔，必然增加个人的威信，吉祥。

【注释】①厥孚交如："厥"，其；如，语气助词。指六五柔居"君位"，以信交接上下众阳，为大获人心、富有至盛之象。

②威如：威权尊严的样子。

【原文】《象》曰："厥孚交如"，信以发志也；"威如之吉"，易而无备也。

【译文】《象辞》说："以诚实守信的准则对外交往，对上尊敬，对下怀柔"，说明以自己的诚实信用感动别人，使别人也变得诚实守信起来；"必然增加个人的威信，吉祥"，说明平易近人，纯真简朴，无所防备（反而使人人敬畏）。

【原文】上九，自天祐之，吉无不利。

【译文】上九，从上天降下祐助，吉祥而无所不利。

【原文】《象》曰：《大有》上吉，自天佑也。

【译文】《象辞》说：《大有》卦第六爻位（上九）的吉祥，是从上天降下的祐助。

【心灵导航】《大有》卦阐发"大获所有"之意。六爻所示，是"大获所有"之时，如何善处"大有"的道理。诸爻情状：初"富庶"之始，不滥交则无咎；二有"车载斗量"之富，慎行中道也获"无咎"；三富若"王公"，恭敬献享于"天子"则有利；四虽富而能自抑，不为过盛必"无咎"；五居大有之尊，诚信遍施上下获"吉"；上谦顺安处，得"天佑"长保富有。

当天下和谐共处之后，就足以领导万民，完成伟大事业。但这一卦，卦名虽然是大有收获，却以满而不可以溢的道理，谆谆告诫。当拥有权势与地位，又具备领导才能，却不可骄傲，踌躇满志，得意忘形。应知戒慎恐惧，光明磊落，刚健而不失中正。应当礼贤下士，谦虚自我克制。以诚信沟通上下，以威信确保秩序，顺应自然，以善良与人和同，满而不溢，才能使人心悦诚服，获得成功。

君子爱财，取之有道。自富富人，天佑大吉！

䷎谦卦第十五　谦虚谨慎　有所作为

艮下坤上

【原文】谦①：亨，君子有终。

【译文】《谦》卦象征谦虚：亨通，君子能够保持谦虚至终。

【注释】①谦：六十四卦卦名之一。乃论述用文德征服邑国之卦。

【原文】彖曰：谦，亨，天道下济而光明，地道卑而上行。天道亏盈而益谦，地道变盈而流谦，鬼神害盈而福谦，人道恶盈而好谦。谦尊而光，卑而不可逾也，君子之终也。

【译文】《彖传》说：谦逊，亨通，譬如天的谦逊规律是，天高高在上，而能使阳气下降万物才能见其光明，地的谦逊规律是，大地包含万物，阴气处在极低处，因而产生上行的力量，因为天地的谦逊之德，才使阴阳相交，化生万物。宇宙在变化中平衡，也在平衡中变化。天的规律是使满盈亏损，使谦虚得到增益；地的规律是改变满盈，充实谦虚；鬼神的规律是使满盈受害，使谦虚有福；人的规律是憎恶自满，而喜好谦虚。谦逊者受到尊重因而自身愈加光大，即使地位卑贱之时，常人也难以逾越，只有君子才能保持谦德至终啊！

【原文】《象》曰：地中有山，谦。君子以裒多益寡，称物平施。

【译文】《象辞》说：高山隐藏于地中，象征高才美德隐藏于心中而不外露，所以称作"谦虚"。君子总是损多益少，衡量各种事物，然后取长补短，使其平均。

【原文】初六，谦谦①君子，用涉大川，吉。

【译文】初六，谦而又谦的君子，可以涉过大河巨流，吉祥。

【注释】①谦谦：谦逊之义。

【原文】《象》曰："谦谦君子"，卑以自牧也。

【译文】《象辞》说："谦而又谦的君子"，即使处于卑微的地位，也能以谦虚的态度自我约束；而不因为位卑，就在品德方面放松修养。

【原文】六二，鸣谦①，贞吉。

【译文】六二，谦虚的美名远扬四方，固守中正可获吉祥。

【注释】①鸣谦：此爻与"鸣豫"遥遥相应，指大张旗鼓地宣扬君王的谦谦美德。

【原文】《象》曰:"鸣谦,贞吉",中心得也。

【译文】《象辞》说:"谦虚的美名远扬四方,固守中正可获吉祥",这是说六二爻以心中纯正赢得名声。

【原文】九三,劳谦①,君子有终,吉。

【译文】九三,勤劳谦虚,君子能把美德保持到底,吉祥。

【注释】①劳谦:耐劳谦逊。

【原文】《象》曰:"劳谦君子",万民服也。

【译文】《象辞》说:勤劳谦虚的君子,天下百姓都服从他。

【原文】六四,无不利,㧑谦①。

【译文】六四,没有任何不吉利,要发扬光大谦虚的美德。

【注释】①㧑谦:"㧑"(huī 挥),古通挥。"㧑谦",挥发谦逊之优长。

【原文】《象》曰:"无不利,㧑谦",不违则也。

【译文】《象辞》说:"没有任何不吉利,要发扬光大谦虚的美德",这不违背谦虚的原则。

【原文】六五,不富①,以其邻利用侵伐②,无不利。

【译文】六五,虽不富有,但却虚怀若谷,有利于和近邻一起征伐,无所不利。

【注释】①不富:指不炫耀和傲慢。

②以其邻利用侵伐:指借用臣服的邻邦作为桥梁去侵伐另外一个邦国。

【原文】《象》曰:"利用侵伐",征不服也。

【译文】《象辞》说:"有利于出兵讨伐",是指征伐那些骄横不顺者。

【原文】上六,鸣谦,利用行师,征邑国。

【译文】上六,谦虚的美德远扬四方,有利于征伐邻近的小国。

【原文】《象》曰:"鸣谦",志未得也;"可用行师",征邑国也。

【译文】《象辞》说:"谦虚的美名远扬四方",但安邦定国之志未酬,所以"可用出师征讨"的办法来征讨相邻四方小国都邑。

【心灵导航】《谦》卦主要赞扬谦虚美德。全卦六爻,一一揭示谦必益的道理:初六卑下"谦谦",无往不吉;六二谦德广闻,中正获吉;九三勤劳谦虚,"有终"致吉;六四发挥其谦,无所不利;六五居尊行谦,亦"无不利";上六谦极有闻,利于"行师"。

《尚书·大禹谟》称:"满招损,谦受益。"在《韩诗外传》中记载了周公的一段话说:"《易》有一道,大足以守天下,中足以守其国家,小足以守其身:'谦'之谓也。"在《易经》的六十四卦中,唯有《谦》卦六爻都吉利;可见自古以来,对谦虚这一美德的重视。谦虚,并非消极地退让,而是积极地有所作为,重心在"裒多益寡,称物平施"。唯有平等,才有真正的和平。谦虚的动机,必须纯正,才能赢得共鸣与爱戴。只求耕耘、不问收获的态度,居上位而能发挥谦虚的精神,足以骄傲而不骄傲,能够以德服人,才称得上谦虚。而且,谦虚必须有实质,否则就成为虚伪。谦虚也必须与实力相结合,才能有作为。

䷏豫卦第十六　和乐安逸　乐极生悲

坤下震上

【原文】豫①:利建侯行师。

【译文】《豫》卦象征欢乐愉快:有利于建立诸侯、出师征战。

【注释】①豫:六十四卦卦名之一,象征"欢乐",也有预备、预防、预谋之意。

【原文】彖曰:豫,刚应而志行,顺以动,豫。豫,顺以动,故天地如之,而况建侯行师乎?天地以顺动,故日月不过,而四时不忒;圣人以顺动,则刑罚清而民服。豫之时义大矣哉!

【译文】《彖传》说:欢乐,以刚强态度来响应理想的施行,动作表现上是坤顺温和的形态,欢乐。欢乐,表面上的柔顺态度其实是为了下一步做准备,模仿天地的形态而为之,怎么不可以建立王国行军作战呢?天地顺性而动,所以日月的更替不会出现错误,四季轮换的顺序也不会是另外一个样子。如果圣人能够顺应天地之道,像日月恩泽天下老百姓,像四时一样规则变化,刑罚清明,教化及时,自然民心服,天下太平。欢乐的意义非常重大:

【原文】《象》曰:雷出地奋,豫。先王以作乐崇德,殷荐之上帝,以配祖考。

【译文】《象辞》说:雷在地上轰鸣,使大地振奋起来,这就是大自然愉快高兴的表现。上古圣明的君主,根据大自然欢乐愉快时雷鸣地震的情景创造了音乐,并用音乐来崇尚推广伟大的功德。他们以盛大隆重的仪礼,把音乐献给天帝,并用它来祭祀自己的祖先。

【原文】初六,鸣豫①,凶。

【译文】初六,自鸣得意,高兴过了头,乐极生悲,凶险。

【注释】①鸣豫:与《谦》卦的"鸣谦"相对应,指欢乐过甚、自鸣得意。

【原文】《象》曰:初六,"鸣豫",志穷凶也。

【译文】《象辞》说:初六,"自鸣得意,高兴过了头",说明它没有雄心壮志,志向易足,得意忘形,必遭凶险。

【原文】六二,介于石,不终日①,贞吉。

【译文】六二,正直而不同流合污的品德坚如磐石,不到一天就明白了欢乐愉快必须适中的道理,守正吉祥。

【注释】①介于石,不终日:"介于石",有《困》卦的"困于石,据于蒺藜"之义,指处境困难,消息闭塞。"不终日",指不到一日便明白掌握了情况。

【原文】《象》曰:"不终日,贞吉",以中正也。

【译文】《象辞》说:"还不到一天时间,就明白了愉快欢乐必须适中的道理,能守正必获吉祥",这是因为能居中守正。

【原文】六三,盱豫①悔;迟有悔②。

【译文】六三,谄媚奉承取悦于上司以求欢乐,这势必导致悔恨。若执迷不悟且悔恨不及时,会招致更大的悔恨。

【注释】①盱豫:"盱"(xū)。"盱豫",小人喜悦佞媚之貌。

②迟有悔:迟迟不做预备,后悔无穷。

【原文】《象》曰:"盱豫有悔",位不当也。

【译文】《象辞》说:"谄媚奉承取悦于上司以求欢乐,势必导致悔恨",这是由于六三爻所处位置不正的缘故。

【原文】九四,由豫①,大有得;勿疑,朋盍簪②。

【译文】九四,人们由于他而得到欢乐愉快,大有所获;毋庸置疑,朋友们会像头发汇聚于簪子一样,积聚在他周围。

【注释】①由豫:由之以豫。

②朋盍簪:聚汇云集之义。

【原文】《象》曰:"由豫,大有得",志大行也。

【译文】《象辞》说:"人们由于得到欢乐愉快,大有所获",表明九四爻的阳刚之志,可以放手实现。

【原文】六五,贞疾,恒不死①。

【译文】六五,守持正固防备疾病,必将长期康健不致灭亡。

【注释】①贞疾,恒不死:一个国家能常备不懈,即使出现一些灾祸和危难也不会灭亡。

【原文】《象》曰:六五"贞疾",乘刚也;"恒不死",中未亡也。

【译文】《象辞》说:六五"(必须)守持正固防备疾病",说明阴柔乘凌阳刚难免危患,"必将长期康健不致灭亡",这是因为它居中不偏就不至于灭亡。

【原文】上六,冥豫①成,有渝②无咎。

【译文】上六,已处在天昏地暗沉溺于寻欢作乐的局面之中。只有及时觉悟,改弦易辙,则可避免祸害。

【注释】①冥豫:昏冥纵乐。

②有渝:有所改变。

【原文】《象》曰:"冥豫"在上,何可长也?

【译文】《象辞》说:"昏冥纵乐"并高高在上,不察下情,这样的欢乐愉快怎能长久地保持呢?

【心灵导航】《豫》卦揭示"欢乐"所寓含的意义,强调处"乐"的两个要点:第一,应当顺性而乐、适可而止;第二,必须与物同乐、广乐天下;卦辞取"利建侯行师"为喻,其旨在于顺天下之势而动,使天下同归安乐。卦中六爻,九四一阳主于施乐,故全卦的"欢乐"由之而得;五阴主于处乐,故吉凶得失不同:初过乐自鸣得意致"凶",三诣媚寻求欢乐"有悔",五居尊不可沉乐忘忧、须守正防"疾",上昏冥纵乐、不改必"有咎",唯六二"中正"不苟豫获"吉"。可见,《豫》卦虽以"欢乐"为义,但处处戒人不得穷欢极乐。

《豫》卦阐释和乐的原则。虽然卦名是豫,但却并非描述喜悦和乐的景象,而是谆谆告诫,和乐容易沉溺,必须高瞻远瞩,居安思危。和乐是众乐而非独乐,不可自鸣得意,不可迟疑不决,不可在安乐中迷失,必须如磐石般坚贞,坚持中正诚信的原则,精诚团结,因应时机,适时转变。否则,乐极生悲,必然陷于危机,即或不灭亡,也将奄奄一息,难以长久。范仲淹的名句"先天下之忧而忧,后天下之乐而乐"(《岳阳楼记》)

应当谨记。

䷐随卦第十七　追随与时　择善而从

震下兑上

【原文】随①：元、亨、利、贞，无咎。

【译文】《随》卦象征随从，随和：大为亨通，和谐有利，固守正道，没有危险。

【注释】①随：六十四卦卦名之一，人愿随从之意。

【原文】彖曰：随，刚来而下柔，动而说，随。大亨贞，无咎，而天下随时，随之时义大矣哉！

【译文】《彖传》说：《随》卦，柔顺跟随着来自下面强烈的震动而动，并且很高兴，所谓随和，随从着光明正大的行为就会吉祥亨通，不会出现什么过错也就没什么危险。人的行为随着天下的时势而动，具有非常重大的意义。

【原文】《象》曰：泽中有雷，随；君子以向晦入宴息。

【译文】《象辞》说：泽中有雷声，泽随从雷声而震动，象征随从。君子行事要遵从合适的作息时间。白天出去辛劳工作，夜晚就回家睡觉安息。

【原文】初九，官有渝①，贞吉。出门交，有功。

【译文】初九，思想随时代而变化，坚持正道可获吉祥。出门交朋友，一定能成功。

【注释】①官有渝：官，人心所主谓之"官"。"渝"，变，改善。

【原文】《象》曰："官有渝"，从正吉也；"出门交，有功"，不失也。

【译文】《象辞》说："思想随时代而变化"，但无论怎么变，都始终遵从正道可获吉祥。"出门交朋友，一定能成功"，这是因为其唯正是从，见善则从，没有过失的缘故。

【原文】六二，系①小子②，失丈夫③。

【译文】六二，倾心随从于年轻小子，则会失去了阳刚方正的丈夫。

【注释】①系（xì）：连缀和依附。

②小子：小孩，含有"小人"之义。

③丈夫：成人。

【原文】《象》曰："系小子"，弗兼与也。

【译文】《象辞》说："倾心随从于年轻小子"，说明六二不能同时多方获取亲好。

【原文】六三，系丈夫，失小子。随有求得①，利居贞。

【译文】六三，随从阳刚方正的丈夫行事，则必然丢失年轻小子。随从于丈夫，有求必得，有利于安居乐业，利于安居、守持正固。

【注释】①随有求得："随"指追随。"得"，指正当的索取。

【原文】《象》曰："系丈夫"，志舍下也。

【译文】《象辞》说："随从阳刚方正的丈夫行事"，专心不二，说明其志在于舍弃下方的年轻小子。

【原文】九四，随有获①，贞凶；有孚在道，以明，何咎！

【译文】九四，被人追随，多有收获，守持正固以防凶险。只要心存诚信，不违正道，使自己的美德显明，那还有什么危害呢？

【注释】①随有获：指九四被六三随从而"有获"。

【原文】《象》曰："随有获"，其义凶也。"有孚在道"，明功也。

【译文】《象辞》说："被人追随，多有收获"，但因居位不当，有"震主"之嫌，所以可能有凶险。但只要"心存诚信，不违正道"，则可逢凶化吉，这是由于立身光明磊落所带来的功效。

【原文】九五，孚于嘉①，吉。

【译文】九五，把诚信带给诚实善良之人，吉祥。

【注释】①孚于嘉：嘉，美善。

【原文】《象》曰："孚于嘉，吉"，位正中也。

【译文】《象辞》说："把诚信带给诚实善良之人、吉祥"，这是因为九五之位正居中不偏。

【原文】上六，拘系之，乃从，维①之；王用亨于西山②。

【译文】上六，只有拘禁起来强迫、命令他，他才不得不顺服追随，再用绳索捆绑紧，才能追随到底。君王在西山设祭，要出师讨伐那些不顺从的人。

【注释】①维：指捆缚。

②亨于西山："亨"，祭。"西山"，指岐山。

【原文】《象》曰："拘系之"，上穷也。

【译文】《象辞》说:"拘禁起来强迫、命令他追随",这是因为上六爻高居《随》卦最上爻,随从之道穷尽。

【心灵导航】《随》卦阐发"随从"之义,集中体现"从善"的宗旨。六爻喻义,以初、五最为美好,初九处下守正,循善不已;九五居尊中正,竭诚向善,均获吉祥。至于二、三、四、上诸爻,或有失有得,或守正可以化"凶"为"无咎",或受强制才能从正,各见不同的处"随"情状,但所发诚意,皆不离"正"字。可见,《随》卦义理中蕴含着一项鲜明的"相随"原则,不论是人与人关系中的上随下、下随上、己随人、人随己,还是日常生活中的朝作晚息、遇事随时,均当不违正道诚心从善。

《随》卦阐释随和的原则。人与人之间,个人利益往往会有冲突,有时必须舍弃个人私见、私利,随和众意、众利,才能维系安和乐利的社会。因而,不可固执己见,应当以群众的利益为依归,不可贪图近利,有失本分,动机必须纯正,应当以诚信为基础,明辨进退取舍,择善固执,唯有至诚,才能精诚团结,达到安和乐利的目标。

蛊卦第十八　治乱革新　振民起衰

巽下艮上

【原文】蛊①:元亨,利涉大川;先甲三日,后甲三日②。

【译文】《蛊》卦象征救弊治乱,拨乱反正:从开始就很亨通,有利于涉越大河。在做大事以前,要事先有周密的布置;在做大事以后,要注意治理措施,预计到可能的结局。

【注释】①蛊(gǔ):六十四卦卦名之一,象征"拯弊治乱"。乃论述国君的继承者们如何处理前朝中的一些弊端和清除佞臣毒蛊为害之卦。

②先甲三日,后甲三日:甲,天干数之首,取"甲日"作为转化弊乱、重为治理的象征。

【原文】彖曰:蛊,刚上而柔下,巽而止,蛊。蛊,元亨,而天下治也。利涉大川,往有事也。先甲三日,后甲三日,终则有始,天行也。

【译文】《彖传》说:拯弊治乱,譬如刚强的风在上面飞扬着,山冈安静而柔顺地在下面,风因为遇到了大山的阻挡而静止下来了,当物情驯顺之时就能拯弊治乱。拯弊治乱,至为亨通,复见天下大治。有利于涉越大河，做任何事情。要吸取过去的经验教训，在开始的前三天做好调查及防范工作，在结束的后三天里做好总结，做事情要有始有终，这是大自然的运行规律。

【原文】《象》曰：山下有风，蛊；君子以振民育德。

【译文】《象辞》说：山下起大风（物坏待治），象征救弊治乱、拨乱反正。君子因此救济人民，培育美德，纠正时弊。

【原文】初六，干父之蛊①，有子考②，无咎；厉终吉。

【译文】初六，挽救父辈所败坏了的基业，由能干的儿子来继承父辈的事业，必无危害；即使遇到艰难险阻但最终必获吉祥。

【注释】①干父之蛊：洗涤父辈所犯的弊端与清除父辈官僚随员中的奸佞毒蛊。

②有子考："考"，已故父亲的称谓。"有子考"，父死儿承祖业之谓。

【原文】《象》曰："干父之蛊"，意承考也。

【译文】《象辞》说："挽救父辈所败坏了的基业"，表明其志在继承父辈的遗业。

【原文】九二，干母之蛊①，不可贞②。

【译文】九二，救治母辈所造成的弊病，要耐心等待，如果时机不成熟的话，就要坚守正道等待时机。

【注释】①干母之蛊：指母党为害，也指母为蛊一事。

②不可贞：不可以更正。

【原文】《象》曰："干母之蛊"，得中道也。

【译文】《象辞》说："救治母辈所造成的弊病"，刚柔适中，既要顺应，又要匡救，不可偏颇。

【原文】九三，干父之蛊，小有悔，无大咎。

【译文】九三，要挽救父辈败坏了的基业，其间必发生失误，因而会产生懊悔，但不会有大的危害。

【原文】《象》曰："干父之蛊"，终无咎也。

【译文】《象辞》说："挽救父辈败坏了的基业"，最终不会有祸害。

【原文】六四，裕①父之蛊，往见吝。

【译文】六四，宽缓地挽救父辈败坏了的基业，往前发展，必然会因耽误时机遗憾惋惜。

【注释】①裕：宽缓、宽宏。

【原文】《象》曰："裕父之蛊"，往未得也。

【译文】《象辞》说："宽缓地挽救父辈所败坏了的基业"，往前发展，难以达到挽救的效果。

【原文】六五，干父之蛊，用誉①。

【译文】六五，挽救父辈败坏的基业，一定会受到人们的赞誉。

【注释】①用誉：享受到了赞誉。

【原文】《象》曰："干父用誉"，承以德也。

【译文】《象辞》说："挽救父辈所败坏的基业，一定会受到人们的赞誉"，因为以美德继承父辈的遗业，总是会受到欢迎的。

【原文】上九，不事王侯①，高尚其事。

【译文】上九，不侍奉王侯，超然物外，孤芳自赏，使自己的德行至高无上。

【注释】①不事王侯：此处指不继承王位，从事王业。

【原文】《象》曰："不事王侯"，志可则也。

【译文】《象辞》说："不侍奉王侯"，这高洁的志向，可作为人们学习的准则。

【心灵导航】《蛊》卦的大意，主于除弊治乱。卦中六爻，初、三、四、五诸爻均以匡正父弊设喻：初六志承"先业"、虽危"终吉"，九三刚直遽行、终"无大咎"，六四柔弱不争、久必"见吝"，六五柔中寓刚、备受称誉；唯九二以匡正母弊为喻，戒其因势利导、慎守"中道"；而上九独居"治蛊"穷厄之时，则以远避在外、"不事王侯"为宜。

盛极而衰、乐极生悲，由于耽于安乐，终于由太平盛世演变成乱世。苏轼曾分析说："器久不用而蛊生之，谓之'蛊'；人久宴溺而疾生之，谓之'蛊'；天下久安无为而弊生之，谓之'蛊'。"（《东坡易传》）面对乱世，有志之士不可坐以待毙，而应该有所作为。

挽救已经败坏的事业，必须在艰苦中奋斗。不必一味地谴责过去，而应着眼于未来。要把握中庸原则，不宜采取过于刚强的手段，以致引起反抗；但也不能宽容妥协，必须彻底革新。振疲起衰，需要有得力的助手，应当起用贤能；而且不是短时期的工作，应当培育人才，使后继有人。要有隐士般高尚的气节，坚持自己的原则，具有成功不必在我的胸襟，才能挽狂澜于既倒，重开太平盛世。

䷒临卦第十九　领导有方　德威并济

兑下坤上

【原文】临①：元、亨、利、贞。至于八月有凶②。

【译文】《临》卦象征临政：能亨通无阻，祥和有利，坚守正道；但是到了八月（阳衰阴盛）会有凶险。

【注释】①临：六十四卦卦名之一。乃君临天下之卦，讲究领导的艺术。

②至于八月有凶：按"八月"为阴盛阳衰之时。说明监临盛极必有衰落的危险。

【原文】《彖》曰："临"，刚浸而长，说而顺，刚中而应。大亨以正，天之道也。"至于八月，有凶"，消不久也。

【译文】《彖传》说：《临》卦，阳刚增长，态度和悦而顺从，阳刚和阴柔相互应和，而且坚守正道，所以大吉大利，这是顺应了大自然的客观规律。"到了八月将会遭遇凶险"，这是因为阴阳二气互相消长，八月阳气渐衰阴气渐盛，离阳的消弱就不远了。

【原文】《象》曰：泽上有地，临；君子以教思无穷，容保民无疆。

【译文】《象辞》说：泽上有地，地居高而临下，象征监临。君子由此受到启发，费尽心思地教导人民，并以其无边无际的盛德保护人民。

【原文】初九，咸临①，贞吉。

【译文】初九，感应于尊贵者而行临政之责。守持正固可获吉祥。

【注释】①咸临："咸"，通"感"，感应。

【原文】《象》曰："咸临，贞吉"，志行正也。

【译文】《象辞》说："感应于尊贵者而行临政之责，守持正固可获吉祥"，说明其志向和行为都很正派。

【原文】九二，咸临，吉，无不利。

【译文】九二，"感应于尊贵者而行临政之责，可获吉祥"，不会有什么不利。

【原文】《象》曰："咸临，吉，无不利"，未顺命也。

【译文】《象辞》说："感应于尊贵者而行临政之责，可获吉祥，不会有什么不利。"这是由于不囿于命运安排的樊笼，自身努力的结果。

【原文】六三，甘临①，无攸利；既忧之，无咎。

【译文】六三，居高临下，靠甜言蜜语去临政，必无所利；但是，已经觉悟，能忧惧改过，就不会有祸害。

【注释】①甘临：以美好动听的语言临民。

【原文】《象》曰："甘临"，位不当也。"既忧之"，咎不长也。

【译文】《象辞》说："居高临下，靠甜言蜜语去临政"，这是因为六三爻位置不当的缘故。但是，"已经觉悟，能忧惧改过"，危害就不会长久了。

【原文】六四，至临①，无咎。

【译文】六四，亲善地督导下级，则必然没有祸害。

【注释】①至临："至"，亲自。君王亲自临问天下之事务。

【原文】《象》曰："至临，无咎"位当也。

【译文】《象辞》说："亲善的监临下级，则必然没有祸害"，这是因为六四爻位置确当的缘故。

【原文】六五，知临①，大君之宜，吉。

【译文】六五，以聪明才智来实行临政，这是伟大君主最适宜的统治之道，能获得吉祥。

【注释】①知临："知"，智。此句指君王当用才智去临问天下事务。

【原文】《象》曰："大君之宜"，行中之谓也。

【译文】《象辞》说："以聪明才智来实行临政，这是伟大君主最适宜的统治之道"，说的就是行中庸之道。

【原文】上六，敦临①，吉，无咎。

【译文】上六，温柔敦厚地实行临政，能获得吉祥，没有危害。

【注释】①敦临："敦"，敦厚。用敦厚的仁慈美德去临问天下。

【原文】《象》曰："敦临之吉"，志在内也。

【译文】《象辞》说："温柔敦厚地实行临政，能获得吉祥"，说明其志在于利国利家（在内）。

【心灵导航】临指统治之意。《临》卦所谓"监临"，正是侧重揭示上统治下、尊统治卑、君主统治臣民的道理。六爻之中，两阳处下而刚健之德浸长，能"感应"于尊者以施监临，故或"贞吉"，或"吉，无不利"，四以亲近临人"无咎"，五以"大君"之"明智"临人获"吉"，上以温柔敦厚临人获"吉，无咎"。

综观诸爻义理，可见本卦有两方面旨趣：第一，"临人"除了必须根据不同的地位、条件采取不同的方式外，还要求在下者当以刚美感应于上，居上者当以柔美施惠于下。第二，凡处"临人"之时，只要善居其位，必将多吉，故诸爻均不言凶。

天下有事，有识之士应当积极参与，有所作为。必须运用组织的力量，善于结合群众，具有领导管理才能，积极把握时机。领导者要以高尚的人格感召，以威信维持纪律，恩威并济，不可用诱骗手段。发挥组织力量，善于运用智慧，知人善任，严于律己，宽以待人，敦厚而不苛刻，使人心悦诚服，上下融洽，有所作为。

䷓观卦第二十　　观察自省　诚信严正

坤下巽上

【原文】观①：盥②而不荐③，有孚颙若④。

【译文】《观》卦象征瞻仰：瞻仰了祭祀开头盛大的倾酒灌地的降神仪式，就可以不去看后面的献飨之礼了，因为这时心中已经充满了诚敬肃穆的情绪。

【注释】①观：六十四卦卦名之一。乃论述君王如何正确观察事物与认识问题之卦。

②盥（guàn 灌）：指祼祭爵灌以降神。

③不荐："荐"，古指兽食草貌，有吞食之义。"不荐"，指君王不吞食天下财力。

④颙若：盛大貌。

【原文】彖曰：大观在上，顺而巽，中正以观天下。观，盥而不荐，有孚颙（yóng）若，下观而化也。观天之神道，而四时不忒（èr 通二），圣人以神道设教，而天下服矣。

【译文】《彖传》说：为人所瞻仰的大自然的景象在上，百姓应该有像风一样的顺从谦逊的态度，端正虔诚的心来观瞻天下的变化。就像祭祖之前，用盆洗干净了双手还没有开始祭拜时的虔诚心态，已经使下面观礼的人受到了感化。观察天行的规律，四季变化顺序从来不会出现第二种顺序，圣人以符合大自然的规律为基础设置的法则，天下的老百姓没有不信服的。

【原文】《象》曰：风行地上，观；先王以省方观民设教。

【译文】《象辞》说：风吹拂于地上而遍及万物，象征瞻仰。先代君王仿效风吹拂于地（而感化万物），视察四方，留心民风民俗，用教育来感化民众。

【原文】初六，童观①，小人无咎，君子吝。

【译文】初六，像幼稚的儿童一样观察景物，这对无知的庶民来说，不会有害处，但对担任教化重任的君子来说，就未免有所憾惜。

【原文】《象》曰：初六，"童观"，小人道也。

【译文】《象辞》说：《观》卦的第一位（初六），"像幼稚的儿童一样观察景物"，这是浅薄的小人之道。

【原文】六二，阗观①，利女贞。

【译文】六二，由门缝中偷观景物，有利于妇女保持节操，坚持正道。

【注释】①阗观："阗"，窥的异体字。喻如同妇女从窗孔或门缝隙中去观察事态。

【原文】《象》曰："阗观，女贞"，亦可丑也。

【译文】《象辞》说："由门缝中偷观景物，对于妇女来说有利于坚持正道，固守贞操"，但对男子汉来说，这样的行为就丢丑了。

【原文】六三，观我生①，进退②。

【译文】对照高尚的道德标准来省察自己的言行，审时度势，小心谨慎地决定进退。

【注释】①观我生：观察我自己。

②进退：知进知退的省略句。

【原文】《象》曰："观我生，进退"，未失道也。

【译文】《象辞》说："对照高尚的道德标准省察自己的言行，审时度势，小心谨慎地决定进退"，这样做是不失原则的。

【原文】六四，观国之光①，利用宾于王②。

【译文】六四，瞻仰一个国家的文治武功，有利于使用宾客随员来辅佐君王。

【注释】①观国之光：观仰国家的光辉盛治。

②利用宾于王：有利于使用宾客随员来辅佐君王。

【原文】《象》曰："观国之光"，尚宾也。

【译文】《象辞》说："瞻观一个国家的文治武功"，说明此国崇尚贤士。

【原文】九五，观我生，君子无咎。

【译文】九五，对照高尚的道德标准省察自己的言行，不断地完善自己，君子就不会有祸患。

【注释】①观我生：既受人观仰又自观其道。

【原文】《象》曰："观我生"，观民也。

【译文】《象辞》说："对照高尚的道德标准，审察自己的言行，弄清自己的德行"，便可知万民的德行。

【原文】上九，观其生①，君子无咎。

【译文】上九，君子时刻瞻仰君主的德行和作为，并按照君主的德行和作为行事，这样才不会有祸患。

【注释】①观其生：与"观我生"相对，指观察庶民百姓，亦即观察民生之义。

【原文】《象》曰："观其生"，志未平也。

【译文】《象辞》说："君子时刻瞻仰君主的德行和作为"，因为君子始终以天下为己任，天下未安，其志难平。

【心灵导航】《观》卦主要阐发"观仰"美盛事物可以感化人心的道理。卦中六爻，四阴主于自下观上；初、二离九五阳刚最远，或如幼童浅见，或如隔户窥观，均不能尽获"大观"之美；六三接近上卦，能观仰美德以自省察，未失其道；六四亲比九五，犹如亲临观光于"王朝"的盛治，获"作宾于五"之利，为尽见"大观"的象征。而五、上两阳，主于自上观下，既具阳刚美德让人观仰，又须自观其道、修美德行，故两者均发"君子无咎"的意旨。

作为领导者、管理者，其一言一行都成为群众关注的对象，因此不可掉以轻心，不可轻举妄动，要诚信严正，以道义昭示于天下，才能得到群众的信仰与尊敬。同样，在上者对外要善于观察民情，了解民间疾苦，并有所作为。同时，对内要观察自己的言行作为，反省检讨，止于至善。要有主见，坚持原则，不可自满，不断追求更高的理想目标。

䷔噬嗑卦第二十一　刑罚严明　公正执法

震下离上

【原文】噬嗑①：亨，利用狱②。

【译文】《噬磕》卦象征咬合：亨通无阻，有利于使用刑法。

【注释】①噬嗑：六十四卦卦名之一。"噬"（shì），咬。"嗑"（kè），咬开。"噬嗑"一卦乃为论述君王用刑律牢狱惩治罪犯之卦。

②利用狱：利用牢狱。

【原文】彖曰：颐中有物曰噬嗑。噬嗑而亨，刚柔分，动而明。雷电合而章。柔得中而上行。虽不当位，利用狱也。

【译文】《彖传》说：口中有物就是噬嗑卦。噬嗑卦亨通，刚柔分开交错，行动光明。雷声闪电合在一起威力显明。柔顺占据中位向上运行，虽然位置不当，但有利于听讼治狱。

【原文】《象》曰：雷电，噬磕；先王以明罚敕法。

【译文】《象辞》说：雷电交击，就像咬合一样；雷有威慑力，电能放光明，古代帝王效法这一现象，明其刑法，正其法令。

【原文】初九，屦校灭趾①，无咎。

【译文】初九，足戴脚镣，断掉了脚指头，不会有施刑过重的祸患。

【注释】①屦校灭趾："屦（jù）"，"屦校"，指给脚带上刑具；"灭趾"，指刖刑，砍掉脚。

【原文】《象》曰："屦校灭趾"，不行也。

【译文】《象辞》说："足戴脚镣，断掉了脚指头"，受到警戒，不至于旧罪重犯。

【原文】六二，噬肤①，灭鼻②，无咎。

【译文】六二，施刑伤及犯人的皮肤。即使毁掉犯人的鼻子，也不会有施刑过重的祸患。

【注释】①噬肤：本为咬皮肤，指笞刑杖刑一类。

②灭鼻：指劓（yì）刑。

【原文】《象》曰："噬肤，灭鼻"，乘刚也。

【译文】《象辞》说："施刑伤及犯人的皮肤，毁掉犯人的鼻子"，这是因为必须用重刑使罪犯屈服。

【原文】六三，噬腊肉①，遇毒；小吝，无咎。

【译文】六三，实施刑法像咬坚硬的腊肉并遇到毒物那样不顺利，但这不过是稍有憾恨，还不至于有祸害。

【注释】①噬腊肉："腊肉"，冬天腌制后风干或熏干的肉。指用刑像咬腊肉一样费劲。

②遇毒：喻用刑办案之难，受到伤害。

【原文】《象》曰："遇毒"，位不当也。

【译文】《象辞》说："实施刑法像咬坚硬的腊肉并遇到毒物那样不顺利"，这是因为六三爻居位不正当的缘故。

【原文】九四，噬干胏①，得金矢②；利艰贞，吉。

【译文】九四，实施刑法像咬带骨头的肉那样困难，但因具有金箭般的刚直品德，因此有利于在艰难中坚守正道，其结果是吉利的。

【注释】①干胏：胏（zǐ），风干的带骨头的肉。

②得金矢：喻用刑律大有收获。

【原文】《象》曰："利艰贞，吉"，未光也。

【译文】《象辞》说："有利于在艰难中坚守正道，其结果是吉利的"，法治应该继续发扬光大。

【原文】六五，噬干肉①，得黄金；贞厉，无咎。

【译文】六五，实施刑法像吃干硬的肉脯那样艰难，但它具有黄金般的刚坚中和的品质。坚守正道，防备凶险，没有祸害。

【注释】①噬干肉：咬风干的肉。

【原文】《象》曰："贞厉，无咎"，得当也。

【译文】《象辞》说："坚守正道，防备凶险，没有祸害"，这是因为实施刑法得当的缘故。

【原文】上九，何校灭耳①，凶②。

【译文】上九，肩负重枷，遭受严惩，失掉耳朵，有凶险。

【注释】①何校灭耳："何"，古通荷，载。"校"，刑具。"何校"，带上刑具，泛指用刑。"灭耳"，割掉耳朵。

②凶：指用刑者（君王）有凶险。

【原文】《象》曰："何校灭耳"，聪不明也。

【译文】《象辞》说："肩负重枷，遭受严惩，失掉耳朵"，这是因为不听劝告，不能改恶从善，太不聪明了，结果受了这样的重刑。

【心灵导航】《噬嗑》卦阐发"施用刑法"的意义。六爻之象，以初、上两阳喻触刑受罚，前者初犯能改获"无咎"，后者积罪深重致"凶"，均含深戒；二至五四爻，喻施刑于人，其中六二以柔乘刚，六三、六五阴处阳位，九四阳处阴位，均流露着刚柔相济的"治狱"之道。但四爻之位虽有高低之别，其"治狱"过程却普遍存在着"咎""吝""艰""厉"的情状，足见"治狱"之艰难。

法治是政治的根本，有法必依，执法必严，违法必究。为排除障碍，消除罪恶，纠正错误，保护善良，建立并维持秩序，往往不得不采取刑罚措施。罪恶必须及早加以制止，防止其蔓延。刑罚是不得已的措施，难免使人犹豫，且不顺利。但又不能不刑罚，因此，必须坚持中庸、正直、明察、果断，刚柔并济，坚持原则，公正执行。

䷕贲卦第二十二　文饰礼仪　恰如其分

离下艮上

【原文】贲①：亨，小利，有攸往②。

【译文】《贲》卦象征装饰：亨通，利于柔小者前去行事。

【注释】①贲：六十四卦卦名之一。"贲"（bì），象征"文饰"。

②小利，有攸往：指办一些小事还有进展。

【原文】《彖》曰：贲，亨。柔来而文刚，故亨。分刚上而文柔，故"小利，有攸往"。刚柔交错，天文也。文明以止，人文也。观乎天文，以察时变，观乎人文，以化成天下。

【译文】《彖传》说：《贲》卦，亨通。这是因为用阴柔来装饰阳刚，阴阳交错，因此亨通。刚柔相交，刚居于主导地位，柔居于次要地位，所以说"有所行动将得小利"。这阴阳交错、刚柔相济之美，正是自然规律的具体表现。社会制度、风俗民情是社会人文现象。观察大自然的现象，可以发现四季、昼夜变化的规律；观察社会人文现象，可以教化天下百姓，建立一个和谐有序的理想社会。

【原文】《象》曰：山下有火，贲；君子以明庶政，无敢折狱。

【译文】《象辞》说：山下火焰把山上草木万物照得通明，如同披彩，这就叫文饰。君子像火焰一样，使众多的政务清明，但却不能用修饰的方法来断官司。

【原文】初九，贲其趾①，舍车而徒。

【译文】初九，装饰自己的脚指头，舍弃乘坐车马而徒步行走。

【注释】①贲其趾："贲"，大。"趾"，脚。"贲其趾"，放大脚步。

【原文】《象》曰："舍车而徒"，义弗乘也。

【译文】《象辞》说："舍弃乘坐车马而徒步行走"，这是因为按道义不该乘坐车马。

【原文】六二，贲其须。

【译文】六二，装饰长者的胡须。

【原文】《象》曰："贲其须"，与上兴也。

【译文】《象辞》说："装饰长者的胡须"，是说六二爻与它上面的九三爻同心而互饰之意。

【原文】九三，贲如①，濡如②，永贞吉。

【译文】九三，装饰得光泽柔润，永远坚守正道，便可获得吉祥。

【注释】①贲如：大大的样子。

②濡如："濡"（rú），古亦当"安"讲。"濡如"，平安太平的样子。

【原文】《象》曰："永贞之吉"，终莫之陵也。

【译文】《象辞》说："永远坚守正道，便可获得吉祥"，是说只有永久坚持正道，才能最终不受人凌辱。

【原文】六四，贲如，皤如①，白马翰如②；匪寇，婚媾③。

【译文】装饰得那样素雅：全身洁白如玉，乘坐着一匹雪白的骏马，轻捷地往前奔驰。前方的人并非敌寇，而是自己求聘的婚配佳人。

【注释】①皤如："皤"（pó），孔颖达注为白素。"皤如"，白白的样子。

②翰如："翰"，犹白马。"翰如"，白白的样子。

③匪寇，婚媾：承接"翰如"，乘骑着这样的白马，不是戎事侵伐，而是婚嫁迎娶。

【原文】《象》曰："六四当位，疑也"；"非寇婚媾"，终无尤也。

【译文】《象辞》说：六四爻虽则当位得正，但心中却疑虑重重。"前方的人并非敌寇，而是自己求聘的婚配佳人。"尽管放心前往，终将无所怨恨。

【原文】六五，贲于丘园①，束帛戋戋②；吝，终吉。

【译文】六五，装饰山丘陵园，质朴无华，拿一束微薄的丝绢，聘纳贤士；虽可能产生遗憾，最终必获吉祥。

【注释】①贲于丘园：盛大如丘陵和陵园。

②束帛戋戋：微薄之义。

【原文】《象》曰：六五之吉，有喜也。

【译文】《象辞》说：《贲》卦的第五爻位（六五）的吉祥，说明必有喜事临门。

【原文】上九，白贲①，无咎。

【译文】上九，装饰素白，不喜好华丽，没有祸患。

【注释】①白贲："白"，犹平素。"白贲"犹平素无饰之盛大。

【原文】《象》曰："白贲，无咎"，上得志也。

【译文】《象辞》说："装饰素白，不喜好华丽，没有祸患"，说明正符合朴素无华的志向。

【心灵导航】《贲》卦主要阐发"文饰"的意义。卦中六爻，在阴阳交错相杂中呈现互贲之象，其中，初与四相应相贲；二与三、五与上，则相比相贲。但诸爻并非无条件地泛言文饰，而是主张恰如其分的贲饰，而且崇尚朴素自然的至美境界。从爻义来看，初九"舍车"不尚华饰，六四"白马"向往淡美，六二"贲须"志在承阳，九三"濡如"永守正固，六五饰于"丘园"但求简朴，上九饰终返"白"归趣本真。可见，《贲》卦大旨在于：一是刚柔相杂成文，二是文饰不尚华艳。

制定文明的礼仪，规范个人的分际，是不可缺少的文饰。而一切人为的文饰，应当恰如其分，重内涵和实质，实际的效用不在外表的形式。要高尚而不流于粗俗，不为外表的形式所迷惑。不为一时之得失动摇，不可因虚荣而铺张，陷入烦琐，失去意义。

剥卦第二十三　阴盛阳衰　谨慎隐忍

坤下艮上

【原文】剥①：不利有攸往。

【译文】《剥》卦象征剥落，不利于前去行事。

【注释】①剥：六十四卦卦名之一。乃剥脱衰落之卦。

【原文】《彖》曰：剥，剥也。柔变刚也。"不利有攸往"，小人长也。顺而止之，观象也。君子尚消息盈虚，天行也。

【译文】《彖传》说：剥就是剥落的意思，即阴柔逐渐变盛，进而取代阳刚。"不利于有所行动"，是因为小人正当道，而君子的势力在逐渐削弱。看到这个卦象，应当顺应天时逐渐削弱小人的势力。所以，君子应当推崇这个盈亏消长的规律，因为这顺应了天的运行规律。

【原文】《象》曰：山附于地，剥；上以厚下安宅。

【译文】《象辞》说：高山受侵蚀而风化，逐渐接近于地面，象征剥落；位居在上的人看到这一现象，应当加强基础，使它更加厚实，只有这样才能巩固其住所而不至发生危险。

【原文】初六，剥床以足①，蔑②，贞凶。

【译文】初六，剥落床体先由床的最下方床腿部位开始，整个床腿都损坏了，结果必然凶险。

【注释】①剥床以足："床"，本一般物体，此处有喻政权之义。
②蔑：消灭。

【原文】《象》曰："剥床以足"，以灭下也。

【译文】《象辞》说："剥落床体先由床的最下方床腿部位开始"，是说先损毁床的基础。基础损坏毁灭了，自然就会有凶险的情况发生，而且还会逐渐扩展波及上面。

【原文】六二，剥床以辨①，蔑，贞凶。

【译文】六二，床腿剥掉后，又开始剥落床头，以至于整个床头都剥落了，结果必然凶险。

【注释】①剥床以辨："辨"，古通"遍"。指床体遍体剥脱。

【原文】《象》曰："剥床以辨"，未有与也。

【译文】《象辞》说："床腿剥掉后，又开始剥落床头"，是因为六二爻没有相应的阳爻援助。由于没有外援，所以导致凶险的情况发生。

【原文】六三，剥，无咎①。

【译文】六三，虽被剥落，却没有什么灾祸。

【原文】《象》曰："剥之无咎"，失上下也。

【译文】《象辞》说："虽被剥落，却没有什么灾祸"，是因为六三脱离了上下阴爻的行列，而独与阳爻上九相应，它潜藏着阳刚的性质，所以可以免灾祸。

【原文】六四，剥床以肤①，凶。

【译文】六四，床头剥落完了，又开始剥落床面，这样必然会有凶险发生。

【注释】①剥床以肤：剥掉了赖以生存的皮肤。

【原文】《象》曰："剥床以肤"，切近灾也。

【译文】《象辞》说："床头剥落完了，又开始剥落床面"，已经迫近灾祸了。

【原文】六五，贯鱼，以宫人宠，无不利。

【译文】六五，鱼贯而入，像率领内宫之人顺承君主那样得到宠爱，不会有什么不利的情况发生。

【原文】《象》曰："以宫人宠"，终无尤也。

【译文】《象辞》说："像率领内宫之人顺承君主那样得到宠爱"，最终不会有什么过失。

【原文】上九，硕果不食①，君子得舆，小人剥庐②。

【译文】上九，硕大的果实不曾被摘取吃掉，君子若能摘食，则如同坐上大车，受到百姓拥戴；如果被小人摘食，则必然招致破家之灾。

【注释】①硕果不食："硕果"，政治术语，指庞大的国家政权。"食"，古通"蚀"。庞大的国家政权不会腐烂。

②君子得舆，小人剥庐：君子得到了良好的马车乘坐，小人被剥去了屏障。

【原文】《象》曰："君子得舆"，民所载也；"小人剥庐"，终不可用也。

【译文】《象辞》说："君子若能摘食，则如同坐上大车"，是由于百姓愿意拥戴君子；"如果被小人摘食，则必招致破家之灾"，是由于小人终究是不可以任用的。

【心灵导航】剥卦喻示事物发展过程中"阳"被"阴"剥落的情状，主要阐发善处"剥落"之道，揭明"剥"极必"复"、顺势止"剥"的道理。处"剥"之时要谨慎居守，把握转"剥"为阳之机。六爻五阴居下、一阳处上，通过不同的喻象，指出事物被逐渐消剥的过程，以及处"剥"、转"剥"的规律。其中三阴爻以床体被侵蚀剥落设喻：初六剥及床足，六二剥及床头，尚未致危，均戒以守正防凶；六四剥至床面，此"床"行将败坏，故有凶险。其余两阴爻虽也置身于"剥"，但都能"含阳""承刚"，孕育着复阳的期望，因此六三获"无咎"、六五"无不利"。上九是卦中的唯一阳爻，代表事物"剥"而不尽、终将回复。可见，自然界以及人类社会是生生不止的，而只有象征"君子"的"阳刚"才能使"硕果"萌发生机、转"剥"为"复"。

物极必反，一味地注重形式，虚伪到达极点，必然面临不可救药的黑暗时期。消长盈亏、暑去寒来，人力无法挽救。此时，小人得势，且不断扩张，君子被迫害，面临凶险。虽然也有人不同流合污，但也很难发生作用。唯有期待小人反省，或者出现有德有能的领袖人物，但也十分渺茫。君子只有顺应时势，谨慎隐忍，以求自保。

穷则独善其身，达则兼善天下。

复卦第二十四　恢复时期　转危为安

震下坤上

【原文】复①：亨。出入无疾②，朋来无咎③。反复其道④，七日来复⑤。利有攸往。

【译文】《复》卦象征复归：亨通顺利。阳气从下面产生而逐渐向上行进没有阻碍，朋友前来也没有灾难危害。返回复归有一定的运动规律，经过七天就会前来复归。利于前去行事。

【注释】①复：六十四卦卦名之一。乃论述迷途知返更正错误之卦。

②出入无疾："出入"，走出去（指错）又返回来（指更正）。"疾"，灾祸。此句指办错事又返回更正，这并没有灾祸。

③朋来无咎："朋"，多次。"来"，亦即"复"。多次返复更正错误也无灾祸。

④反复其道："反"，古同"返"。返回复归其正道。

⑤七日来复："七日"并非特定时间，与"初九"爻的"不远复"相对而言，即"近复"。

【原文】彖曰：复亨；刚反，动而以顺行，是以出入无疾，朋来无咎。反复其道，七日来复，天行也。利有攸往，刚长也。复其见天地之心乎？

【译文】《彖传》说：复有亨通的意思，是由于阳气重新上升。阳刚之气从下往上的活动并能够顺应天时，因此"无论是外出还是居家都不会得小病。朋友来了便可免灾"。"返回到原来的路上，经过七天就可回归"，这是天的运行规律。"有所前往是有利的"，是因为阳刚逐渐变强。

《复》卦说明天地运行的规则。

【原文】《象》曰：雷在地中，复；先王以至日闭关，商旅不行，后不省方。

【译文】《象辞》说：雷在地中、阳气微弱地活动，象征复归；从前的君主在阳气初生的冬至这一天关闭关口，使商人旅客停止活动，不外出经商、旅行，君主自己也不巡行视察四方。

【原文】初九，不远复①，无祗悔②，元吉。

【译文】初九，刚刚开始行动，就能知过必改、复归正道，不会发生灾祸，也不会出现内心的悔恨，大吉大利。

【注释】①不远复：指返复更正错误的时间与空间没有拉得太长。
②无祗悔："祗"（zhī），出现。不会出现后悔。

【原文】《象》曰："不远之复"，以修身也。

【译文】《象辞》说："刚刚开始行动，就能有知过必改、复归正道的表现"，说明能注意自身修养。

【原文】六二，休复①，吉。

【译文】六二，以真善美作为自己行为的准则和目标，虽然有时会走弯路，但是，只要能够复归正道，就必然获得吉祥。

【注释】①休复："休"，吉。很吉祥地返回复归。

【原文】《象》曰："休复之吉"，以下仁也。

【译文】《象辞》说："以真善美为自己行为的准则和目标，能够复归正道，必然获得吉祥"，是因为六二能够向下亲近具备仁德的人。

【原文】六三，频复，厉无咎。

【译文】六三，屡次犯错误却又能屡次改正过错、复归正道，虽然有危险，最终却不会遇到灾祸。

【原文】《象》曰："频复之厉"，义无咎也。

【译文】《象辞》说："屡次犯错误却又能屡次改正过错、复归正道，虽然有危险"，毕竟能够改过从善，复归正道，最终却不会遇到灾祸。

【原文】六四，中行独复①。

【译文】六四，位居阴爻的正中，独自专一地复归正道。

【注释】①中行独复："中行"，不偏不倚。不偏不倚地独立进行更正错误。

【原文】《象》曰："中行独复"，以从道也。

【译文】《象辞》说："位居阴爻的正中，独自专一地复归正道"，说明是为了奉行追随正道。

【原文】六五，敦复①，无悔。

【译文】六五，敦厚忠实地复归正道，内心不会有什么后悔。

【注释】①敦复：诚实敦厚地进行更正错误。

【原文】《象》曰："敦复，无悔"，中以自考也。

【译文】《象辞》说："敦厚忠实地复归正道，内心不会有什么后悔"，是因为六五爻虽然远离阳刚，但却能够反省考察自己的言行以完善自我，通过这样的途径，促成自己返回正道。

【原文】上六，迷复①，凶，有灾眚②。用行师，终有大败；以其国，君凶。至于十年不克征③。

【译文】上六，犯了错误，仍然执迷不悟，不知悔改复归正道，必然凶险，会有天灾人祸不断降临发生。在这种情况下，用兵作战，终将一败涂地；用于治国，国君遭受凶险。这样的状况会一直持续下去，长达十年之久，国家不能振兴。

【注释】①迷复：对犯的错误执迷不悟。

②灾眚（shěng）：灾异。

③不克征："克"，胜任。"不克征"，不能胜任征伐的使命。

【原文】《象》曰："迷复之凶"，反君道也。

【译文】《象辞》说："犯了错误，执迷不悟，不知悔改复归正道产生凶险"，是由于违背为君之道的缘故。

【心灵导航】否极泰来，剥极必复。冬天来了，春天还会远吗？《复》卦正是喻示事物正气回复、生机更发的情状。全卦意旨主于：生命剥落不尽，一阳终将来复，揭示"正道"复兴是不可抗拒的自然规律。卦中六爻，初九为全卦"回复"的根本，是"仁"与"善"的喻象。五阴凡与初阳相得者均获"复善"之吉；六二比初，有"下仁"的美称；六四应初，有"从道"的佳誉。其余三阴与初九未曾相得，但六三处阳位，能勉力"复善"获"无咎"；六五居尊位，能敦厚"复善"获"无悔"；唯上六与初阳背道而驰，迷不知复，终致灾凶。

天道循环，大势所趋，物极必反，剥落已极，必然又转危为安，恢复到能够有所作为的时期。恢复的原则，必须根绝已往的错误，重新回复到善道。恢复的法则，应当在腐败初始、过失尚未严重之前，及时反省改善，否则积重难返。必须彻底检讨，周密策划，谨慎行动，不可重蹈覆辙。当恢复时期，正义尚未形成力量，成败未定，吉凶难料，仁人志士当特立独行，择善固执，不同流合污，坚持原则，为所当为，以促使恢复时期早日到来。

䷘无妄卦第二十五　不要妄动　摈弃虚伪

震下乾上

【原文】无妄①：元亨，利贞。其匪正有眚②，不利有攸往。

【译文】《无妄》卦象征不妄动妄求，极为亨通顺利，利于坚守正道。如果不能坚守正道就会发生祸殃，不利于前去行事。

【注释】①无妄：六十四卦卦名之一，象征"不妄为"。

②其匪正有眚：不坚守正道就有灾异。

【原文】《彖》曰：无妄，刚自外来而为主于内。动而健，刚中而应。大亨以正，天之命也。"其匪正有眚，不利有攸往。"无妄之往，何之矣？天命不佑，行矣哉！

【译文】《彖传》说：《无妄》卦，阳刚从外面进来，并且在内居于主导地位。行动迅速，刚强而有力，刚健居中位而与阴柔相应。宏大、亨通从而守正道，这是顺应了天命。"若不守正道，则有灾祸，不利于有所行动。"不顺应天道而贸然行事，就不知道要往哪里去。上天不保佑他，又怎么能够行得通呢？

【原文】《象》曰：天下雷行，物与无妄；先王以茂对时育万物。

【译文】《象辞》说：在天的下面有雷在运行，象征着天用雷的威势警戒万物，并赋予万物以不妄动妄求的本性；从前的君主顺应天命，尽其所能地遵循天时以养育万物的生长。

【原文】初九，无妄，往吉。

【译文】初九，不妄动妄求，前去行事吉祥。

【原文】《象》曰："无妄之往"，得志也。

【译文】《象辞》说："不妄动妄求地前去行事"，这样就可以实现志愿。

【原文】六二，不耕获①，不菑畬②，则利有攸往。

【译文】六二，不在刚耕作时就期望立刻丰收，不在荒地刚开垦时就期望立即变成良田，能够这样，才不是妄动妄求，利于前去行事。

【注释】①不耕获：没有耕种就有了收获。

②不菑（zī）畲（yú）：生荒地没有经过开垦便变成了肥田。

【原文】《象》曰："不耕获"，未富也。

【译文】《象辞》说："不在刚开始耕作时就期望立刻获得丰收"，是说不企求获得非分的财富。

【原文】六三，无妄之灾，或系之牛①，行人②之得，邑人③之灾。

【译文】六三，无缘无故而遭受灾祸，好比有人把一头牛拴在村边道路旁，路过的人顺手把牛牵走，同村的人却被怀疑为偷牛的人而蒙受不白之冤。

【注释】①或系之牛："或"，好比。好比路旁拴着一头牛。

②行人：过路之人。

③邑人：指本地人。

【原文】《象》曰：行人得牛，邑人灾也。

【译文】《象辞》说：路过的人顺手把牛牵走，同村的人就会被怀疑为偷牛的人而蒙受不白之冤。这种灾难不是因为自己有过，而是由于某种客观原因的巧合所造成的。

【原文】九四，可贞①，无咎。

【译文】九四，能够坚守正道，没有灾祸。

【注释】①可贞："可"，能够。能够坚持正道。

【原文】《象》曰："可贞，无咎"，固有之也。

【译文】《象辞》说："能够坚守正道，没有灾祸"，是说坚守正道的品德是其本身所固有的，所以，自始至终牢固地坚守正道，才能使自己免遭灾害。

【原文】九五，无妄之疾，勿药有喜①。

【译文】九五，不妄动妄求却身染疾病，这种疾病不需用药医治，它会不用治疗便自行消除。

【注释】①勿药有喜：不用吃药就可以好。

【原文】《象》曰："无妄之药"，不可试也。

【译文】《象辞》说："不妄动妄求却身染疾病，这种疾病不需用药医治"，是说药是不可以轻易尝试、随便使用的，因为病本来就可以自行消除。

【原文】上九，无妄，行有眚，无攸利。

【译文】上九，虽然不妄动妄求，但是，仍然不宜于行动，如果勉强地行动，就会遭受祸殃，得不到一点好处。

【原文】《象》曰："无妄之行"，穷之灾也。

【译文】《象辞》说："虽然没有妄为，但如有行动（却仍然遭受祸殃）"，这是由于客观的时遇所造成的灾祸，而不以人的意志为转移。

【心灵导航】《无妄》卦主要阐发处事"不妄为"。卦辞提示，万事"无妄"之时必然亨通，利于守正，相反，违背正道者必遭祸患，动辄失利。六爻情状，都是"不妄为"之象，但吉凶利咎却各不相同：初九不妄为，前往获吉；六二不贪不妄，安顺获利；六三无所妄为，却飞来横灾；九四以刚守谦，不妄则无害；九五无妄得疾，不治自愈；上九不妄自守，欲行则有祸。可见，要长保"无妄"，避害就利，凡事动静行止，不能不审时度势。而"识时"必须建立在"守正"的基础上，一旦"失正"，则无利可言。

孔子说："非礼勿视，非礼勿听，非礼勿言，非礼勿动。"（《论语·颜渊》）为人处世，必须刚正无私，不妄为，不造作，不逞强，不存非分的奢望。必须走正路，干正事，坚持正固，审时度势，否则，违背正道，脱离实际，肆意妄为，必遭咎害。

䷙大畜卦第二十六　　大有蓄积　　谨慎防止

乾下艮上

【原文】大畜①：利贞；不家食②吉，利涉大川。

【译文】《大畜》卦象征大量的畜养积聚，利于坚守正道；不要让贤能的人穷困地居于家中自谋生计，而应该把他招到朝廷中食取国家俸禄为国效劳，这样可获吉祥；利于渡过大河。

【注释】①大畜：六十四卦卦名之一，象征"大为畜聚"。

②不家食：指在用兵时取粮于敌国。

【原文】《彖》曰：大畜，刚健笃实，辉光日新其德。刚上而尚贤，能止健，大正也。"不家食吉"，养贤也。"利涉大川"，应乎天也。

【译文】《彖传》说：《大畜》卦，刚健、笃实，每天散发出辉煌的光芒，呈现一片新气象。阳刚在上位又能够崇尚贤能之士，有能力又懂得节制，这是最大的正道。"不在家里吃饭，吉祥"，是说国家用丰厚的待遇蓄养贤人。"有利于渡过大江大河"，是说能够顺应天道涉江渡河。

【原文】《象》曰：天在山中，大畜；君子以多识前言往行，以畜其德。

【译文】《象辞》说：天被包含在山里，象征大量的畜养积聚；君子效法这一精神，应当努力更多地学习领会前代圣人君子的言论和行为，培养自己美好的品德和积聚广博的知识。

【原文】初九，有厉，利已①。

【译文】初九，不顾一切贸然前进会有危险发生，只有暂时停下来不勉强前进才会有利。

【注释】①有厉，利已：厉，危；已，停止。

【原文】《象》曰："有厉，利已"，不犯灾也。

【译文】《象辞》说："不顾一切贸然前进会有危险发生，只有暂时停下来不勉强前进才会有利"，是说不必冒着灾难风险前进。

【原文】九二，舆说輹①。

【译文】九二，车子脱去轮輹自动停下来不再前进。

【注释】①舆说輹："舆"，车。说，通脱；"輹"（fù），车下伏兔，又谓之车屐，刹车。

【原文】《象》曰："舆说輹"，中无尤也。

【译文】《象辞》说："车子脱去轮輹自动停下来不再前进"，说明九二爻虽然刚健急躁，但它能够自度量时，自动停滞不前，所以没有贸然前进的过失。

【原文】九三，良马逐①，利艰贞。曰闲舆卫②，利有攸往。

【译文】九三，骏马奔驰如同风驰电掣一般，贸然前进有陷入危险的可能，应当警惕前进道路上的艰难，坚守正道，才会安然无恙。只有娴熟地掌握了驾车和防卫的本领，才能利于前去行事。

【注释】①逐：相互追逐奔驰之貌。

②闲舆卫："闲"，古通"娴"。娴熟地驾驭车马。

【原文】《象》曰："利有攸往"，上合志也。

【译文】《象辞》说："利于前去行事"，是因为九三与上九志同道合，没有妨碍。

【原文】六四，童牛之牿①，元吉。

【译文】六四，给头上尚未长角的小牛预先装上一块横木，防止它长出角后顶人，大吉大利。

【注释】①童牛之牿："牿"（gù），在牛两角上拴的横木。在尚未驯服的小牛角上拴上横木，以防抵人。

【原文】《象》曰：六四"元吉"，有喜也。

【译文】《象辞》说：《大畜》卦的第四爻位（六四）的"大吉大利"，是因为能够防患于未然，因而是可喜的。

【原文】六五，豮豕之牙①，吉。

【译文】六五，面对长有锋利牙齿的猪，并不从如何除去它的牙齿上下手，而是击其要害，将它阉割，制服它刚暴凶猛的本性，使它变得温顺，平安无事，获得吉祥。

【注释】①豮豕之牙："豮"（fén）阉。"豕"（shǐ），猪。被阉掉的猪，就不会咬人。

【原文】《象》曰：六五之吉，有庆也。

【译文】《象辞》说：第五爻位（六五）的吉祥，是因为能够抓住事物的关键，从根本上予以治理，是可庆可贺的。

【原文】上九，何天之衢①，亨。

【译文】上九，四通八达，畅通无阻的天街大道，亨通顺利。

【原文】《象》曰："何天之衢"，道大行也。

【译文】《象辞》说："四通八达，畅通无阻的天街大道"，是说由于大量畜养积聚贤士，天下已经贤路大开了。

【心灵导航】《大畜》卦所谓"大为畜聚"，阐发事物发展过程中，必须竭力畜聚刚健正气的道理。卦辞强调"守正""养贤"，指出"畜聚阳刚正德"是"大畜"的关键。卦中六爻，初、二为阳刚被"畜"之象，必须先能"自畜其德"，不宜躁进，故初知危不前则"利"，二"大车"不行"无尤"；四、五为尊者"畜"下之象，必须规正制约"健"者，使所畜尽善尽美，故四束缚初之"童牛"获"元吉"，五制约二之"豕牙"得吉祥；而上下卦终极两象，并为"畜德"至盛之象，不存"畜"与"被畜"的关系，故三如"良马"奔逐、利有所往，上如置身"天衢"、畅达亨通。可见，初、二、四、五爻揭示善处"大畜"之道，三、上两爻展现"大畜"的美盛结果。

当进入真实无妄的境界，必然畜积庞大的力量，蓬勃发展，形成大好的形势，可以大有作为。而既富且强，往往知进而不知退，过度自信轻举妄动。必须冷静警觉，适可而止，畜养贤能，积聚力量，坚持正当，周详谋划，能进能止。

䷚颐卦第二十七　自求口实　颐养贤能

震下艮上

【原文】颐①：贞吉；观颐②，自求口实③。

【译文】《颐》卦象征颐养：坚守正道获得吉祥；观察能够体现颐养的实例，自己谋取口中食物，才能真正掌握颐养之道，获得吉祥。

【注释】①颐：六十四卦卦名之一。乃论述颐养之道的卦。

②观颐：观察颐养之道。

③自求口实：国家要自己谋求充实财力。

【原文】《彖》曰：颐，贞吉，养正则吉也。"观颐"，观其所养也。"自求口实"，观其自养也。天地养万物，圣人养贤以及万民。颐之时大矣哉。

【译文】《彖传》说：《颐》卦说占卜获得吉利的预兆，用正道培养他人和保养自己，吉祥。"观察别人的养生之道"，就是要观察一个人是怎样养育他人的。"自己寻找口中食"，就是要观察一个人是用什么办法来养活自己的。天地养活万物，圣人培养贤人是为了泽被天下百姓。多么伟大呀，顺应颐养的正道为天下百姓造福！

【原文】《象》曰：山下有雷，君子以慎言语，节饮食。

【译文】《象辞》说：雷在山下震动，引申为咀嚼食物时上颚静止、下颚活动的状态，因而象征颐养；颐养必须坚守正道，君子应当言语谨慎以培养美好的品德，节制饮食以养育健康的身体。

【原文】初九，舍尔灵龟①，观我朵颐②，凶。

【译文】初九，舍弃你如同神龟般的聪明智慧，痴呆地看着我鼓动腮帮子进食，结果必然导致凶险。

【注释】①舍尔灵龟："尔"，你。"灵龟"，神龟，此处当指神器。舍弃你自己的宗庙社稷而不顾。

②观我朵颐：只顾观察别人颐养之道，也即只睁着眼看别的国家富强

起来。

【原文】《象》曰:"观我朵颐",亦不足贵也。

【译文】《象辞》说:"痴呆地看着我鼓动腮帮子进食",是说初九爻虽重视保养身体,但由于不能坚守正道,并不值得推崇。

【原文】六二,颠颐①,拂经②,于丘颐③,征凶。

【译文】六二,反过来向下属乞求食物以获取奉养,是违背常理的,向高丘处的乞食,则前进的途中必然遭遇凶险。

【注释】①颠颐:"颠",颠狂。"颠颐",疯狂猎取与掠夺。

②拂经:违背常理。

③丘颐:"丘",废墟。站在废墟上猎取颐养。

【原文】《象》曰:六二"征凶",行失类也。

【译文】《象辞》说:《颐》卦的第二爻位(六二)"前进的途中必然遭遇凶险",是因为前进的途中没有相应的同类。

【原文】六三,拂颐①,贞凶,十年勿用,无攸利。

【译文】六三,违背颐养的正道,只求口腹之欲,遭遇凶险,在十年的漫长岁月里被遗弃而得不到养育,没有好处。

【注释】①拂颐:对国家不采取颐养之道。

【原文】《象》曰:"十年勿用",道大悖也。

【译文】《象辞》说:"在十年的漫长岁月里被遗弃而得不到养育",是因为它与颐养的正道大相径庭,从根本上违背了养育他人和保养自己的原则和方法。

【原文】六四,颠颐,吉;虎视眈眈,其欲逐逐,无咎。

【译文】六四,反过来向下属乞求食物以获取奉养,吉祥;像老虎要扑食那样,虎视眈眈,孜孜以求,必然能够达到目的,没有灾祸。

【原文】《象》曰:"颠颐之吉",上施光也。

【译文】《象辞》说:"反过来向下属乞求食物以获取奉养的吉祥",是因为六四位居在上,与初九照应,同时又能坚守正道,取之于民,用之于民,它能够向下普遍地施舍光明恩德。

【原文】六五,拂经,居贞吉,不可涉大川。

【译文】六五,违背颐养的正道,安居尊位结果吉祥,不能处理极为艰险困难的事情,就像不能够渡过大河一样。

【原文】《象》曰:"居贞之吉",顺以从上也。

【译文】《象辞》说:"安居尊位结果吉祥",是因为能够顺从有阳刚之美的贤者。

【原文】上九,由颐①;厉吉,利涉大川。

【译文】上九,天下百姓都依靠他的养育而得以安居乐业;必须谨防危险,有所戒惧才能获得吉祥,这样也才能排除万难,就像顺利涉过大河一样。

【注释】①由颐:由于颐养。

【原文】《象》曰:"由颐厉吉",大有庆也。

【译文】《象辞》说:"天下百姓都依靠他的养育而得以安居乐业,必须谨防危险,有所戒惧才能获得吉祥",是说养育天下百姓,因而能得到天下的信任和爱戴,达到普天同庆。

【心灵导航】《颐》卦主要阐发"颐养"之义。卦中所揭明的"养正"意义,主要体现在两方面:一方面,"自养"之道当本于德,不可弃德求欲;另一方面,"养人"之道,当出于公,必须养德及物。卦中六爻,下三爻皆"自养"不得其道,因此初"凶"、二"征凶"、三"无攸利";上三爻皆努力"养人"故四"吉"、五"居贞吉"、上"吉"且"利"。六爻大义是集中赞美"养人""养贤""养天下"的"颐养"盛德。当然,卦中尽管强调"养德",并未偏离物质基础,所谓民以食为天,从卦辞中"自求口实"可以看出。

当物资畜积富足之后,就可以养育天下了。养育应靠自己,不可依赖,不可羡慕,要运用智慧,使天下得到供养。养育还应遵循常理,采取正当手段,不可违背原则。当不得已时,只要光明正大,也可取之于民,用之于民,但应公正严格,威而不猛。只要动机纯正,也可权宜行事。供养是正当的作为,值得全力以赴。

自力更生,丰衣足食。

大过卦第二十八 非常行动 过犹不及

巽下兑上

【原文】大过①:栋桡②;利有攸往,亨。

【译文】《大过》卦象征极为过越:房屋的栋梁受重压而弯曲;利于前去行事,亨通顺利。

【注释】①大过：六十四卦卦名之一，象征"大为过越"。

②栋桡："栋"，屋梁。"桡"（ráo），弯曲。房屋的大梁受压过重而弯曲。

【原文】《彖》曰："大过"，大者过也。"栋桡"，本末弱也。刚过而中，巽而说。行，"利有攸往"，乃"亨"。"大过"之时大矣哉。

【译文】《彖传》说：《大过》卦，它有阳刚之气过盛而产生动荡不安的意思。"房屋的栋梁受重压而弯曲"，是说栋梁的两端太细，不能承担重负，致使栋梁受压而弯曲。阳刚过于旺盛，应坚守中正的原则，谦恭而和悦。此时的行动，"有利于有所行动"，于是"顺畅"。《大过》卦有多么伟大的现实意义。

【原文】《象》曰：泽灭木，大过；君子以独立不惧，遁世无闷。

【译文】《象辞》说：水泽淹没了树木，象征极为过分；君子取法这一现象，就应当坚持自己的操守，进则超然独行，不必顾忌和畏惧他人的非议；退则逃避世间，不为隐姓埋名而苦闷烦恼。

【原文】初六，藉用白茅①，无咎。

【译文】初六，本来直接把器物放置在地上就可以了，现在又用白色的茅草衬垫在器物的下面，使它更加安稳，不会发生灾祸。

【注释】①藉用白茅："藉"（jiè），"借"。"白茅"，俗称茅草。借用茅草之柔韧性。

【原文】《象》曰："藉用白茅"，柔在下也。

【译文】《象辞》说："用白色的茅草衬垫在器物的下面"，是说行为非常小心谨慎。

【原文】九二，枯杨生稊①，老夫得其女妻②，无不利。

【译文】九二，已经枯萎的杨树重新又长出新芽，老年男子娶了位年轻的妻子，没有什么不利的。

【注释】①枯杨生稊："稊"（tí），树木上的嫩芽。干枯的杨树上重新发芽。

②老夫得其女妻：老年的男子娶了一个年轻的妻子。

【原文】《象》曰："老夫女妻"，过以相与也。

【译文】《象辞》说："老年男子娶了位年轻的妻子"，虽为过分，但由于能够刚柔相济，所以不会发生不利的情况。

【原文】九三，栋桡，凶。

【译文】九三，房屋的栋梁受重压而弯曲，结果必然发生凶险。

【原文】《象》曰："栋桡之凶"，不可以有辅也。

【译文】《象辞》说："房屋的栋梁受重压而弯曲，结果必然发生凶险"，是因为阳刚极为过分，所以不能再来辅助它，否则后果将不堪设想。

【原文】九四，栋隆①，吉；有它②，吝。

【译文】九四，房屋的栋梁向上隆起，克服了弯曲，可以获得吉祥；不能再弯曲，再弯曲就会出问题。

【注释】①栋隆：将栋梁的弯曲部位向上隆起。

②有它：指隆起的部位不是向上，而是向左，向右，或向下。

【原文】《象》曰："栋隆之吉"，不桡乎下也。

【译文】《象辞》说："房屋的栋梁向上隆起，克服了弯曲，可以获得吉祥"，是由于九四爻本身能使栋梁不再向下弯曲。

【原文】九五，枯杨生华，老妇得其士夫①，无咎无誉。

【译文】九五，已经枯萎的杨树重新又盛开鲜艳的花絮，已经衰老的妇人嫁给了年富力强的男人，不会遇到什么祸害，也没有什么值得称道的。

【注释】①老妇得其士夫："士"，古指未婚男子。一个老年的妇女又嫁给了一个年轻的男子。

【原文】《象》曰："枯杨生华"，何可久也？"老妇士夫"，亦可丑也。

【译文】《象辞》说："已经枯萎的杨树重新又盛开鲜艳的花絮"，表面现象又怎么可以长久保持下去呢？"已经衰老的妇人嫁给了年富力强的男子"，这种婚配是会令人深感羞耻的。

【原文】上六，过涉灭顶①，凶，无咎。

【译文】上六，涉过深之水以至于淹没了头顶，就会发生凶险，最终不会有祸患。

【注释】①过涉灭顶：过河河水淹没了头部。

【原文】《象》曰："过涉之凶"，不可咎也。

【译文】《象辞》说："涉过深之水会发生凶险"，但如果能及时补救，还是可以化险为夷，最终不会有祸患。

【心灵导航】《大过》卦主要揭示"大为过甚"的情状。此时"阳刚"者"大过""阴柔"者不胜其劳，亟待"大过人"之举奋力拯治，才能调济阴阳，走向"亨通"。卦中六爻分别说明善处"大过"的道理：上下两阴须取刚济柔，中间四阳须取柔济刚，如此互济，才能救"大过"之弊，成调和之功。但诸爻处时不同，遂致吉凶有别：初、二相比，善于互调刚柔，故初"无咎"、二"无不利"；五、上也相比，但阴阳悬殊太甚，虽竭力调济，终难完满成功，故五"无咎无誉"、上"凶，无咎"；唯三、四两阳最远两阴，必当自损阳刚、静居顺调，而三违逆此道致"凶"，四遵循此道获"吉"。可见，拯治"大过"的根本原则是"刚柔相济"力求平衡。拯治过程中，"大过人"的举动是至为关键的。

当大有畜积，能够培养实力，到达壮大的时刻，就可以采取非常行动，以实现理想。但非常行动必然面临风险，因而必须非常谨慎，做到刚柔相济，使人乐于顺从才能获得一切助力。必要时，不可拘泥于常理，但也不可过度自信。要团结一切力量，但也不能包容邪恶，受其牵累。非常行动往往是明知不可为而为之，因此要有失败的思想准备。即使是非常行动，也应当手段正当，才能赢得荣誉。阴阳和合，过犹不及。

孔子说，君子中庸，小人反中庸。

坎卦第二十九　重重险难　坚定刚毅

坎下坎上

【原文】习坎①：有孚，维心亨②，行③有尚④。

【译文】《坎》卦象征重重艰险：像水奔流一样，胸怀坚定的信念，执著专一，内心才能不畏艰险而获得亨通，这种奔流不止、坚强刚毅的行为必然被人们所崇尚。

【注释】①坎：六十四卦卦名之一。乃论述如何权宜和应付陷坑囹圄诸种坎险之卦。

②维心亨：心胸坦荡，不为坎险所困。

③行：指行为。

④有尚：被人们所崇尚。

【原文】象曰：习坎，重险也。水流而不盈，行险而不失其信。维心亨，乃以刚中也。行有尚，往有功也。天险不可升也，地险山川丘陵也，王公设险以守其国，坎之时用大矣哉！

【译文】《象传》说：《坎》卦，有凶险重叠的意思。水长时间地流但不溢出来。面临危险，但不失去诚信。赢得了人心，往前走一定能亨通，这是因为具有阳刚之气而又坚守中正。"出行肯定能赢得帮助"，这是因为获得了人民的支持，就会克服重重险阻，获得成功。天的险阻在于人民无法攀登。地的险阻在于有由高山、河流、丘陵组成的高低不平的地形，人们难以顺利前行。王公贵族设置险阻以保家卫国。由此可见，学会怎样突破险阻和设置险阻的意义十分重大。

【原文】象曰：水洊至，习坎；君子以常德行，习教事。

【译文】《象辞》说：流水相继而至、潮涌而来，必须充满前方无数极深的陷坑才能继续向前，象征重重的艰险困难；君子因此应当坚持不懈地努力，反复不间断地推进教育事业。

【原文】初六，习坎，入于坎窞①，凶。

【译文】初六，置身于重重的艰险困难之中，落入到陷坑的最底下，结果必然是凶险的。

【注释】①坎窞（dàn）：陷坑。

【原文】《象》曰："习坎入坎"，失道凶也。

【译文】《象辞》说："置身于重重的艰险困难之中，落入到陷坑的最底下"，是因为不能坚守正道，自身软弱无能，又得不到外援，所以遭遇凶险。

【原文】九二，坎有险①，求小得②。

【译文】九二，仍然处在陷坑之中面临危险，虽不能脱险，但在一定程度上还是可以解决一些小问题的。

【注释】①坎有险：陷坑里有危险。

②求小得：指保全自己，并能解决一些小问题。

【原文】《象》曰："求小得"，未出中也。

【译文】《象辞》说："虽不能脱险，但在一定程度上还是可以解决一些小问题的"，说明仍未脱离险境。

【原文】六三，来之坎坎，险且枕①，入于坎窞，勿用。

【译文】六三，往来进退都处在重重陷坑之间，面临危险难以得到安全，落入陷坑的最底下，在这种情况下，只有伏枕以待，不可轻举妄动。

【注释】①险且枕：处坎险之中尚且能高枕无忧。

【原文】《象》曰："来之坎坎"，终无功也。

【译文】《象辞》说:"往来进退都处在重重陷坑之间",是说虽急于求得平安,结果是欲速则不达,最终还是不能摆脱危险,走出困境。

【原文】六四,樽酒①,簋贰②,用缶③,纳约④自牖⑤,终无咎。

【译文】六四,一樽酒,两簋饭,用瓦缶盛着进献,礼虽然很轻,然而却充满了深厚的情意,正大光明地表示诚信,最终不会发生灾祸。

【注释】①樽酒:"樽"(zūn),酒器。指一樽酒。

②簋贰:"簋"(guǐ),古食器。指二簋饭。

③缶:古指盛酒的瓦器,特指用粗劣瓦器进食。

④纳约:"约",指签约;"纳",指交付。指交付一种签约。

⑤牖(yǒu):即牖里,古址在今河南汤阴北。乃殷纣王囚文王处。

【原文】《象》曰:"樽酒簋贰",刚柔际也。

【译文】《象辞》说:"一樽酒两簋饭",是说在艰险困难的情况下能够推心置腹、相互信任地交往,刚柔相济,最终免遭灾祸。

【原文】九五,坎不盈①,祗既平②,无咎。

【译文】九五,奔流的水还未溢出陷坑,然而却已和陷坑平齐了,还不会发生灾害。

【注释】①坎不盈:指水尚不满到溢出来。

②祗既平:"祗"(zhǐ),古作"敬"解。指不激化矛盾。

【原文】《象》曰:"坎不盈",中未大也。

【译文】《象辞》说:"奔流的水还未溢出陷坑",说明居中而不自大,所以,还不会发生灾害。

【原文】上六,系用徽纆①,寘②于丛棘,三岁不得③,凶。

【译文】上六,被绳索重重地捆绑住,囚放在荆棘丛生的牢狱中,长达三年不能解脱,十分凶险。

【注释】①徽纆(mò):绳索。

②寘(zhì):置的异体字。

③三岁不得:三年得不到解脱。

【原文】《象》曰:上六失道,凶三岁也。

【译文】《象辞》说:《坎》卦的第六爻位(上六)面临艰险困难,不能坚守正道,所以遭受三年的凶险。

【心灵导航】《坎》卦主要阐发谨慎行险的道理。面临重重险陷之际,只要不失诚信,内心亨通就能排险涉难、前行可获嘉尚。卦中六爻皆不言

"吉"，主于从正反两方面设诫。其中四阴爻除六四柔正承阳慎处险境获"无咎"外，余三爻多呈凶象：初六柔弱处重坎之下，深落险穴致"凶"；六三阴柔失正，来去均不能出险，终难使用；上六阴处险极，被困缚幽囚，"凶"延"三岁"。至于二、五两阳，刚健居中，是本卦平险排难的希望所在。可见，《坎》卦"行险"的义理，是建立在阳刚信实的基础上，强调谨慎守恒之德，如此则险陷可履、艰难可除。

物极必反，过犹不及。当盛大过度，又面临险难，但在险难中也足以发挥人性的光辉，坚定刚毅地突破重重险难，正是诚信的最高表现。首先应当明察，避免陷入险难，即使陷入也不能陷得太深。要坚定信念，团结力量，运用智慧，注重方法，排险除难，才能走出困境。不能操之过急，期望过高，而应步步为营，逐渐脱险。若陷入太深，更不可轻举妄动，要先求自保等待时变。面临险难，不必拘泥常理，勇于创新，以求突破。当看到脱险的希望，也要谨慎从事，把握有利时机，避免重蹈覆辙、愈陷愈深。只要坚定信念，一定能排除万难争取最后胜利。这就是所谓"维心亨，行有尚"。前途是光明的，道路是曲折的。世上无难事，只怕有心人。

大禹治水多磨砺，愚公移山立志常。
长征万里载史册，红军精神代代传。
世事艰难需谨慎，成似容易却艰辛。
诚心一片磁针石，不指南方誓不休。

䷝离卦第三十　依附光明　中正谨慎

离下离上

【原文】离①：利贞，亨；畜牝牛②，吉。

【译文】《离》卦象征附着：利于坚守正道，这样必然亨通；畜养柔顺的母牛，可以获得吉祥。

【注释】①离：六十四卦卦名之一，象征"附丽"。

②畜牝牛："牝"（pìn），母牛。指蓄养一种雌牝的柔顺性格。

【原文】《象》曰：离，丽也。日月丽乎天，百谷草木丽乎土。重明以丽乎正，乃化成天下。柔丽乎中正，故亨。是以畜牝牛吉也。

【译文】《象传》说：离，即附丽，也就是附着的意思。就好像日月要附在天空上，百谷草木要附在大地上。日月大放光明并且依附正道，于是造化万物。柔顺依附正道，所以顺畅。因此卦辞说"像母牛一样顺从，吉利"。

【原文】《象》曰：明两作，离；大人以继明照于四方。

【译文】《象辞》说：太阳的光明连续照耀，必须高悬依附在天空才行，象征附着；伟大的人物效法这一现象，也应当连绵不断地用太阳般的光明美德普照四方。

【原文】初九，履错然①，敬之，无咎。

【译文】初九，在开始行事时，由于急于求成而出现错乱，后来能恭敬慎重且未轻举妄动，没有灾祸。

【注释】①履错然："履"，本指鞋。"错然"，本指用金涂饰。"履错然"，指从足下一开始便光彩照人。

【原文】《象》曰："履错之敬"，以辟咎也。

【译文】《象辞》说："在开始行事时，由于急于求成而出现错乱，后来能恭敬慎重且未轻举妄动"，主要是为了避免灾祸的发生。

【原文】六二，黄离①，元吉。

【译文】六二，附着在黄色上，大吉大利。

【注释】①黄离："黄"，土的颜色；土又居五行之中。"离"，光耀。"黄离"，指日处中天之光芒，与"日昃之离"相对照。

【原文】《象》曰："黄离元吉"，得中道也。

【译文】《象辞》说："附着在黄色上，大吉大利"，是因为黄色代表中，坚守正道，大吉大利。

【原文】九三，日昃之离①，不鼓缶而歌②，则大耋之嗟③，凶。

【译文】九三，夕阳西下，好比人生已入老年，这时如果不能敲着瓦器伴唱高歌地欢度晚年，就难免会有春蚕将死、蜡炬成灰的哀叹，这样必然遭遇凶险。

【注释】①日昃之离："日昃"（zè），日西斜。夕阳西下。

②不鼓缶而歌：不敲击着瓦缶唱歌。

③则大耋之嗟："耋"（dié），老。"嗟"（jiē），感叹声。只能发出老年人的叹气声。

【原文】《象》曰："日昃之离"，何可久也！

【译文】《象辞》说："夕阳西下，好比人生已步入老年"，太阳偏西即将落下，人步入老年即将死去，怎么能长久呢！

【原文】九四，突如其来如①，焚如②，死如③，弃如④。

【译文】九四，突然间发出万道光芒，犹如燃烧的烈火，但顷刻之间又烟消云散，不复存在，落得个被抛弃的下场。

【注释】①突如其来如：指突然而来的"离"，防不胜防。

②焚如："焚"，烧。如被火烧的样子。

③死如：被烧死的样子。

④弃如：被人世抛弃的样子。

【原文】《象》曰："突如其来如"，无所容也。

【译文】《象辞》说："突然间发出万道光芒，犹如燃烧的烈火"，这种刚烈暴躁的气焰，必然带来危险，是天下人所不能容忍的。

【原文】六五，出涕沱若①，戚嗟若②，吉。

【译文】六五，眼泪像泉水一样不停地涌出，纷纷从面颊上流下，忧愁悲伤地叹息，居安思危到了这种程度，吉祥。

【注释】①出涕沱若："涕沱（tuó）"，眼泪如泉。"若"，语气助词。放声大哭，泪如泉涌。

②戚嗟若：悲伤而发出嗟叹。

【原文】《象》曰：六五之吉，离王公也。

【译文】《象辞》说：《离》卦的第五爻位（六五）之所以能够获得吉祥，是由于它附着在君主旁，受到了君主的庇佑。

【原文】上九，王用出征①，用嘉折首，获匪其丑②，无咎。

【译文】上九，君主动有军队出兵征伐，建功立业，获得美誉，斩杀敌方首领，捕获不愿归附者，这样做不会发生灾祸。

【注释】①王用出征：当指周文王在牖里被释放后"赐之斧钺，使西伯（周文王当时封号）得征伐"一事。

②有嘉折首，获匪其丑："折首"，斩断其首。"丑"，一些叛逆无道邦国元首之蔑称。指文王征伐之事。

【原文】《象》曰："王用出征"，以正邦也。

【译文】《象辞》说："君主动用军队出兵征伐"，是为了治理国家，并非为了耀武扬威，滥杀无辜。所以，进行正义的战争，就不会发生灾祸。

【心灵导航】《离》卦主要阐发"附丽"之义。卦辞说"畜养牝牛"

可获吉祥，强调附丽之时必须柔顺守正才能亨通畅达。从六爻情状来看，二、五获吉在于阴柔居中，守持正道以成"附丽"之美；三、四皆凶，则是阳刚不中不正，或面临穷衰，或虚势"无所容"，均不能成"附丽"之志；至于初上两阳，初九处下敬慎、渐能附丽于物，上九"离"道已成、物皆亲附，故两爻并获"无咎"。

《左传》说："皮之不存，毛将安傅？"事物往往需要依附于一定的环境。太阳依附于天空而广照大地，火焰依附于燃料而发出光热。就人事而论，不论人的地位尊卑如何，均需附丽于所处的时代、社会；人与人之间的不同层次，又存在着附丽与被附丽的复杂关系。从《坎》、《离》两卦互相比较可以看出，"行险"当以"刚中"为主，"附丽"则以"柔中"为宜，这是两卦适为相反的核心意义。

当在险难中，必然就要攀附，找到依托才能安全。寻求依附，首先要认清目标，必须谨慎选择，把握中正的原则，不可投机取巧、认贼作父。升沉生死是自然常理，要知天乐命，不必因得不到依附而自寻烦恼。依附不能乘人之危、采用胁迫手段，以免招祸。依附强者，应柔顺中正，时刻警觉，才能化险为夷。附着的目的在于团结，对破坏分子应当断然扫除，但也要宽大，只除首恶，随从则不予深究。

第七章

《易经》下经

☷咸卦第三十一　交感互动　动机纯正

艮下兑上

【原文】咸①：亨，利贞；取女吉。

【译文】《咸》卦象征感应：亨通顺利，有利于坚守正道；娶妻可以获得吉祥。

【注释】①咸：六十四卦卦名之一，象征"交感"。

【原文】《彖》曰：咸，感也。柔上而刚下，二气感应以相与，止而说，男下女，是以"亨，利贞，取女吉"也。天地感而万物化生，圣人感人心而天下和平，观其所感，而天地万物之情可见矣！

【译文】《彖传》说：咸有相互感应的意思。就好像阴柔在上面而阳刚在下面，因此阴阳二气能相互感应而相交，阳刚能克制自己的行动，阴柔能欣赏阳刚，就好像男子能屈尊向女子求婚，所以说"顺畅，有利于去占卜。迎娶女子，吉利"。天地相互感应，产生雷雨风电，就促成万物发育生长，圣人以其德行感化百姓就会使天下太平。通过观察男女之间的爱慕之情，以小见大，就发现天地万物的真情了！

【原文】《象》曰：山上有泽，咸；君子以虚受人。

【译文】《象辞》说：上方的水泽滋润下面的山体，下面的山体承托上方的水泽并吸收其水分，象征感应；君子效法山水相连这一现象，以虚怀若谷的精神容纳感化他人。

【原文】初六，咸其拇①。

【译文】初六，感应发生在脚的大拇指上。

【注释】①咸其拇："其"，至。"拇"，脚拇指，此处指脚。遍及的柔顺政策当始于足下。

【原文】《象》曰："咸其拇"，志在外也。

【译文】《象辞》说："感应发生在脚的大拇指上"，说明其感应志向是向外追求。

【原文】六二：咸其腓①，凶，居吉。象曰：虽凶，居吉，顺不害也。

【译文】六二，感应发生在小腿肚上，是由于急躁妄动，这样就会发生凶险的事情；若是安居静处，便可以获得吉祥。

【注释】①咸其腓："腓"（féi），小腿肚。指遍及的柔顺政策在小腿肚部位。

【原文】《象》曰：虽凶居吉，顺不害也。

【译文】《象辞》说：虽然会发生凶险的事情，但是只要安居静处，便可以避灾远祸了。

【原文】九三，咸其股①，执其随②，往吝。

【译文】九三，感应发生在大腿上，一味地跟随着别人任意妄动，这样前去行事，必然导致灾祸。

【注释】①咸其股："股"，大腿。指遍及的柔顺政策在大腿部位。

②执其随："执"，掌握。"随"，动。指掌握其行动。

【原文】《象》曰："咸其股"，亦不处也；"志在随人"，所执下也。

【译文】《象辞》说："感应发生在大腿上"，说明不能安居静处，自我克制，而是性情急躁，随心所欲地任意妄为；"盲目地跟随别人任意妄为"，是因为它所执意追求的过于低下卑劣了。

【原文】九四，贞吉，悔亡；憧憧往来，朋从尔思①。

【译文】九四，内心保持纯洁无邪的态度，就可以获得吉祥，没有后悔；心猿意马地与朋友交往，朋友会顺从你的思想。

【注释】①憧憧往来，朋从尔思："憧憧"（chōng），指心神不定，亦指摇曳不定。"尔"，你。指对执行柔顺的屈从依附政策，自己尚心神不定，其朋辈群党们亦当受其思想的影响而随从其思想。

【原文】《象》曰："贞吉悔亡"，未感害也；"憧憧往来"，未光大也。

【译文】《象辞》说："内心保持纯洁无邪的态度，就可以获得吉祥，没有后悔"，说明九四爻并没有因感应而遭受祸害；"心猿意马地与朋友交往"，朋友面必然窄，影响也小，不能遍及于天下人。

【原文】九五，咸其脢①，无悔。

【译文】九五，感应发生在脊背的肉上，不会发生后悔。

【注释】①咸其脢："脢"（méi），古指脊背上的肉。指只遍及到脊背部位。

【原文】《象》曰："咸其脢"，志末也。

【译文】《象辞》说："感应发生在脊背的肉上"，说明其只知独善其身，这样它的志向难免过于浅薄了。

【原文】上六，咸其辅①、颊②、舌。

【译文】上六，感应发生在牙床、脸颊、舌头上。

【注释】①辅：古指颊骨。

②颊：面颊，脸的两侧。

【原文】《象》曰："咸其辅、颊、舌"，滕口说也。

【译文】《象辞》说："感应发生在牙床、脸颊、舌头上"，说明其只是玩弄三寸不烂之舌而已。

【心灵导航】《咸》卦主要阐发事物"感应"之道和男女"交感"之理。六爻以人体感应设喻，分别展示"交感"的不同情状及是非得失：初六感于"足指"，吉凶未见；六二感于"腿肚"，安居则吉；九三感于"大腿"，泛随有吝；九四感于"心神"，守正致吉；九五感于"背脊"，未能广应，仅得"无悔"；上六感于"口头"，感应转微，吉凶难测。其中九四所感，最具"贞吉"美德，说明"感"止于"正"必吉，悦以能静为宜，所谓"窈窕淑女，君子好逑"。

上下感则其志通，男女感则其情动。天地感而万物化生，圣人感人心而天下和平。男女自然无心地相互感应，彼此爱慕，以谦虚的态度追求，以坚定的诚意感动，使对方喜悦接纳，相互沟通，建立感情，结为夫妇，完全是自然的必然结果。这一感应的过程，也同样适用于一切人际关系。天地间一切交往，都是由这一无心的感应发端。感应是自然而然地发生，不可鲁莽，不可妄动，不可强求。应顺其自然，静待发展，要有主见，坚持原则，不可盲从。动机必须纯正，应当排除私心，不可心胸狭窄，怀有成见。心地光明正大，才能冷静判断，不会犹豫不决，否则把持不定，无以感动他人。孤僻冷漠，封闭自己，无法与外界广泛沟通，不能建立和谐的人际关系，也就不能有所作为。而花言巧语，取悦诱骗，更是小人的作为，不是君子应有的态度。

䷟恒卦第三十二　持之以恒　无往不利

巽下震上

【原文】恒①：亨，无咎，利贞，利有攸往。

【译文】《恒》卦象征常久：亨通顺利，没有灾祸，利于坚守正道，利于前去行事。

【注释】①恒：六十四卦卦名之一，象征"恒久"。

【原文】《彖》曰：恒，久也。刚上而柔下，雷风相与，巽而动，刚柔皆应，恒。恒，"亨，无咎，利贞"，久于其道也。天地之道恒久而不已也。"利有攸往"，终则有始也。日月得天而能久照，四时变化而能久成。圣人久于其道而天下化成。观其所恒，而天地万物之情可见矣！

【译文】《彖传》说：恒，有恒久的意思。阳刚处在上，阴柔处在下。雷与风相互感应推进事物发展，做到谦恭而相互顺从地行动，刚柔相济，所以把它叫作《恒》卦。《恒》卦卦辞说"顺畅，不会招致灾祸，有利于占卜"，是说长久地坚持正道。大自然固有的客观规律是恒定不变的，而且贯穿事物发展的始终。"有所行动则有利"，是说事物变化发展的规律是周而复始的。太阳、月亮遵循大自然固有的客观规律就能长久地普照万物，四季交替变化能使作物茁壮成长，圣人长久地坚守正道进行教化，就能达到治理天下的目的。通过观察研究恒久之道，我们就不难发现天地万物瞬息万变的规律！

【原文】《象》曰：雷风，恒；君子以立不易方。

【译文】《象辞》说：风雷交加，二者常是相辅相成而不停地活动，象征常久；君子效法这一现象，应当树立自身的形象，坚守常久不变的正道。

【原文】初六，浚恒①，贞凶，无攸利。

【译文】初六，刨根挖底地深入追求常久之道，结果必然凶险，没有一点好处。

【注释】①浚恒："浚"（jùn），挖掘。"浚恒"指挖掘掉了"恒"的基础。

【原文】《象》曰："浚恒之凶"，始求深也。

【译文】《象辞》说："刨根挖底地深入追求常久之道所产生的凶险"，是因为事情刚开始，追求的目标就过于深远的缘故。

【原文】九二，悔亡

【译文】九二，悔恨自行消除。

【原文】《象》曰：九二"悔亡"，能久中也。

【译文】《象辞》说：《恒》卦的第二爻位（九二）能够使"悔恨自行消除"，是由于它能够长久地守中不偏的缘故。

【原文】九三，不恒其德①，或承之羞②，贞吝。

【译文】九三，不能长久地保持美好的品德，总会不时蒙受他人的羞辱，结果难免产生惋惜。

【注释】①德：特指对殷王朝柔顺屈从的依附德行。

②或承之羞："或"，必然，总会。"羞"，羞耻。必然遭到羞辱。

【原文】《象》曰："不恒其德"，无所容也。

【译文】《象辞》说："不能长久地保持美好的品德"，是说由于急躁妄动，不安分守己，没有恒心，因此落了个无处容身的下场。

【原文】九四，田无禽①。

【译文】九四，田间狩猎，没有捕获到任何禽兽。

【注释】①田无禽：指没有战争的敌方，也即朱熹在《师》卦所说的无兵端。

【原文】《象》曰：久非其位，安得禽也？

【译文】《象辞》说：长久地处在不属于自己应该处的位置上，又怎么能够捕获到禽兽呢？

【原文】六五，恒其德，贞；妇人吉，夫子凶①。

【译文】六五，长久地保持柔顺服从的美好品德，永远坚守正道；这样的话，女人可以获得吉祥，男人则遭遇凶险。

【注释】①妇人，吉；夫子，凶：指"恒其德"的"德"，即若借用妇女之柔顺，则吉，若是仍用男子的强悍，则凶。

【原文】《象》曰：妇人贞吉，从一而终也；夫子制义，从妇凶也。

【译文】《象辞》说：女人坚守正道可以获得吉祥，是说女人一生应该只嫁一个丈夫，终身都不能改嫁他人；男人遇事应当果断处理，如果像女人那样只知顺从、优柔寡断的话，就会遭遇凶险。

【原文】上六，振恒①，凶。

【译文】上六,摇摆不定,不能坚守常久之道,凶险。

【注释】①振恒:"恒"遭到了振动,实类同"浚恒"一义。

【原文】《象》曰:振恒在上,大无功也。

【译文】《象辞》说:摇摆不定,不能坚守常久之道又高高在上,终将一无所成,不会有所建树。

【心灵导航】恒卦阐发"恒久"的道理。从人事方面来说,主要教人立身处世要有"持之以恒"的精神。卦中六爻,初六急于深求"恒"道,欲速不达,诫以守正防凶;九二失位,因能恒守刚中,遂得消"悔";九三守德不恒,或致"羞""吝";九四久居不当之位,徒劳无益;六五恒守柔德,于妇人有吉,男子则凶;上六好动不能守恒,面临凶险。综观全卦大义,主要在于勉人守"正"处"恒","人贵有恒"是本卦象征要义的核心。

《荀子·劝学》中说:"锲而舍之,朽木不折;锲而不舍,金石可镂。"只要功夫深,铁杵磨成针。有恒为成功之本,恒久就是坚持。但坚持也有一定的分寸,必须坚持的,是自立立人正当的大原则,在运用上,依然必须把握中庸的原则,通权达变。正义也不可强迫他人接受,相反应当相互感应沟通。当柔则柔,当刚则刚,不同的立场与本分,所应坚持的也不同。极端坚持,反而违背常理。夫妇之道也罢,为人处世也罢,都应注意领会践行。成功往往就在于坚持,坚持就是胜利。

遁卦第三十三 急流勇退 等待时机

艮下乾上

【原文】遁①:亨,小利贞。

【译文】《遁》卦象征退避:亨通,小事能够成功。

【注释】①遁:六十四卦卦名之一。"遯"本"遁"的本字,象征"遁避"。

【原文】《彖》曰:遁亨,遁而亨也。刚当位而应,与时行也。"小利贞",浸而长也。遁之时义大矣哉。

【译文】《彖传》说:《遁》卦之所以亨通,说明只有逃避隐藏起来,才能顺畅。刚强者处于适当的位置和阴柔者相应,随时势的变化而变化。"去占卜有小利",这表明君子及时退隐,有利于保全自身,但促使小人逐渐得势。所以《遯》卦所揭示的及时隐遁意义是多么重大呀。

【原文】《象》曰：天下有山，遯；君子以远小人，不恶而严。

【译文】《象辞》说：高天之下立着大山，象征隐让退避。君子应同小人保持一定的距离，以傲然不可侵犯的态度截然划清彼此的界限，自然而然会生出一种震慑住小人的威严来。

【原文】初六，遯尾①；厉。勿用有攸往。

【译文】初六，隐退避让错过时机落在了后边，情况非常不好。面对这种情形，应该静观待变而不要有所行动，否则将会更加不利。

【注释】①遯尾：指遁避的不是时机，落到了后面。

【原文】《象》曰：遯尾之厉，不往何灾也？

【译文】《象辞》说：错过隐退避让的时机却还要隐退就会带来祸患，但是静观不动就不会造成什么危害。

【原文】六二，执之用黄牛之革①，莫之胜说②。

【译文】六二，像用黄牛的皮捆绑起来那样，谁也难以解脱。

【注释】①执之用黄牛之革："执"，捆缚。像用黄牛之皮条所捆缚。

②莫之胜说："说"，此处作脱用。没有人能够解脱。

【原文】《象》曰：执用黄牛，固志也。

【译文】《象辞》说："像用黄牛的皮捆绑起来那样"，要坚定自己的志向，决不动摇。

【原文】九三，系遯①，有疾厉，畜臣妾②，吉。

【译文】九三，由于被牵累而难以远去，就像疾病缠身那样危险。要畜养仆人和侍妾，使他们被我所用，这样才能转危为安。

【注释】①系遯："系"，捆缚。指受捆缚难以摆脱。

②畜臣妾：指蓄养一种柔顺依附性格。

【原文】《象》曰："系遯之厉"，有疾惫也。"畜臣妾吉"，不可大事也。

【译文】《象辞》说："由于被牵累而难以远去，会有危险"，因为在这种想退又不能退的情况下，就像疾病缠身那样使人疲惫不堪。"畜养仆人和侍妾就会吉祥"，意思是说，处在有所系累的情况下，不可能有什么大作为。

【原文】九四，好遯①，君子吉，小人否。

【译文】九四，可以从容隐退避让而无所系累。君子将因此而获得吉祥，小人却不会吉祥。

【注释】①好遯："好"，善于。指善于遁避。

【原文】《象》曰：君子好遯，小人否也。

【译文】《象辞》说：君子能够做到该退就退，从容自如，而小人却做不到这一点。

【原文】九五，嘉遯①，贞吉。

【译文】九五，能够进退自如地隐退避让，能坚守正道，其结果是吉祥的。

【注释】①嘉遯："嘉"，本指善、美，此处指良好。指良好的遁避。

【原文】《象》曰："嘉遯，贞吉"，以正志也。

【译文】《象辞》说："能够自如地隐退避让，坚守正道将会获得吉祥"，要坚定自己的信念和志向。

【原文】上九，肥遯①无不利。

【译文】上九，既无牵累，又已远离，早已处在隐退避让中，就像是远走高飞一样，所以无论这时做什么，都不会有什么不利。

【注释】①肥遯：指在收获累累之后遁避。

【原文】《象》曰："肥遯无不利"，无所疑也。

【译文】《象辞》说：之所以它能够"随心所欲地远走高飞而又无不利"，就在于它所做的一切都是理所当然和自然而然的，没有什么疑虑和思索选择的。

【心灵导航】《遯》卦主要阐发"退避"的道理。当事物发展受阻碍时，必须暂行退避，以俟来日振兴复盛。卦中六爻，下三爻因各种环境条件所限，或不及遯，或不愿遯，或不能遯，以贞定自守，不图"大事"为宜；上三爻阳刚在外，均能识时遯退，以不恋私好、毅然远去为美。退避不是消极遁世，而是面对衰坏的环境，身退而道亨，退藏以伸其道。

极端恒久，必然又动荡，再演变成小人势长，君子退缩的局面。退避也是正当的手段，并非消极的逃避，而是隐忍，等待积极行动最有利的时机。当这一时刻来临，应当觉悟，满招损的必然法则，积极对抗徒然造成伤害。因此，除了坚定信念，坚持刚毅中正的态度，还要应退则退，隐忍待时，不可妄动。要断然抛弃一切，急流勇退，不可迟疑，不可眷恋，或隐没于世俗之中，或超脱于世俗之外，以等待时机。

退一步是为了进两步。不识时务，认着一条路走到黑，反而自取灭亡。大隐隐于市。

䷡ 大壮卦第三十四　君子壮大　坚守正道

乾下震上

【原文】大壮①：利贞。

【译文】《大壮》卦象征十分强盛：坚守正道，将会非常有利。

【注释】①大壮：六十四卦卦名之一。乃论述如何用壮以及如何冲破藩篱牢笼之卦。

【原文】《彖》曰：大壮，大者壮也。刚以动，故壮。

【译文】《彖传》说：《大壮》卦，有大而强壮的意思。阳刚之气充沛而有所行动，因此把它叫作《大壮》卦。《大壮》卦卦辞说："有利于去占卜"，是因为大而强壮的人能坚守正道。正道得以发扬光大，那么天地万物中的各种情况都可以观察到。

【原文】《象》曰：雷在天上，大壮；君子以非礼弗履。

【译文】《象辞》说：震雷响彻天上，象征十分强盛。君子应该严格要求自己，不要越出准则和规律去做非分之事。

【原文】初九，壮于趾①，征凶；有孚。

【译文】初九，阳刚强盛只在脚趾。这时如果有所行动，必然会招来灾祸。

【注释】①壮于趾：指一开始就用壮。

【原文】《象》曰："壮于趾"孚穷也。

【译文】《象辞》说：爻辞中的"阳刚强盛只在脚趾"一句，说明只停留在这一状态下，是决不会有什么出路的。

【原文】九二，贞吉。

【译文】九二，坚守正道而获得吉祥。

【原文】《象》曰：九二"贞吉"，以中也。

【译文】《象辞》说：《大壮》卦的第二爻位（九二）之所以能够坚守正道而获得吉祥，是因为它位置居中，能够以柔相处的原因。

【原文】九三，小人用壮，君子用罔①；贞厉，羝羊②触藩③，羸其角④。

【译文】九三，小人恃强好胜，君子却恰恰相反。而且，即使逞强好胜者能够保持住阳刚强盛，其结果也决不会好。就像强壮的大羊去顶触篱笆，结果只会把角卡在篱笆中而难以摆脱。

【注释】①用罔（wǎng）：罔，无；用罔，不用壮。

②羝（dī）羊：公羊。

③藩：藩篱，围场圈羊的篱笆。

④羸其角："羸"（léi），束缚缠绕。羊角被缠绕，无法解脱。

【原文】《象》曰：小人用壮，君子罔也。

【译文】《象辞》说：小人恃强好胜，君子却不这样。

【原文】九四，贞吉，悔亡；藩决不羸，壮于大舆之輹①。

【译文】九四，坚守正道，必获吉祥，悔恨也会消失；因为阳刚十分强盛，既像篱笆已经崩溃，羊角从系累中解脱出来，又像坚固的车轮能负重载远那样。

【注释】①藩决不羸，壮于大舆之輹：公羊将藩篱触翻掉，并没有被藩篱所绕缠围困，这样的强壮将有如缚大车的伏兔。

【原文】《象》曰："藩决不羸"，尚往也。

【译文】《象辞》说："篱笆崩溃，羊角从系累中解脱出来"的内在含义是，鼓励君子要充分行动起来，积极向前进取。

【原文】六五，丧羊于易①，无悔。

【译文】六五，在田边地头丢失了羊，没有什么可遗憾的，不会有不利的情况发生。

【注释】①丧羊于易："易"，即围场，羊圈。雄壮的公羊冲出被囚禁的藩篱跑掉了。

【原文】《象》曰："丧羊于易"，位不当也。

【译文】《象辞》说："在田边地头丢失了羊"，是由于其位置不恰当。

【原文】上六，羝羊触藩，不能退，不能遂①，无攸利；艰则吉②。

【译文】上六，强壮的羊因顶触篱笆而被挂住了角，既不能后退，又不能前进，怎样挣扎都没有好处。在这种情况下，要能够忍耐坚持，不被艰难困苦所压垮，就会安然渡过难关，获得吉祥。

【注释】①遂：遂愿。

②艰则吉：艰苦的继续顶触下去，过后则吉祥。

【原文】《象》曰："不能退，不能遂"，不详也；"艰则吉"咎不长也。

【译文】《象辞》说："既不能后退，又不能前进"，说明行动处事不够圆满周到，结果陷入了极为被动的局面。而"忍耐坚持，承受艰难困苦而不被压垮，就会吉祥"，说明，只要能够坚持忍耐，就一定会渡过难关。

【心灵导航】《大壮》卦阐发事物发展"大为强盛"之时，如何守"正"处"壮"的道理。卦中诸爻，具体说明"大壮"之时不可恃强"用壮"，而要谦退持中。其中，二、四两刚以谦柔获吉，初、三两阳若妄动必凶；五、上两阴刚壮已过，更宜柔和自守。

当阴退阳盛的壮大时期，必须坚守正道；大必须中，善于把握中庸的原则，外柔内刚，能够节制，不使其过当；壮大还应当量力，不可以妄动。壮大也不能恃强任性，更要坚持正义。壮大不可能恒久持续，当显露衰退的迹象时，就不可再有积极的行动，要及时觉悟，艰难时刻即将到来，要力求自保，等待时机，切不可逆势而动。

䷢晋卦第三十五　积极进取　忠于职守

坤下离上

【原文】晋①：康侯②用锡③马蕃庶④，昼日三接⑤。

【译文】《晋》卦象征长进：就像才干出众的公侯得到了天子的赏识，不仅赐给他许多车马，而且在一天之内多次接见他。

【注释】①晋：六十四卦卦名之一，象征"晋长"。

②康侯：康民安国之侯。顾颉刚认为是指西周武王之弟卫康叔。

③锡：古通赐。

④蕃庶：众多。

⑤昼日三接：指车马之盛，接二连三。

【原文】《象》曰：晋，进也。明出地上。顺而丽乎大明。柔进而上行，是以"康侯用锡马蕃庶，昼日三接"也。

【译文】《彖传》说：晋就是进取、晋升的意思。就好像太阳从地平线上升起，做臣子的坦然顺从地依附君主的光明伟大，以柔顺之道前进，从而步步高升。因此卦辞说"康侯蒙受成王的赏赐，得到众多良马，并在一天之内多次得到成王的接见"。

【原文】《象》曰：明出地上，晋；君子以自昭明德。

【译文】《象辞》说：阳光从地面上升起，象征着前进和昌盛，也象征着发出自己的光和热。所以，君子应该充分显示自己的才华和美德，发挥自己的作用。

【原文】初六，晋如摧如①，贞吉；罔孚，裕②无咎。

【译文】初六，刚开始前进就遇到了障碍和阻拦，但是只要能够坚守正道，始终如一，就一定会吉祥如意。由于它还没有树立起自己的威望，所以能够不受约束地去处理问题，而不必担心会有什么过失。

【注释】①晋如摧如："晋"，进。"摧如"，摧毁的样子。前进势如破竹。

②罔孚，裕："罔"，无，没有。"孚"，信用，威信。"裕"，宽绰。信用并不宽绰，兵威多于信用恩泽。

【原文】《象》曰："晋如摧如"，独行正也；"裕无咎"，未受命。

【译文】《象辞》说："向前进遇到障碍和阻拦时"，要能够持之以恒，按照自己所遵循的原则继续不断地努力，才会得到吉祥如意的结果。"随意行动也不会有什么过失"，是因为它还没有被赋予什么权力、责任和使命。

【原文】六二，晋如愁如①，贞吉；受兹介福②，于其王母。

【译文】六二，前进时充满忧愁思虑，但是如果能坚守正道，始终如一，将会吉祥如意。而且会获得极大的恩惠和福泽，这是高高在上的王母赐给他的。

【注释】①愁如：忧愁思虑的样子。

②介福：大福。

【原文】《象》曰："受兹介福"，以中正也。

【译文】《象辞》说：之所以能够"获得极大的恩惠和福泽"，是因为它位置居中，行为符合身份和正道。

【原文】六三，众允①，悔亡。

【译文】六三，得到了众人的认可和赞同，悔恨将会消失。

【注释】①众允：公众认可赞同。

【原文】《象》曰："众允"之志，上行也。

【译文】《象辞》说："得到众人认可和赞同"的志向，是要努力向前奋斗。

【原文】九四，晋如鼫鼠①，贞厉。

【译文】九四，向上迈进像那既贪婪又怕人，而且没有什么专长的梧鼠一样，即使能够严守自己的本分，也免不了灾祸。

【注释】①晋如鼫鼠："鼫鼠"，鼠的一种；也指梧鼠。"晋如鼫鼠"，如鼫鼠在土穴树孔中上窜下跳无进取。

【原文】《象》曰："鼫鼠贞厉"，位不当也。

【译文】《象辞》说：之所以"像梧鼠那样，即使能够严守自己的本分，也免不了灾祸"，是因为它所在的位置不对。

【原文】六五，悔亡，失得勿恤①；往吉，无不利。

【译文】六五，悔恨已经消失，也用不着考虑得失的问题。勇往直前，吉祥如意，一切都是那样的顺利。

【注释】①失得勿恤："失得"，指失去已得到的东西。"恤"，忧。对于失去已得到的东西，不要忧愁。

【原文】《象》曰："失得勿恤"，往有庆也。

【译文】《象辞》说："用不着考虑丢失"，继续努力奋斗必有吉祥福庆。

【原文】上九，晋其角①，维用伐邑②，厉吉，无咎，贞吝③。

【译文】上九，向前迈进似乎已经达到了顶点，就像到达兽角尖上一样，盛大的气象已不复存在了。只有像攻打城池那样，建立新的功勋，或许可以避免灾难转为吉祥；一旦这样做了不会产生过失。但即使如此，以后的发展趋势也是越来越差。

【注释】①晋其角：像羝羊一样用角往前顶。

②维用伐邑：只有征伐邑国。

③厉，吉，无咎，贞厉：指一个事物变化的几个方面。

【原文】《象》曰："维用伐邑"，道未光也。

【译文】《象辞》说："只有像攻打城池那样"，说明前进繁盛已经达到了顶点，再也难以发展光大了。

【心灵导航】《晋》卦揭示事物"进长"的途径。卦中诸爻四阴爻为处"晋"有道之象，初虽受挫折、宽裕待进，二虽有愁绪、守正获福，三见信于众"悔亡"，五不忧得失有"吉"：此均由于柔顺使"晋"途畅通，尤以六五居尊、最为佳美与卦辞"康侯"的喻象相应。两阳爻则为处"晋"不当之象，九四失正不中，"晋"必有危；上九"晋"极刚亢，难免至"吝"：此皆因有失柔顺使"晋"途阻碍。总之，"柔顺"是求"晋"的手段，"光明"是获"晋"的基础：两者结合，则是《晋》卦大义所在。

壮大，就可以前进求发展，就像太阳上升，普照大地，为万民谋幸福。但在前进求发展时，必须动机纯正，即或失败，也能问心无愧。而且不可忧虑一时的得失，只要把握中正的原则，必然成功。求前进，必须以得到群众的依赖与支持为前提。不可存在侥幸心理，贪得无厌。必须妥善策划，谨慎实行。如果发生偏差，再去纠正，即或不失败，也是耻辱。

明夷卦第三十六　光明被伤　韬光养晦

离下坤上

【原文】明夷①：利艰贞。

【译文】《明夷》卦象征光明殒伤：利于在艰难困苦中坚守正道。

【注释】①明夷：六十四卦卦名之一，象征"光明殒伤"。乃论述在晦暗的政局中应如何处理问题及处世之卦。

【原文】《彖》曰：明入地中，明夷。内文明而外柔顺，以蒙大难，文王以之。"利艰贞"，晦其明也。内难而能正其志，箕子以之。

【译文】《彖传》说：光明隐入地中，"明夷"。如果内有文明，在外就会表现得忍让、克制和顺从，这样就能够承受巨大的灾难，周文王就是这样做的。"有利去卜问艰难之事"，就好像太阳隐晦它的光明，但总会再次重放光明，明亮耀眼。因此，内有超人的才智、高尚的品德，虽然处在困难中，但能坚守自己正确的志向，就像处在殷纣王黑暗统治中的箕子那样。

【原文】《象》曰：明入地中，"明夷"；君子以莅众，用晦而明。

【译文】《象辞》说：光明隐入地下，象征着"光明殒伤"。君子要能够遵循这个道理去管理民众，即有意不表露自己的才能和智慧，反而能在不知不觉中使民众得到治理。

【原文】初九，明夷①于飞②，垂其翼③；君子于行④，三日不食⑤。有攸往，主人有言⑥。

【译文】初九，在光明被阻的时候，要像鸟儿一样地迅速飞走，而且要低垂着翅膀以免被人察觉。君子若要退避隐藏，就是丢掉职位、没有饭吃也不在乎。但君子若在此时行动，必然要受到当政者的责备。

【注释】①明夷："明"，原指白天，此处指光明。"夷"本指灭。

②于飞：指在飞翔。

③垂其翼：低垂着翅膀。

④于行：在办一种事。

⑤三日不食：此处指废寝忘食。

⑥主人有言："主人"，指晦暗政局中的当权者。指遭到当权者的责难。

【原文】《象》曰："君子于行"，义不食也。

【译文】《象辞》说："君子隐藏退避"，是由于坚持道义和原则而不愿再拿这份俸禄了。

【原文】六二，明夷，夷于左股①，用拯马壮②，吉。

【白话】《明夷》卦的第二爻位（六二），处在这种光明殒伤的情况下，就像伤了左大腿一样，如果能借用好马，增加自己的力量，将会是有利的。

【注释】①夷于左股：光明被消灭到了大腿部。

②用拯马壮：借用壮马来补救。

【原文】《象》曰：六二之吉，顺而则也。

【译文】《象辞》说：六二爻之所以能够获得吉祥，是因为它柔顺而又坚持原则。

【原文】九三，明夷于南狩①，得其大首②；不可疾，贞③。

【译文】九三，君主在光明受阻的情况下，到南方去巡狩，将可以消灭罪恶的首领。但是应该注意不要操之过急，要能够坚守正道，持之以恒。

【注释】①南狩："狩"，古本指打猎，或君王冬天打猎曰"狩"。"南狩"当指人体的头部，针对上六暗君。

②得其大首：与下爻"获明夷之心"相应，指已到了头部或晦暗的阴影已到了国君身上。

③不可疾，贞：不可急速予以纠正。

【原文】《象》曰：南狩之志，乃大得也。

【译文】《象辞》说：有到南方征伐巡狩的志向，就会有非常大的收获。

【原文】六四，入于左腹①，获明夷之心②，于出门庭③。

【译文】六四，进入左方腹部，能够深入了解光明被阻的内中情况，于是坚定地跨出门庭，离开这里。

【注释】①入于左腹："左腹"，当左胸，指心脏区。光明被消灭已到了左胸的心脏区。

②获明夷之心：光明的消失灭亡已到了心脏里。

③于出门庭：赶紧跨出门庭，逃离这里。

【原文】《象》曰："入于左腹"，获心意也。

【译文】《象辞》说："进入左方腹部"，因此能够从内部深刻了解光明受阻的情形。

【原文】六五，箕子之明夷①，利贞。

【译文】六五，应采取箕子那种自掩其聪明才智的做法，这样做有利于坚守正道。

【注释】①箕子之明夷："箕子"，殷纣王诸父，曾和比干微子一同劝谏殷纣王。比干被剖心而死，微子出逃，箕子被囚。后箕子扮成疯癫之状，才免于一死。"箕子之明夷"，指箕子在不得已的情况下保全自己的办法。

【原文】《象》曰：箕子之贞，明不可息也。

【译文】《象辞》说：箕子坚守正道，保持自我的行为说明，光明是不会熄灭的，只是暂时受阻碍罢了。

【原文】上六，不明晦①；初登于天，后入于地②。

【译文】上六，不但没有光明，反而带来黑暗。刚开始时升起在天空，而后来却堕入地下。

【注释】①不明晦：不明反晦。

②初登于天，后入于地：开始时升起在天空，而后来却堕入地下。

【原文】《象》曰："初登于天"，照四国也；"后入于地"失则也。

【译文】《象辞》说："刚开始时升起在天空"，是说它的光明能够普照四方各国；"而后来却堕入地下"，是说它已经因违背正道而丧失了应有的作用，由光明转入了黑暗。

【心灵导航】事物的盛衰、社会的治乱，自有其不可抗拒的发展规律。《明夷》卦以"明入地中"为喻，展示了政治昏暗、光明泯灭之世的情状以及"君子"自晦其明、守正不移的品质。卦辞"利坚贞"之义，强调在艰难中维护正道,在"自晦"中期待着转衰为盛、重见光明的一天。卦中除上六为"暗君"之象外,余五爻分别从不同角度揭示"君子"处"明夷"的特点。初、四两爻是以消极反抗的态度处"明夷",二、三、五爻是以积极救治的精神处"明夷"。而处"明夷"的特点虽有不同,立足于"艰贞守正"的卦旨却全然一致。

前进必然有危险,危险必然有伤亡。《明夷》卦正是阐释在苦难时,"用晦而明"的法则。当邪恶猖狂,残害正义,光明被灭,唯有内明外柔,韬光养晦,才能承受大难。当此苦难时期,君子应当觉悟立场的艰难,收敛光芒,艰苦隐忍,逃离险地,先求自保。隐忍逃避,是为了避免伤害,以争取时间,结合力量,迅速谋求挽救,待机而动,甚至不惜采取非常手段,但不可操之过急,必须谨慎。往往最危险的场所,也是最安全的所在;最艰难的时刻,也是奋发有为的大好契机,应当明辨是非,坚持纯正。邪恶不会长久,正义必然伸张,违背正义的原则,最后必然灭亡。

家人卦第三十七　　诚信本分　家和业兴

离下巽上

【原文】家人①:利女贞②。

【译文】《家人》卦象征家庭:利于女子守持正固。

【注释】①家人:六十四卦卦名之一,象征"家庭"。乃论述家庭规范之卦。

②利女贞:利于女人遵守正道。

【原文】《象》曰:家人,女正位乎内,男正位乎外。男女正,天地之大义也。家人有严君焉,父母之谓也。父父,子子,兄兄,弟弟,夫夫,妇妇,而家道正。正家而天下定矣。

【译文】《象传》说:一家人,女人应在家内主持好家务,男人应在家外干好工作。男主外女主内,合乎天地的大道义。家庭中应该有严厉而正直的家长,这就叫作父母。对家里的每个人来说,父亲应该尽到做父亲的责任,儿子应该承担做儿子的义务;兄长要尽到当兄长的责任,弟弟要尽到做弟弟的义务;丈夫要尽到做丈夫的责任,妻子要承担做妻子的义务,如果这种家庭的伦理道德纳入正轨,家就合乎规范。每一家都被治理好,天下也就安定了。

【原文】《象》曰：风自火出，家人；君子以言有物而行有恒。

【译文】《象辞》说：风从火的燃烧生出之（自内延外），象征家庭（事关社会风化）。君子说话要有根据和内容，居家行事要守恒不变。

【原文】初九，闲有家①，悔亡。

【译文】初九，治家从一开始就要打好基础，立下规矩，防患于未然。悔恨消亡。

【注释】①闲有家："闲"本指栅栏一类物，此喻约束家庭之规范。"闲有家"是说一个家庭只有规范约束才能成为家庭。

【原文】《象》曰："闲有家"，志未变也。

【译文】《象辞》说："治家从一开始就打好基础，立下规矩，防患于未然"，意义就在于开一个好头十分重要。如果等到出现了问题再去想办法，效果就差得多了。

【原文】六二，无攸遂①，在中馈②，贞吉。

【译文】六二，不要自作主张，追求功名，能够料理好家中的饮食起居就行了，结果一定是吉祥的。

【注释】①无攸遂：不能遂心所欲。

②在中馈："馈"（kuì），进食侍奉人。"在中馈"，指妇女在家中料理家务，供给饮食。

【原文】《象》曰：六二之吉，顺以巽也。

【译文】《象辞》说：《家人》卦的第二爻位（六二）所以能够吉祥如意，是因为它位置居中，符合常规，而且温柔顺从的缘故。

【原文】九三，家人嗃嗃①，悔厉，吉；妇子嘻嘻②，终吝。

【译文】九三，由于治家过分严厉，使得家里人承受不了而怨言丛生，这样虽有过失，最终吉祥。如果听凭妇人和孩子们随心所欲，最终结果决不会好。

【注释】①家人嗃嗃："嗃嗃"（hè），严厉之义。指治家太严。

②妇子嘻嘻："嘻嘻"，欢笑不严肃貌。家中妇女孩子纵性所为，无有约束。

【原文】《象》曰："家人嗃嗃"，未失也；"妇子嘻嘻"，失家节也。

【译文】《象辞》说："由于过分严厉使得家中人怨言丛生，最终吉祥"，是因为这样做是符合治家的原则的，不失根本。听凭"妇人和孩子随心所欲，最终结果不会好"，是因为这样做违背了治家的原则和规矩。

【原文】六四，富家①，大吉。

【译文】六四，能够使家中的财富增加，非常吉祥如意。

【注释】①富家：能使家庭富裕。

【原文】《象》曰："富家大吉"，顺在位也。

【译文】《象辞》说：六四之所以"能够使家中的财富增加，非常吉祥如意"，是由于它柔顺的本性决定的。

【原文】九五，王假有家①，勿恤②，吉。

【译文】九五，一家之主通过自己的行为感染带动家里的人，使他们各自都按照自己的本分和职责去做，吉祥。

【注释】①王假有家："假"（gé），至。王至有家。

②勿恤：勿忧。

【原文】《象》曰："王假有家"，交相爱也。

【译文】《象辞》说："一家之主通过自己的行为感染带动家里的人，吉祥如意"，关键是要能使全家人和睦相处，相亲相爱。

【原文】上九，有孚，威如，终吉。

【译文】上九，治家的根本在于严格要求自己，诚实有信，树立起威信，结果吉祥。

【原文】《象》曰：威如之吉，反身之谓也。

【译文】《象辞》说：之所以建立尊严和威信获得吉祥，是因为这种尊严和威信是通过严格要求自己得到的。

【心灵导航】《家人》卦阐发"治家"之道。卦辞主于"女子守正获吉"，六爻却并发男女如何"正家"的意义。"家人"之道，男以刚严为正，女以柔顺为正。初爻"闲"，三爻"厉"，上爻"威"，是男子之道；二、四爻皆"顺"，是妇人之道。所谓修身、齐家、治国、平天下，一屋不扫，何以扫天下。家庭是社会的细胞，家庭和谐是社会和谐的基础。

家庭是社会结构的基础。《大学》中说"诚意、正心、修身、齐家、治国、平天下"的道理可以说就来自这一卦。治家首先应防患于未然。家庭以主妇为主体，应当具备柔顺、谦逊、中正的德性。治家要求宁可过严，不可溺于亲情，失之于过分宽大。在家庭中，每一分子都能各尽本分，相亲相爱，必然和谐，欣欣向荣。而治家最基本的原则，在于诚信，与以身作则基于诚信的威严。

家风正，则社风纯。

䷥睽卦第三十八　乖离不和　求同存异

兑下离上

【原文】睽①；小事吉。

【译文】《睽》卦象征乖背睽违；小心谨慎地去行动做事，就能获得吉祥。

【注释】①睽：六十四卦卦名之一，象征乖背睽违。

【原文】《彖》曰：睽，火动而上，泽动而下；二女同居，其志不同行。说而丽乎明，柔进而上行，得中而应乎刚，是以"小事吉"。天地睽而其事同也，男女睽而其志通也，万物睽而其事类也。睽之时用大矣哉！

【译文】《彖传》说：乖背睽违，就好像火往上蹿，水往下流。两个女人在一起居住，但志向、情趣、行为却大不一样。以欢喜愉悦依附着光明，凭着柔顺的力量前进向上，这样做就符合中正之道，且与阳刚相应，就会得到"去卜问小事是吉利的"结果。天和地性质不同，但共同滋润万物，使万物茁壮成长；男人和女人性别不一样，但男女都渴望组建家庭，共同哺育后代；天下万物各有各的形态，但它们都有共同点。《睽》卦所展示的对立的道理和把握时机的意义是多么大呀！

【原文】《象》曰：上火下泽，睽；君子以同而异。

【译文】《象辞》说：上为火下为泽，象征乖背睽违。君子应该在求大同的前提下，保留小的差别和不同。

【原文】初九，悔亡；丧马，勿逐自复；见恶人，无咎。

【译文】初九，悔恨消失；跑掉的马不要去撵它，它自己就会回来。接近同自己对立敌视的人，没有祸患。

【原文】《象》曰："见恶人"，以辟咎也。

【译文】《象辞》说："接近同自己相对立敌视的人"，通过这种方法彼此沟通，避免更加对立带来的危害。

【原文】九二，遇主于巷①，无咎。

【译文】九二，在小巷中碰到了居于高位者，虽然不合常规，但是却没有什么危险和灾难。

【注释】①遇主于巷：在极狭窄无法回避的巷道里遇见与其敌对的君主。

【原文】《象》曰:"遇主于巷",未失道也。

【译文】《象辞》说:"在小巷中碰到了居高位者",虽不合常规,却并不违背原则。

【原文】六三,见舆曳①,其牛掣②;其人天③且劓④。无初有终。

【译文】六三,就像后边的车被拖住,前面的牛又被限制,处境极为困难;又像是受了除掉头发和割掉鼻子的刑罚;开始困难和难以相合,最终可达到目的。

【注释】①曳(yè):拖着,指车子向后拖。

②掣(chè):受牵扯。

③天:用刀子在额上刺字,再涂上墨。也称为墨刑。

④劓(yì):割掉鼻子。

【原文】《象》曰:"见舆曳",位不当也;"无初有终",遇刚也。

【译文】《象辞》说:"像车子被拖住"的情形是因为六三爻所处的位置不恰当。"开始困难,最终可以达到目的"的原因,在于能和阳刚相应合。

【原文】九四,睽孤①;遇元夫②,交孚,厉无咎。

【译文】九四,乖背睽违,孤独无援,遇到了一位阳刚大丈夫,彼此信任,相互理解,虽有危险,却能免去灾祸。

【注释】①睽孤:九四处"睽"之时,孤立无应。

②元夫:"元",大。"元夫",大丈夫。

【原文】《象》曰:"交孚无咎",志行也。

【译文】《象辞》说:"彼此信任理解,虽有危险,却能免去灾祸",就在于他们有着共同的志向和行动。

【原文】六五,悔亡,厥宗①噬肤,往何咎?

【译文】六五,悔恨消失,它相应的宗亲者像柔软的皮肤那样一咬就入(期待遇合),前往有什么危害?

【原文】《象》曰:"厥宗噬肤",往有庆也。

【注释】①厥宗:宗,宗族内部。

【译文】《象辞》说:"它相应的宗亲者像柔软的皮肤那样一咬就入(期待遇合)",表明前进必然会有值得庆贺的事情。

【原文】上九,睽孤,见豕负涂①,载鬼一车②,先张之弧,后说之弧③;匪寇,婚媾;往遇雨则吉④。

【译文】上九,睽违至极,似乎看到一头沾满污泥的猪和装满了鬼的车子,于是就拉开了弓准备对付它,但是后来又放下了弓。冷静一看,发现并不是强盗,而是要和自己结婚的伴侣。这时如果能前往,就会像遇到阴阳相配形成润泽的雨一样,顺乎自然,合乎天意,将一定会获得吉祥。

【注释】①见豕负涂:"豕"(shǐ),猪。"涂",泥。看见猪身上到处都沾满了污泥。

②载鬼一车:拉着一车鬼。对群敌的蔑称。

③先张之弧,后说之弧:"弧"(hú),木弓。"说",脱,放下。先拉开弓,最后又放下弓。

④往遇雨则吉:此句为照应"见豕负涂"而用,遇雨冲洗泥猪污秽之义。

【原文】《象》曰:"遇雨之吉",群疑亡也。

【译文】《象辞》说:"像遇到阴阳相配形成润泽的雨一样,会获吉祥",是说原来的种种怀疑都已经烟消云散,不复存在了。

【心灵导航】《睽》卦阐发"乖离不和"以及如何转"睽"为"合"的道理。事物虽"睽",必有可同、可合之处,用柔和细致的方法顺势利导,乖背能消、睽违终合。卦中六爻虽均在"睽"时,量未尝一爻久睽不合。初"丧马勿逐",至四"遇元夫",而初、四合;二委曲以求遇,至五"往何咎",而二、五合;三"舆曳""牛掣",至上"遇雨",而三、上合。诸爻均以"小心""委婉"之道,并收"济睽""合睽"之功。

有离必有合,有异必有同,这是必然的自然法则。君子消极的固然应同中有异,和而不同,顺应大势,坚持原则;但也应积极于异中求同,才能结合力量,有所作为。异中求同,正邪之间也不例外,唯有宽大包容,才能异中求同。异中求同,是为了结合力量,不得已而权变,积极主动去寻求,并不违背原则。异中有同,同必然能合,即或障碍重重,最后也能合,不必忧虑。同中有异,因而必须互信,才能于异中求得同,而且必须去求,才能于异中结合同志;所以异中求同,为必须而且正当的手段。然而,猜疑是和同的大敌,足以使同成异,合也变成离,不能不警惕。凡事要求大同、存小异,大事讲原则、小事讲风格。

孔子说君子和而不同,小人同而不和。

䷦蹇卦第三十九 遭遇困难 反省修德

艮下坎上

【原文】蹇①：利西南，不利东北②；利见大人，贞吉。

【译文】《蹇》卦，象征行走艰难；利于向西南行动，不利于向东北行动。此时利于出现大人物，坚守正道可获吉祥。

【注释】①蹇：六十四卦卦名之一，象征"行走艰难"。

②利西南，不利东北：此语与《坤》卦方位词相同，抽象讲，利于向西南发展，不利于向东北方向发展。

【原文】《彖》曰：蹇，难也，险在前也。见险而能止。知矣哉！蹇"利西南"，往得中也。"不利东北"，其道穷也。"利见大人"，往有功也。当位"贞吉"，以正邦也。蹇之时用大矣哉！

【译文】《彖传》说：蹇有艰难的意思。遇到危险能停止行动，多么明智的做法呀！《蹇》卦的卦辞说："有利于向西南方向前进。"只有这样行动，才会顺利。"不利于向东北方向前进"，是因为东北是山，自然道路尽了。"利于会见王公贵族"，是说在这时如果能够积极行动，就会建功立业。位置正当时去占卜得到吉利的预兆，这是因为坚守正道，始终如一，就能拯救国家，摆脱困境，因此，《蹇》卦的实际意义真伟大呀！

【原文】《象》曰："山上有水，蹇；君子以反身修德。"

【译文】《象辞》说：高山上积水，象征行走艰难。君子应该很好地反省自己，提高自己的品德修养，通过自身的努力渡过困境。

【原文】初六，往蹇①，来誉②。

【译文】初六，前进将会进入险境，后退将得到赞美。

【注释】①往蹇："蹇"，本跛足瘸腿。"往蹇"指前往行程不易。

②来誉：指在对方赢得了信誉。

【原文】《象》曰："往蹇来誉"，宜待也。

【译文】《象辞》说："前进将会进入险境，后退将得到赞美"，处在这种情况下，最好是安心等待，寻找时机，不要轻举妄动。

【原文】六二，王臣蹇蹇①，匪躬之故②。

【译文】六二，臣子为了解救君王的困境努力奔走在危难之中。如果是为了自己，他是用不着这样做的。

【注释】①王臣蹇蹇：蹇蹇，形容努力济蹇的情状。

②匪躬之故："躬"，自身。指王臣艰难的奔波并非为了自己。

【原文】《象》曰："王臣蹇蹇"，终无尤也。

【译文】《象辞》说："臣子为了解救君主的困境而努力奔走在危难之中"，那么结果将不会有什么过失。

【原文】九三，往蹇，来反①。

【译文】九三，前进陷于危难，最好还是退回原地，不要再继续往前走了。

【注释】①来反：指徒劳无功，无有收获。

【原文】《象》曰："往蹇来反"，内喜之也。

【译文】《象辞》说："前进将陷于危难，最好还是回原地"，这样内部的力量必会来依附于己。

【原文】六四，往蹇，来连①。

【译文】六四，如果它要奔赴危难，就该联合其他的力量，只有这样，才有可能解救危难。

【注释】①来连：指取得了联盟的成功。

【原文】《象》曰："往蹇来连"位当实也。

【译文】《象辞》说："前去解救危难，应该联合其他的力量"，是指这一爻所处的位置决定了他应该这样去做。

【原文】九五，大蹇①，朋来②。

【译文】九五，行走极为艰难，众多的人来协助他。

【注释】①大蹇：难之大也。

②朋来："朋"，群。"朋来"，招来了一批盟友。

【原文】《象》曰："大蹇朋来"以中节也。

【译文】《象辞》说："行走极为艰难，众多的人来协助他"，表明他能够坚守正道，行为合乎准则，所以有众多的人前来协助他。

【原文】上六，往蹇，来硕①；吉；利见大人。

【译文】上六，如果前进就会陷入险境，退回来却可以大有收获；吉祥如意；有利于出现大人物。

【注释】①来硕：经过艰难的外务活动，硕果累累。

【原文】《象》曰："往蹇来硕"，志在内也；"利见大人"，以从贵也。

【译文】《象辞》说:"如果前进就会陷入险境,退回来却可以大有收获",是因为关键在于首先要联合自己内部的各种力量才能够共同度过艰难时世。"利于出现大人物",说明应当追随尊贵的君主去建功立业。

【心灵导航】《蹇》卦阐发济涉蹇难的道理。卦辞强调济蹇必须进退合宜,可进则进,不可进则退;"大人"是济蹇的主导因素,蹇难之时,期待着聚合各方力量、统一上下意志的权威性因素;同时,济蹇必须守持正固。卦中六爻,展示了处在不同环境、地位中的济蹇情状。初六位卑无应,犯难冒进则遇蹇,退处待时则有誉;六二柔中应刚,当如"王臣"不计私利、尽心济难;九三刚正前行险难当前,须暂退"安内"然后求进;六四柔正而前后均险,不可进而须自守正固;九五阳刚中正,为"大人"济蹇之象,虽遇"大蹇",却有"友朋"来归,共济危难;上六蹇难将解,附从"贵君"以建"硕大"之功,终获吉祥。

面对危难,应当用柔,不宜用刚;应当积极谋求对策,不可退缩;应当反省,坚持正义;应当充分了解情况,量力而行,不能轻率冒险。一旦陷入危险,只有奋不顾身地彼此相救才能脱险。明知有困难,冒险侥幸,不如退守自保,先求安全,再寻出路。必须冒险犯难时,也应当结合同志,增强力量。尤其坚持正义,得道多助,才能感召同志,应当结合贤能,追随贤能,才能转危为安。须知,匡济蹇难必须经历一个长期、艰苦的过程。

䷧解卦第四十 解除险难 以正驱邪

坎下震上

【原文】解①:利西南;无所往,其来复吉②;有攸往,夙吉③。

【译文】《解》卦象征着灾祸危难的舒解:利于往西南方行事。如果没有什么灾祸,只要严守自己的本分和职责,就一定会吉祥如意的。但是如果发生了祸患,就应该及时地想办法加以解决,这样才能获得吉祥。

【注释】①解:六十四卦卦名之一,象征舒解险难。乃论述已化解和仍有待于化解之道的卦。

②无所往,其来复吉:没有前往,又复归回来,吉祥。

③有攸往,夙吉:"夙"(sù),早。已经前往,也一定早早的吉祥。

【原文】《彖》曰:解,险以动,动而免乎险,解。解,"利西南",

往得众也。"其来复吉",乃得中也。"有攸往,夙吉",往有功也。天地解而雷雨作,雷雨作而百果草木皆甲坼,解之时大矣哉!

【译文】《彖传》说:《解》卦的下卦为坎、上卦为震,遇到危险而能有所行动,就会脱离困境,所以把它叫作《解》卦。卦辞说:"有利于向西南方向行进",是因为西南代表众人,如往西南方向前进就能得到群众的支持。"返回去吉祥如意",是因为这样做坚守了中正,"早行才能获得吉祥",这表明只要有所行动,就一定会建功立业的,天与地一旦得到交融和解,就好像春雷震荡,甘霖润泽,就会使天下所有的果木花草突破种子的外壳而绽露出勃勃生机。《解》卦的实用意义是多么大呀!

【原文】《象》曰:雷雨作,解;君子以赦过宥罪。

【译文】《象辞》说:春雷阵阵,春雨潇潇,万物舒展生长,象征舒解;君子也应该勇于赦免那些有过错的,饶恕那些有罪过的,使他们在宽松的环境下,得到解脱和新生。

【原文】初六,无咎。

【译文】初六,处在危难才解的情形下,是没有什么过失和不当的。

【原文】《象》曰:刚柔之际,义无咎也。

【译文】《象辞》说:处在刚柔相济、相辅相成的地位,是不会有什么过失和不当的。

【原文】九二,田获三狐①,得黄矢②;贞吉。

【译文】九二,打猎时捕获许多只狐狸,又得到了象征美德的黄色箭矢,保持这种品德并坚守自己的职责而持之以恒,非常吉祥。

【注释】①田获三狐:如《师》卦"田有禽",政治用语。指战争大有收获。

②得黄矢:得到了黄色的金箭,亦政治用语,得中道。

【原文】《象》曰:九二贞吉,得中道也。

【译文】《象辞》说:《解》卦的第二爻位(九二)之所以能获得吉祥,是因为它能够遵循中正之道,符合事物发展的规律。

【原文】六三,负且乘①,致寇至②;贞吝。

【译文】六三,肩扛着沉重的东西,却又坐在华丽的大车上,地位和身份不相称,必然招来强盗。守持正固以防憾惜。

【注释】①负且乘:指在战争中俘获累累又且坐在高高的大车上。

②致寇至:"寇",乃进犯之义。是说"负且乘"招致了某些强国或

宗主国的用兵进犯。

【原文】《象》曰："负且乘"，亦可丑也；自我致戎，又谁咎也？

【译文】《象辞》说："肩扛着沉重的东西，却又坐在华丽的大车上"，这样的行为简直是太丑陋了，必然会带来灾祸。由于自己的原因而招致战祸，这又能去责怪谁呢？只能是自作自受罢了。

【原文】九四，解而拇①，朋至斯孚②。

【译文】九四，如果能像伸展自己的拇指那样摆脱小人对自己的纠缠，志同道合的人就会真心信任，坦诚相助。

【注释】①解而拇："拇"，大拇指。指化解已通遍全身，已通到了四肢末梢。

②朋至斯孚："朋"，群。"斯"，这里。众群邦国能纷至沓来是因为这里信用卓著。

【原文】《象》曰："解而拇"，未当位也。

【译文】《象辞》说："像伸展自己的拇指那样去摆脱小人的纠缠"，是因为其所处位置不正的缘故。

【原文】六五，君子维①有解，吉，有孚于小人②。

【译文】六五，君子只有消除解脱了危难祸患，才会有吉祥如意；也只有这样，才有可能去赢得小人的信服。

【注释】①维：只有。

②小人：庶民百姓。

【原文】《象》曰：君子有解，小人退也。

【译文】《象辞》说：君子如果能够消除解脱危难祸患，小人就自然会畏惧退避的。

【原文】上六，公用射隼①于高墉②之上，获之，无不利。

【译文】上六，卓越的王公，用箭去射那盘踞在高城上的恶鸟，一箭射中，没有什么不利的。

【注释】①隼（sǔn），鸟的一类，也叫鹘（hú），极凶猛。

②墉（yōng）：城墙。

【原文】《象》曰："公用射隼"，以解悖也。

【译文】《象辞》说："像王公用箭射杀恶鸟"那样，君主应如此去解除因悖逆所造成的危难。

【心灵导航】《解》卦说明"舒解"险难的道理。卦辞先言解难利在施于"西南"众庶之地，强调其目的是使群情共获舒缓。解难的基本原则有两层：无难，以"来复"安居为吉；有难，以早去速解为吉。《解》卦宗旨是要通过排患解难，追求一种安宁平和的环境。六爻的寓意，侧重于展示"解难"过程的具体情状，反复申言清除"小人"、排除内患的重要意义。而全卦之"难"集于六三，以致群起而解之。三爻以阴居内卦坎险之上，实喻"内部隐患"。

遇到困难，就要设法解除。解除困难的原则，应当采用柔和平易的方法，才能得到群众的支持；而且应当快速，立即恢复平静，以免扰民。当困难开始之初，就应当刚柔相济，顺应情势，立即解除。应当坚持中庸正直的原则；任用得当，名实相符，不可敷衍了事，徒然增加困难。要除恶务尽，不惜断然采取严厉手段。小人势消，君子势长，才能得到正义力量的信任与支持，使困难消除于无形。要善于见招拆招，才能化险为夷、逢凶化吉。

损卦第四十一　减损有度　得失泰然

兑下艮上

【原文】损①：有孚，元吉，无咎，可贞，利有攸往。曷②之用？二簋可用享③。

【译文】《损》卦象征减损：内心有诚意，最为吉祥，不会招来祸患，可以坚守正道，利于前去行事。用什么祭祀神灵呢？两簋粗淡的食物就足够了。

【注释】①损：六十四卦卦名之一，象征减损。乃论述适当减损自己一部分利益而去获得更大利益之卦。

②曷（hé）：何；什么。

③二簋可用享："簋（guǐ），古盛饭器具。"享"，祭祀。用二簋粗淡食物做祭祀就可以了。

【原文】《象》曰："损"，损下益上，其道上行。损而有孚，元吉、无咎、可贞、利有攸往。曷之用？二簋可用享，二簋应有时，损刚益柔有时。损益盈虚，与时偕行。

【译文】《象传》说："减损"，就是减损于下，增益于上，其道理呈现出自下而上的运行方式。减损之时能够心存诚信，于是大吉大利，没有什么灾祸，可以守持正固，有利于有所行动。二簋食物可用来干什么呢？可用来祭祀。这种用两簋粗食祭享神灵的做法，一定要在适当时机进行，减损阳刚以补给阴柔也要在恰当时机进行。所以说，损益、盈虚，都应该顺应天时。

【原文】《象》曰：山下有泽，损；君子以惩忿窒欲。

【译文】《象辞》说：山下有湖泽（犹如泽自损以增山高），象征着减损；君子因此抑制狂怒暴躁的脾性，杜绝世俗的欲望，也就是自损不善。

【原文】初九，已事遄往①，无咎；酌损之②。

【译文】初九，停下正在做的事情赶快前去助人，就不会有灾难临头，损己助人时要再三斟酌把握分寸。

【注释】①已事遄往："已"，停止。"遄"（chuán），急。停止所事急忙前往。

②酌损之：适当减损一些利益。

【原文】《象》曰："已事遄往"，尚合志也。

【译文】《象辞》说："停下正在做的事情赶快前去助人"，处在尊位的柔弱之辈正需要帮助，地位卑下的阳刚之士首当其冲，义不容辞，立刻牺牲自己的事业而成人之美，表现出尊贵者心心相印的关系。

【原文】九二，利贞，征凶；弗损益之①。

【译文】九二，利于坚守正道，主动出击会有凶险；几乎用不着自我减损就可以使尊贵者受益。

【注释】①弗损益之：在不使自己一方有任何损失的情况下去获得收益。

【原文】《象》曰：九二利贞，中以为志也。

【译文】《象辞》说：九二利于坚守正道，说明坚持不偏不激也不过于保守的中庸态度，作为始终不变的志向，才能够使他人受益。

【原文】六三，三人行，则损一人；一人行，则得其友。

【译文】六三，三个人一同前进，由于互相掣肘会使一个人受到伤害；一个人独自行动，就会专心一意地寻求伙伴，最终必定能遇到志同道合的朋友。

【原文】《象》曰：一人行，三则疑也。

【译文】《象辞》说：一个人前去无牵无挂，目的明确，可以顺利地得到接应，取得成功。三个人一齐前去，则会相互猜疑而达不到预期的目的。

【原文】六四，损其疾①，使遄有喜。无咎。

【译文】六四，尽量减损克服自身的弱点，准备迎接马上到来的喜庆，不会有任何灾祸。

【注释】①损其疾："疾"，灾祸，危难。乘对方之灾危去借机损伤对方。

【原文】《象》曰："损其疾"，亦可喜也。

【译文】《象辞》说："尽量减损克服自身的弱点"，说明六四接纳阳刚是十分可喜的事情。

【原文】六五，或益之十朋之龟①，弗克违②，元吉。

【译文】六五，有人送来价值十朋的大宝龟，想推辞都不行，大吉大利。

【注释】①或益之十朋之龟："朋"，古为货币单位，两枚为一朋。"龟"，指神龟。敌对一方能奉送一个价值十朋的大神龟。

②弗克违：不要推辞。

【原文】《象》曰：六五元吉，自上祐也。

【译文】《象辞》说：六五大吉大利，完全是上天保佑的结果。

【原文】上九，弗损益之；无咎，贞吉，有攸往，得臣无家①。

【译文】上九，用不着自我减损就可以使他人受益；没有一点灾患，守持正固可获吉祥，前去行事，定能获得天下万民归心。

【注释】①得臣无家：言惠及天下，万民归心。

【原文】《象》曰："弗损益之"，大得志也。

【译文】《象辞》说："用不着自我减损就可以使他人受益"，说明上九大得施惠天下的心志。

【心灵导航】《损》卦的意义，重在"损下益上"。卦中六爻，分上下体抒发"损益"之义：下三爻在下自损，与上三爻居上受益两两相对。其中初九"酌损"己刚"遄往"应四，与六四"有喜"为对；九二不自滥损、"守正"益上，与六五受益"十朋之龟"为对；六三当以"专一"之诚益上，与上九"得臣无家"为对。可见，《易》爻阴阳对应的情状，在本卦中体现为上下适时损益的关系。

事物的发展，或有损下益上、损小益大、损有余益不足的过程，但损益之间必须孚诚守正，损益之际必须适合其时。

为解除困难，必然会有损失。损人益己，必须以诚信为基础，以取之于人，用之于人为目的，才能获得信任与支持。应当适度，而且量力。首先应当考虑不损而益的手段；把握损有余益不足的原则。行动应当讲求效率，迅速行动，以使损失减低到最低限度，使增益得到最大的效果。损与益，应依状况，适切运用，当减损时减损，当增益时增益，而且柔和、谦虚、中正，才能使人民心悦诚服，全力支持，得以施展抱负。

益卦第四十二　与人玫瑰　手有余香

震下巽上

【原文】益①；利有攸往，利涉大川。

【译文】《益》卦象征增益：利于前去行事，利于渡大河越巨流。

【注释】①益：六十四卦卦名之一，象征"增益"。

【原文】《彖》曰：益，损上益下，民说无疆，自上下下，其道大光。"利有攸往"，中正有庆。"利涉大川"，木道乃行。益动而巽，日进无疆。天施地生，其益无方。凡益之道，与时偕行。

【译文】《彖传》说：《益》卦，减损在上的利益补给在下的老百姓，老百姓内心喜悦无限。人民感到皇恩浩荡广施民间，这种体恤民情的精神必定会得到推广。"有利于有所行动"，是因为坚守中正，有值得喜庆的地方。"有利于渡过大江大河"，就是说借助于舟楫前进，前进的道路将会畅通无阻。想体恤民情就要果断采取行动，并逐渐培养谦恭的态度。就好比上天降雨，雨露滋润万物一样，这种增益活动不受地域限制，遍及四面八方。总而言之，减损在上的利益补给在下的老百姓，就是要顺时而进行。

【原文】《象》曰：风雷，益；君子以见善则迁，有过则改。

【译文】《象辞》说：风雷互相激荡相得益彰，象征"增益"；君子因此看到良好的行为就马上向它看齐，有了过错就马上改正。

【原文】初九，利用为大作①，元吉，无咎。

【译文】初九，利于大显身手干一番事业，大吉大利，不会遭到责难。

【注释】①大作：大的作为。

【原文】《象》曰:"元吉无咎",不厚事也。

【译文】《象辞》说:"大吉大利,不会遭到责难",表明在大显身手干事业的时候,一定要谨慎小心,尽量不要过分铺张奢侈,不能好大喜功而使民众过分辛劳。

【原文】六二,或益之十朋之龟,弗克违,永贞吉;王用享于帝①,吉。

【译文】六二,有人送来价值昂贵的大乌龟,没有办法辞让,遇到这种情况,在任何时候占卜其结果永远是吉祥如意的;君王如果在此时祭祀天神,祈求降福保佑,也会如愿以偿获得吉利。

【注释】①帝:指上帝。

【原文】《象》曰:"或益之",自外来也。

【译文】《象辞》说:"有人送来(价值昂贵的大乌龟)",这样的大好事是他人心甘情愿送上门来的意外收获。

【原文】六三,益之用凶事①,无咎②;有孚中行③,告公④用圭⑤。

【译文】六三,将所得到的好处用来帮助他人解除危难和灾祸,这样才不会引起麻烦;要满怀诚意地按照中庸之道行事,进见王公贵人时一定要手执象征虔诚守信的圭玉。

【注释】①凶事:灾祸,危难。

②无咎:指无罪。

③有孚中行:"中行"当过犹不及之义。

④告公:布告,公证之义。

⑤圭(guī):玉器。古朝聘、祭礼,丧葬时所用的礼器。

【原文】《象》曰:益用凶事,固有之也。

【译文】《象辞》说:将得到的好处用来解救他人的危难之事,是保全自身的最好办法。因为这样可以牢固地保持所得到的好处。

【原文】六四,中行告公从,利用为依迁国。

【译文】六四,采取温和宽厚的中庸态度行事,有事求告于王公的话,王公会很乐意地答应,此时最有利于借重王公的威望来决定迁徙国都这样的大事。

【原文】《象》曰:"告公从",以益志也。

【译文】《象辞》说:"有事求告于王公的话,王公会很乐意地答应"，是甘愿自我减损而使天下大众受益的志向感动了王公贵人。

【原文】九五，有孚惠心，勿问元吉；有孚惠我德。

【译文】九五，满腹虔诚地怀着一颗使天下人受惠的仁慈之心，不用占卦问卜就知道是大吉大利，将心比心天下人必然也都虔诚地怀着施惠于我、感我恩德的心愿。

【原文】《象》曰："有孚惠心"，勿问之矣；惠我德，大得志也。

【译文】《象辞》说："满腹虔诚地怀着一颗使天下受惠的仁慈之心"，至为吉祥用不着占卦问卜；天下人都虔诚地感激我的大恩大德，这种万民归心的盛况，使我自行减损造福大众的心志得到了极大的满足。

【原文】上九，莫益之，或击之；立心勿恒，凶。

【译文】上九，没有谁来让他受益，倒是有人来攻击他；内心拿定主意却不能持之以恒，必然会有凶险临头。

【原文】《象》曰："莫益之"，偏辞也；"或击之"，自外来也。

【译文】《象辞》说："没有谁来让他受益"，是因为背离了《益》卦损己益人的宗旨，由损上益下变为损下益上，必然遭到世人的唾弃，他要求受益的呼声就只能是一厢情愿之辞；"有人来攻击他"，这是从外部不招自来的凶险。

【心灵导航】《益》卦的意义，主于"减损于上，增益于下"。就六爻大意分析：下卦三爻主"受益"，上卦三爻主"自损"。其中初九阳刚处卑位而获益，利在"大有作为"，遂致"元吉，无咎"；六二柔中得正被赐"十朋之龟"，当长守中正美德，以"永贞"为吉；六三不当位而受益至甚，须不辞辛劳，努力施用于"救凶平险"之事则"无咎"。六四柔正而居上卦之始，利于依附尊者行"益下"之道；九五刚中而居尊位，能够真诚施惠"天下"遂获"元吉"。唯上九一爻极处高位而不能自损，反有损人利己、求益无厌的居心，故被"击"致"凶"。《损》、《益》两卦其立义是相通互补的，损下足以益上，上者受益又当施惠于下；损上足以益下，下者受惠亦可转益于上。

有失必有得，有损必有益。损己益人，急公好义，必然使人喜悦，赢得赞美。而且施就是受，诚心诚意助益他人，必然会得到诚心诚意的回报；获得信任与支持，可以团结力量，集中意志，成就大事。但动机必须纯正，目的必须正当，善于把握时机，适切运用。对于受益的一方，也必须柔顺、谦虚、中正，他人才会乐于助益。急难时向他人求助，并不违背原则，但应以适度、诚信为条件；而且应向乐于损己益人的人求助，对象要有选择。不可贪多无厌，否则不但得不到助益，反而招致攻击。

损益有度，贵在和谐。脱离实际，一味地减损或一味地增益，于公于私都是不利的。

䷪夬卦第四十三　　警惕袭扰　决除小人

乾下兑上

【原文】夬①：扬于王庭②，孚号有厉③；告自邑④，不利即戎⑤；利有攸往。

【译文】《夬》卦象征果决：在君王的宫廷之上当面宣扬小人的罪过，诚心实意地大声疾呼，告诫人们危险依然存在；告诉国人，不利于动用武力；利于马上前去有理有节地解决问题。

【注释】①夬（guài）：六十四卦卦名之一，象征决断、决裂。

②扬于王庭："扬"，宣扬。"王庭"，君王所居之处。在王庭之上当场宣扬叛逆之罪行。

③孚号有厉："孚号"，用君王的信用去号召。诚心诚意地大声疾呼国家已面临着叛乱的危险。

④告自邑："邑"，古指城，也指小国。告诉君王所居城邑和国家的臣民。

⑤不利即戎："戎"，兵革战事。不宜于用武力去平息叛乱。

【原文】《彖》曰："夬"，决也，刚决柔也。健而说，决而和。"扬于王庭"，柔乘五刚也。"孚号有厉"，其危乃光也。"告自邑，不利即戎"，所尚乃穷也。"利有攸往"，刚长乃终也。

【译文】《彖传》说：夬有决断的意思。刚能决断柔。刚健而又和悦，与人决裂又和在一起。"在朝廷里小人的所作所为被公布"，这是因为上六阴爻居于全卦中的五个阳爻之上。"号令天下的人要认清小人"，因此而遭遇的危险是为了宣扬好的德行。"文告来自邑中，不利于立即动武"，因为崇尚武力，会使你的道义穷尽。"有利于有所行动"，是说阳刚之爻再增进一步，则全卦纯阳，这就表明君子当道。

【原文】《象》曰：泽上于天，夬；君子以施禄及下，居德则忌。

【译文】《象辞》说：泽水蒸发上天，即将化为雨倾注而下，象征决断。君子因此自觉地向下层民众广施恩德，否则如果高高在上，不施恩德，就会遭到忌恨。

【原文】初九，壮于前趾①，往不胜为咎②。

【译文】初九，前面的脚趾粗壮，若急匆匆前去，不能完成制裁小人的使命，还会遇到灾祸。

【注释】①壮于前趾："趾"，脚。"前趾"，有起步的含义。

②往不胜为咎：指用武力平叛，如果不能平服，则凶险异常。

【原文】《象》曰：不胜而往，咎也。

【译文】《象辞》说：轻率急躁地前往，孤军深入只能遭致失败。不仅完不成制裁小人的使命，还会给自身带来灾祸。

【原文】九二，惕号①，莫夜有戎②，勿恤③。

【译文】九二，忽然听到惊叫声，深夜里小人来犯，用不着担忧。

【注释】①惕号："惕"，急。"号"，号呼。急速呼号大家。

②莫夜有戎："莫夜"，当"暮夜"。晚上将有兵变发生。

③勿恤：勿忧。

【原文】《象》曰："有戎勿恤"，得中道也。

【译文】《象辞》说："深夜小人来犯，用不着担忧"，是因为九二能够信守中庸之道。

【原文】九三，壮于頄①，有凶；君子夬夬独行②，遇雨若濡③，有愠④，无咎。

【译文】九三，颧骨高突怒容满面，去与小人较量必然有凶险；若是以君子气度毅然决然地前去，即使遇上大雨浑身湿透而心怀恼怒，却不会有任何灾祸。

【注释】①頄（qiú）：颊骨。

②君子夬夬独行："夬夬"，平叛。君侯临危不惧，独自坚持平叛。

③遇雨若濡："濡"，古指沾湿。君侯在叛乱中有若在大雨里浸湿了一点头发和衣服，含满不在乎之义。

④愠（yùn）：怒。

【原文】《象》曰："君子夬夬"，终无咎也。

【译文】《象辞》说："若是君子气度毅然决然地前去"，不露声色地与小人周旋，就能够避免打草惊蛇引起不测，又可斩断感情纠葛，避免优柔寡断，因而不会遇到灾祸。

【原文】九四，臀无肤①，其行次且②；牵羊悔亡③，闻言不信④。

【译文】九四，屁股上蹭破了皮，前去制裁小人的行程必然步履维艰；若是紧紧牵着羊（象征阳刚）行走，就不会出现令人后悔的事，无奈听了这话的人并不相信。

【注释】①臀无肤：指臀部磨破了皮。

②次且：步履维艰。

③牵羊悔亡：君侯用智谋笼困住了雄壮的羝羊，牵着它行走，一切后悔自然消亡。

④闻言不信：一般人并不相信这个简单的道理。

【原文】《象》曰："其行次且"，位不当也；"闻言不信"，聪不明也。

【译文】《象辞》说："前去制裁小人的行程必然步履维艰"，是因为所处位置失当。"无奈听了这话的人并不相信"，说明九四处境艰难，听觉正常而决断不明。

【原文】九五，苋陆夬夬①，中行无咎②。

【译文】九五，毅然决然地作出决断，一举惩处小人就像铲除苋陆草一样，只要注意时时信守中庸之道，就不会遇到灾祸。

【注释】①苋陆夬夬："苋（xiàn）陆"，草名，即马齿苋。"夬夬"，铲除。要像铲除马齿苋草那样去坚决平叛。

②中行无咎："中行"，不偏不倚，过犹不及。平叛不宜杀戮过甚，这样才无灾祸。

【原文】《象》曰："中行无咎"，中未光也。

【译文】《象辞》说："只要注意时时信守中庸之道，就不会遇到灾祸。"说明坚守正道的举动并未大放光彩，仅仅起到免除祸殃的作用而已。

【原文】上六，无号①，终有凶。

【译文】上六，号啕大哭也没有用，最终必然有凶险临头。

【注释】①无号：指无有号呼、号召，任其叛逆猖獗。

【原文】《象》曰："无号之凶"，终不可长也。

【译文】《象辞》说："号啕大哭也没有用，最终必然有凶险临头"，表明上六以阴柔小人凌驾于阳刚君子特别是君王之上，是众矢之的。其倒行逆施的状况不会持续很长时间，最终难以逃脱被制裁的命运。

【心灵导航】《夬》卦立义于"果决",是从阴阳矛盾激化的角度,强调阳刚必须以"决断"的气魄制裁阴柔,即"君子"应当清除"小人","正气"应当压倒"邪气"。卦辞的基本意义,是揭示君子"决"小人的三方面要领:一是公正无私,宜于在"王庭"上公开宣判"小人"的罪恶;二是谕人戒惕,即以孚诚之心号令众人戒备"小人"造成的危害;三是以德取胜,说明此时不利于滥用武力,而要通过颁告政令来宣扬美德、使人诚服。准此三点,则处"夬"才能"利有攸往"。从六爻之象分析,本卦一阴高居五阳之上,恰如"小人"得势、凌驾于"君子",必被决除。卦中阴阳爻的"力量"对比是悬殊的,以五阳之刚健盛长,制裁一阴之孤立困穷,阳胜阴败、正存邪亡是必然的结局。但阳刚虽处优势,却不可掉以轻心,故爻辞时时发出处"夬"艰难的诫意:初诫"不胜"而往必有"咎",二诫时刻"惕号",三诫刚壮过甚有"凶",四诫刚决不足则"次且"难进,五诫居中慎行才能"无咎"。

小人诡计多端,决除小人不能不戒慎恐惧,要有万全之策,不可妄动。应刚柔相济,提高警觉,不可冒进。应当不畏非议,把握时机,一举歼灭。既不可迟疑不决,不可冲动,应有决心,审慎行动。决断小人,要把握中庸原则。小人势力,无法长久,虽得意一时,终将毁灭。

不是东风压倒西风,就是西风压倒东风。

䷫姤卦第四十四　　相遇当正　　避防阴邪

巽下乾上

【原文】姤①:女壮②,勿用取女③。

【译文】《姤卦》象征相遇:女子过分强壮,不适合娶来做妻子。

【注释】①姤(gòu):六十四卦卦名之一,象征"相遇"。乃论述治理内廷之卦。

②女壮:女性过于强壮。指干预朝政。

③勿用取女:不要娶这样的女人。

【原文】《彖》曰:姤,遇也,柔遇刚也,"勿用取女",不可与长也。天地相遇,品物咸章也。刚遇中正,天下大行也。姤之时义大矣哉!

【译文】《彖传》说:姤,就是相遇,即阴柔者遇刚强,"不要娶该女为妻",是因为女子过分强壮,不能与她长久相处。天与地相遇,天下万物都受到滋养而茁壮成长。阳刚的人能坚守中正,天下的人就能更好地实行正道。《姤》卦的现实意义是多么大呀!

【原文】《象》曰:天下有风,姤;后以施命诰四方。

【译文】《象辞》说:天底下刮着风,风吹遍天地间各个角落,与万物相依,象征"相遇";正如风吹拂大地的情形,君王也应该颁布政令通告四面八方。

【原文】初六,系于金柅①,贞吉;有攸往,见凶②,羸豕③孚蹢躅④。

【译文】初六,绑上坚固结实的车闸,占卜结果吉祥;前去行事,会遇到凶险,瘦弱的猪因烦躁而团团乱转。

【注释】①系于金柅:"柅(nǐ)",刹车。"系于金柅"是喻君王好比一个前驶的快车,应经常系着一个用金子制成的止车物,以防其出危险。此处"金柅"当贤内助之义。

②见凶:豚鱼不宁,包中无鱼,臣民远离君主之义。

③羸豕:本指瘦弱的猪,此处有借喻众生之义。

④孚蹢躅(zhí zhú):烦躁不宁,恍惚不安。

【原文】《象》曰:"系于金柅",柔道牵也。

【译文】《象辞》说:"绑上坚固结实的车闸",紧急关头就可以使车轮与车闸"相遇",而使狂奔的车子刹住。引申为遇到强硬的对手,不要去硬碰,应该用柔韧的手段牵制对手,达到以柔克刚的效果。

【原文】九二,包有鱼①,无咎;不利宾②。

【译文】九二,厨房里发现鱼,不会有灾祸;但不利于拿来宴请宾客。

【注释】①包有鱼:借喻为天下苍生安然生息。

②不利宾:此处指不利于外邦。

【原文】《象》曰:"包有鱼",义不及宾也。

【译文】《象辞》说:"厨房里发现鱼",还不会出现灾祸,但不宜用鱼来宴宾。因为不义之财不可取。

【原文】九三,臀无肤,其行次且;厉,无大咎。

【译文】九三,屁股上蹭破了皮,走起路来很困难;会遇到危险,但不会有大的灾祸。

【原文】《象》曰:"其行次且",行未牵也。

【译文】《象辞》说："走起路来很困难"，表明在路上会遇到艰险，但尽管艰难，却并未完全受到牵制，还可以继续前进。

【原文】九四，包无鱼①，起凶。

【译文】九四，厨房里没有鱼，会发生凶险。

【注释】①包无鱼：指草木丛生的沼泽中无有鱼类，喻君王失去臣民。

【原文】《象》曰：无鱼之凶，远民也。

【译文】《象辞》说：厨房里没有鱼而引起凶险，就好像君主失去民众百姓的支持，因为脱离民众，当然会发生凶险。

【原文】九五，以杞包瓜①，含章②，有陨自天③。

【译文】九五，用杞树枝叶包住甜瓜，好比内心怀着美好的品德，不必奔忙，称心的机遇就会自天而降。

【注释】①以杞包瓜："杞"（qǐ），枸杞树。此句为用枸杞树的叶子包瓜。

②含章："章"，乐章。"含章"，指有如含有优美悦耳的乐章。

③有陨自天："陨"（yǔn），落。此句为自天而降。

【原文】《象》曰：九五含章，中正也；有陨自天，志不舍命也。

【译文】《象辞》说：九五内心怀着美好的品德，表明尽管处在最尊贵的地位，却能够坚守中道，心地纯正。这样一来，其相遇的情形也是最完美的，用不着上下奔忙，就能与上天恩赐的福佑相遇。充分说明只要不违天命，就能有好的遇合。

【原文】上九，姤其角①；吝，无咎。

【译文】上九，头上长角，处境艰难，不过也不会有大的灾祸。

【注释】①姤其角：指拔掉其角，去其锋芒。

【原文】《象》曰："姤其角"，上穷吝也。

【译文】《象辞》说："头上长角"，孤芳自赏，根本不会有志同道合的伙伴与之相遇，而失去大众的支持，等待着的只有困穷不通的命运。

【心灵导航】《姤》卦阐明事物"相遇"之理。强调"相遇"之道必须合"礼"守"正"。

六爻大义，初六一阴是全卦设诫的主要因素，就其自身而论，必须专一系应于九四，守"贞"则"吉"；若轻浮自纵、邪媚求遇必"凶"。五阳爻的处遇情状，则主要严守正道、避防"阴"邪：二刚中不擅有阴物，获"无咎";三遇刚而进止艰难,无所遇亦"无大咎";四失遇于阴物,不可强争,争执必有凶险;五阳刚中正暂未有遇,宜含藏章美以待贤者;上居穷极,所遇无人,但未遭阴邪之伤故"无咎"。可见,诸阳虽当"阴遇阳""柔遇刚"之时,却不可盲目遇合不正之阴。从下面意义分析,此卦又深寓着《周易》作者对理想、美好的"上下遇合"的寻求:九五爻辞所谓"有陨自天",正是"尊者"修德求贤的典型象征,流露出"君臣际遇"将从天而降的期望。

《姤》卦阐释的是防范邪恶的法则。刚毅应当与中正结合,才能相得益彰,如果与邪恶相遇,就难免中其圈套,被其伤害。因而必须提高警觉,严密戒备,于邪恶发生之初,就应当严厉将其制止。应当采取围堵的手段,以防止邪恶的影响扩大。即使在孤立无援的困境中,也不可企图利用邪恶的力量。这样刚毅孤高的态度,虽然褊狭,但却是不被邪恶感染最安全的措施。

当然,天地间没有绝对的善恶,依时机与运用,恶行也有善用的一面,要看动机如何。因而,也应当包容,这样才能接近群众,获得广大支持,巩固基础。阴阳消长,为大自然常则,难以违背,只要刚毅中正,坚定信念,伸张正义,以包容邪恶,即可防范邪恶的扩散,在时间的演变中,就可使邪恶自然而然地消匿于无形。

䷬萃卦第四十五　以正相聚　志同道合

坤下兑上

【原文】萃①:亨;王假有庙②,利见大人,亨利贞,用大牲③吉,利有攸往。

【译文】《萃》卦象征聚合:亨通;君王到宗庙里祭祀,祈求神灵保佑,利于出现德高望重的大人物,亨通无阻而且有利于树立纯正的道德风尚;用牛羊等大的祭品献祭能够带来吉祥如意,利于前去行事。

【注释】①萃:六十四卦卦名之一,象征"会聚"。乃论述君王与朝臣聚萃与处理君臣日常关系之卦。

②王假有庙:"假"(gé)至。君王到祖庙里去祭祀。

③大牲:指牛羊这些大的牲畜。

【原文】《彖》曰:萃,聚也。顺以说,刚中而应,故聚也。"王假有庙",致孝享也。"利见大人,亨",聚以正也。"用大牲吉,利有攸往",顺天命也。观其所聚,而天地万物之情可见矣!

【译文】《象传》说:萃就有聚集的意思。和顺而喜悦,阳刚和中正互相应和,就能聚集大众了。"君王到祖宗庙堂里祭祀",表示孝心,奉献至诚之心。"利于会见地位高的贤明的人,顺畅",这是因为君子本着光明正大的原则聚集大众。"使用大的牲畜作祭品,能够获得吉祥。有利于有所行动。"这是因为顺应天命。观察这种万物聚合的现象,就能明白天地万物之情。

【原文】《象》曰:泽上于地,萃;君子以除戎器,戒不虞。

【译文】《象辞》说:地上有湖,四面八方的细流都源源不断汇入湖中,象征聚合;在这种众流会聚的时候,必然会出现鱼龙混杂、泥沙俱下的情况,因此君子应当修缮甲杖兵器,以防发生意想不到的变故。

【原文】初六,有孚不终①,乃乱乃萃②;若号,一握为笑③;勿恤,往无咎。

【译文】初六,如果对神灵的一片诚心不能始终如一,各种乱子就会发生而凑到一起;众人喧哗呼号,只要彼此握手交流感情,就能化众怒为欢笑;用不着忧虑,前去行事不会遇到灾祸。

【注释】①有孚不终:诚实的信用有始无终。

②乃乱乃萃:一盘乱哄哄的聚萃。

③若号,一握为笑:"号",哭,感情上的裂痕。在君与臣聚萃中,若有君臣发生不愉快之事,当握握手,破涕为笑,前嫌尽释。

【原文】《象》曰:"乃乱乃萃",其志乱也。

【译文】《象辞》说:"各种乱子就会发生而凑到一起",不是由于别的原因,主要是因为内心的虔诚不能始终如一,陷于迷惑混乱所致。

【原文】六二,引①吉,无咎;孚乃利用禴②。

【译文】六二,引退谦让会带来吉祥,没有害处;只要内心怀着虔诚,即使举行微薄的禴祭也能带来吉祥。

【注释】①引:指君臣不合时君主主动退让。

②禴(yuè):四时祭礼之一:一种说法指春祭;一种说法为夏祭。

【原文】《象》曰:"引吉无咎"中未变也。

【译文】《象辞》说:"引退谦让会带来吉祥,没有灾难",这是因为该爻位置居中而适当,当会聚的时候,它既不偏不倚也不过于保守,虔诚地遵循中庸之道始终不曾改变，因而能够谦让而逢凶化吉。

【原文】六三，萃如嗟如①，无攸利；往无咎，小吝。

【译文】六三，聚合的希望在叹息声中破灭，干什么都不会顺利；前去行事不会遇到灾祸，有小麻烦。

【注释】①萃如嗟如：一边聚萃一边嗟叹的样子，言君臣聚萃一派悔丧气。

【原文】《象》曰："往无咎"，上巽也。

【译文】《象辞》说："前去行事不会遇到灾祸"，这是因为六三能够向上顺从于阳刚。

【原文】九四，大吉，无咎。

【译文】九四，大为吉祥，必无咎害。

【原文】《象》曰："大吉无咎"，位不当也。

【译文】《象辞》说："大为吉祥，必无咎害"，这是因为所处位置不适当。

【原文】九五，萃有位①，无咎，匪孚；元永贞；悔亡。

【译文】九五，当万方聚合之时居于尊贵的高位，不会遇到灾难，但也并没有取得大众的心悦诚服；德高望重的君主如果能坚定不移地主持正义，倡导纯正的风尚，就可以避免因做错事而引起的后悔。

【注释】①萃有位：指聚萃中的当权者，君王。

【原文】《象》曰："萃有位"，志未光也。

【译文】《象辞》说："万方聚合之时居于尊贵的高位"，并不能表明大会天下、四海归心的志向得到了发扬光大，还需要修持德行，树立威望，使大众心悦诚服。

【原文】上六，赍咨涕洟①，无咎。

【译文】上六，唉声叹气而又哭哭啼啼，不会遇到灾祸。

【注释】①赍咨涕洟："赍"（jī），带着抱着的意思。"咨"（zī），嗟叹声。"涕"，眼泪。"洟"（tì），鼻涕。"赍咨涕洟"，带着嗟叹与眼泪鼻涕，含义为不忘忧患思虑之象。

【原文】《象》曰："赍咨涕洟"，未安上也。

【译文】《象辞》说："唉声叹气而又哭哭啼啼"，是因为虽然身在外，但无一日不惦念处于京中的君主。

【心灵导航】《萃》卦主要揭示事物"会聚"之理。全卦大义，以人与人在政治关系中的相聚为喻。卦辞拟象于祭祀，说明"君王""大人"必须用美德、正道聚合"人""神"，会通上下，就能亨通畅达、利有所往。其旨在"聚以正"则利，"顺天命"必吉。其中因阴爻主于求聚于人，其中初六位卑不可妄聚，当专一孚诚求应；六二柔顺中正，利于受尊者牵引得聚；六三失正无应，能近比阳刚亦可往聚；唯上六穷居"萃"极、欲聚无门。至于四、五两阳并主于获人来聚，但四不当位而获三阴之聚，须"大吉"然后"无咎"；五虽居尊而尚未取信于众，当修"元永贞"之德然后"悔亡"。

相遇而志同道合，相聚结合成群体，力量集中，就能为共同福祉积极作为，富足强大，安和乐利，开创光明。但动机必须纯正，否则成为暴力。手段必须中庸，柔和适度，才能保持和谐。必须有英明的领袖，才能意志集中，步调一致，有效发挥群体力量，为全民造福。正当的结合，不必迟疑，坚定意志，必须排除障碍，达到结合的目的。聚合应以诚信为本，才能相互合作，精诚团结。不正当的结合，必然被唾弃，宁可与不得志的同志结合，前途才有光明。不正当的结合，也唯有一切作为的最后结果，能够至善，才不会有凶险。身为领袖，应当刚毅中正，至善坚贞，以德服人，才能使人心悦诚服，孤高必然失去群众，应当警惕与反省。要长存戒防咎患之心，"会聚"之时稍一失正即生变乱。

以正相聚，志同道合。

升卦第四十六　顺势求升　有所作为

巽下坤上

【原文】升①：元亨，用见大人，勿恤，南征吉。

【译文】《升卦》象征上升：亨通，宜于出现权高位尊的大人物，用不着忧虑，向南方出征会带来吉祥。

【注释】①升：六十四卦卦名之一，象征"上升"。

【原文】《彖》曰：柔以时升，巽而顺，刚中而应，是以大亨，"用见大人，勿恤"，有庆也。"南征吉"，志行也。

【译文】《彖传》说：沿着柔按时上升，谦逊而又和顺，刚与柔相呼应，因此十分顺畅。"有利于会见王公贵族，用不着担心"，上升过程中有贵人相助，所以有喜庆的事发生。"向南出征吉祥"，这表明上升的意愿在畅行。

【原文】《象》曰：地中生木，升；君子以顺德，积小以高大。

【译文】《象辞》说：地里边生长树木，树木由矮小到高大，象征上升；与此相应，君子通过顺应自然规律来培养自己的品德，积累微小的进步来塑造高大完美的人格。

【原文】初六，允升①，大吉。

【译文】初六，宜于上升，大吉大利。

【注释】①允升："允"，参《晋》卦"六二"爻"众允"一辞，众人认可。

【原文】《象》曰："允升大吉"上合志也。

【译文】《象辞》说："宜于上升而大吉大利"，是因为阴柔处在最卑下的地位，位于其上的阳刚者同情其处境，希望其尽快上升，所以其上升正合乎上面的意思。

【原文】九二，孚乃利用禴①，无咎。

【译文】九二，内心恭敬虔诚，即使微薄的禴祭也可以感动神灵，没有灾祸。

【注释】①孚乃利用禴：用禴祭来取信于天下。

【原文】《象》曰：九二之孚，有喜也。

【译文】《象辞》说：九二内心虔诚仁厚，一心成人之美，深得众人信服，必定会给自身带来喜庆。

【原文】九三，升虚邑①。

【译文】九三，上升到空旷的城邑，如入无人之境。

【注释】①升虚邑：指拥兵进入废墟的邑国。

【原文】《象》曰："升虚邑"，无所疑也。

【译文】《象辞》说："上升到空旷的城邑"，这是因为没有任何阻碍，上升得十分顺利，不要有半点迟疑。

【原文】六四，王用亨于岐山①，吉，无咎。

【译文】六四，君王到岐山祭祀神灵，吉祥如意，没有灾祸。

【注释】①岐山：周王朝故址，在今陕西岐山县。

【原文】《象》曰："王用亨于岐山"，顺事也。

【译文】《象辞》说："君王到岐山祭祀神灵"，就是向神灵表示恭顺，诚惶诚恐地供奉神灵，结果必然会带来吉祥如意。

【原文】六五，贞吉，升阶①。

【译文】六五，守持正固可获吉祥，乘势沿着台阶稳步上升。

【注释】①升阶：乘势沿阶而上，指乘势进取。

【原文】《象》曰："贞吉升阶"，大得志也。

【译文】《象辞》说："守持正固可获吉祥，乘势沿着台阶稳步上升"，表明六五大遂上升的心志。

【原文】上六，冥升①，利于不息之贞。

【译文】上六，在昏暗幽冥状态下依然上升，只有坚持不懈地保持纯正品性，才能获得好的结果。

【注释】①冥升：在昏暗不明中升进。

【原文】《象》曰：冥升在上，消不富也。

【译文】《象辞》说：昏暗幽冥状态下仍然上升，本身又已处在《升》卦的最高位置，按照盛极而衰的道理，上升的势头必然消退不能富盛。

【心灵导航】《升》卦阐明事物顺势上升、积小成大的道理。卦辞称扬"上升"之时至为亨通，强调宜于出现具备"刚中"美德的"大人"，则可以顺畅无忧地上升，并可趋赴光明、获得吉祥。卦中六爻集中反映顺势求升之道：初六柔顺上承二阳，阴阳合志宜升；九二以刚中顺应柔中，心怀诚信必升；九三阳刚和逊，顺升无碍如入无人之邑；六四柔正顺从尊者，必将获升得吉；六五柔中应下，其升如历阶直上；唯上六昏昧犹升、其势将消，当以守正不妄动为戒。

建立群众基础，得到人民拥护，就可以施展抱负，顺势求升。升进应当追随前人的足迹，以此作为借鉴，才会顺利。而且应有诚意，才能得到支持。升进为积极的有所作为，应当勇往直前不必疑虑。但方向必须正当，启用贤能，依循众人所期待的方向前进，必然不会有阻力。更应当有目标，知道节制，否则盲目冒进，将无以为继。

困卦第四十七　穷则思变　坚定信念

坎下兑上

【原文】困①：亨；贞，大人吉，无咎；有言不信②。

【译文】《困》卦象征困顿：努力自济必能亨通；守持正固，大人可获吉祥，没有灾祸；此时许下的诺言很难令人相信。

【注释】①困：六十四卦卦名之一，象征"困穷"。乃论述"君子""大人"处于困境及如何摆脱困境之卦。

②有言不信：指一般普通人不相信这个道理。

【原文】《彖》曰：困，刚掩也。险以说，困而不失其所亨，其唯君子乎！"贞，大人吉"，以刚中也。"有言不信"，尚口乃穷也。

【译文】《彖传》说：《困》卦表明，阳刚被遮掩不能施展。身处困境但心中愉悦，恐怕只有君子才能如此吧！"守持正固，大人可获吉祥"，是因为阳刚者能坚守中正。"处在困境的人说话难以使人相信"，这说明崇尚言辞不但无益反而使自己陷入更加困难的处境中。

【原文】《象》曰：泽无水，困；君子以致命遂志。

【译文】《象辞》说：泽中无水，象征困顿；作为君子应该身处穷困而不气馁，为实现自己的志向，不惜牺牲生命。

【原文】初六，臀困于株木①，入于幽谷②，三岁不觌③。

【译文】初六，屁股卡在木桩上坐立不安，退隐到幽深的山谷里，三年不与外人相见。

【注释】①臀困于株木：屁股卡在树木之中。

②入于幽谷：困在深山幽谷之中。

③三岁不觌："觌"（dí），见面。指三年不得见人面，形容困陷之深。

【原文】《象》曰："入于幽谷"，幽不明也。

【译文】《象辞》说："退隐到幽深的山谷里"，就是进入荒僻阴暗不见天日的地方，比喻处境极其困难，看不到一线希望。

【原文】九二，困于酒食①，朱绂方来②，利用享祀③；征凶④，无咎。

【译文】九二，为醇酒美食所困扰而穷于应付，高官厚禄就将来到，应当用丰美的酒食祭祀神灵；出兵征战即使遇到凶险，也不会受到伤害。

【注释】①困于酒食：陷于酒色享受之中。

②朱绂方来："绂"（fú），古指祭服；又指祭服的蔽膝。"方"，古祭祀名。指祭祀。

③利用享祀：指利用祭祀这种仪式摆脱"困于酒食"一事。

④征凶：此种迹象很凶险。

【原文】《象》曰："困于酒食"，中有庆也。

【译文】《象辞》说："为醇酒美食所困扰而穷于应付"，并不是很可怕的事，只要内心坚持中道，纯正而有主见，就会有喜庆之事到来。

【原文】六三，困于石，据于蒺藜①；入于其宫，不见其妻②，凶。

【译文】六三，困在石头下面，站在蒺藜之上；刚刚回到家中，又不见了自家妻室，凶险接二连三来到身边。

【注释】①困于石，据于蒺藜：困于石缝之中，卡于蒺藜之内。

②入于其宫，不见其妻：退入家中，也见不到妻子。

【原文】《象》曰："据于蒺藜"，乘刚也；"入于其宫，不见其妻"，不祥也。

【译文】《象辞》说："站在蒺藜之上"，就是说阴柔凌驾在阳刚之上，情形就像是站在刺人的蒺藜上面，十分困窘。"刚刚回到家中，又不见了自家妻室"，说明祸不单行，已经饱受各种困扰，家门又惨遭不幸，实在是不吉祥的兆头。

【原文】九四，来徐徐①，困于金车②，吝，有终。

【译文】九四，慢腾腾姗姗来迟，原来是被一辆豪华金车所困而不能脱身，会遇到一些困难，但最终会有好的结局。

【注释】①来徐徐：悠然自得之貌。

②困于金车：困于财帛之中，胸无大志。

【原文】《象》曰："来徐徐"，志在下也；虽不当位，有与也。

【译文】《象辞》说："慢腾腾姗姗来迟"，表明没有飞黄腾达的奢望，一心想着屈尊下士来摆脱困境；虽然所处地位不妥当，不能胜任职务，却能得到志同道合者的支持。

【原文】九五，劓刖①，困于赤绂②；乃徐有说③，利用祭祀。

【译文】九五，用割鼻子剁脚的酷刑治理天下，就会被自身所处的尊贵地位所困扰；但慢慢地又会走出困境，应当虔诚地祭祀神灵，才能保证前景顺利。

【注释】①劓刖：割掉鼻子；剁掉脚。

②困于赤绂：整日困于祈祷祭祀之中。

③说：脱。

【原文】《象》曰："劓刖"，志未得也；"乃徐有说"，以中直也；"利用祭祀"，受福也。

【译文】《象辞》说:"用割鼻子剁脚的酷刑治理天下",表明处在至高无上的显赫位置上,如果不恤民命,滥施酷刑,就会落得个孤家寡人,被困在众叛亲离的尊位上,摆脱困境走向亨通的志向就难以实现。"慢慢地又会走出困境",完全是由于坚守中庸、保持正直品德的结果;"应当虔诚地祭祀神灵,才能保证前景顺利",是说诚心敬神可以接受神灵恩赐的福分。

【原文】上六,困于葛藟①,于臲卼②;曰动悔有悔③,征吉④。

【译文】上六,困在纷乱缠绕的葛藤中,身临摇摇欲坠的山石之间,假如说动辄会后悔,那就早点行动,让悔悟快点到来,向前进军会迎来吉祥。

【注释】①困于葛藟:"葛藟"(lěi),植物名,一种葡萄类藤木。困绕于藤条之内。

②臲卼(niè wù):荡动不安。

③曰动悔有悔:动有悔,即被葛藤缠绕,愈动愈紧。

④征吉:当出征才能摆脱困境。

【原文】《象》曰:"困于葛藟",未当也;"动悔有悔",吉行也。

【译文】《象辞》说:"困在纷乱缠绕的葛藤中",说明所处位置不是十分妥当,脚下尚有难以解脱的绊索,因此困难重重。"假如说动辄会后悔,那就早点行动,让悔悟快点到来",这是十分明智的举动,早些悔悟,把危险抛在身后,前途就会无比吉祥顺利。

【心灵导航】《困》卦主要阐述处"穷困"的道理。卦辞极力说明,只有"君子"才能身当穷困、其道亨通,称扬守持正固的"大人"可获吉祥、无咎;并强调此时凡有所言均难见信于人,因此务须洁身自守,修美己德。导致"穷困"的根本原因是阳刚被掩蔽不能伸展,亦即"君子"被"小人"压抑侵凌。卦中六爻分别展示不同的处困情状,其中三阴爻柔暗懦弱,罹困至甚:初六坐困不能自拔,六三困非其所、据非其地,两者难免凶危;唯上六当困极将通之时,能及早悔悟则可解困获吉。三阳爻虽亦在"困"中,但均以阳刚气质而能守正脱困:二、五禀刚中美德,或于贫困艰难之时舍身遂志而获无咎,或以孚诚中正之志转危为安渐脱困境;九四前路受困阻,因谦谨缓行也能得遂己愿。可见处"困"之道阴阳有别、因人而异。困穷有时难以避免,正气却不可一刻消颓。孔子说"三军可夺帅也,匹夫不可夺志也"(《论语·子罕》)。

陷入穷困中，往往难以忍受，必须明智，坚持原则，极端隐忍，不可浮躁。过度衰弱，固然陷入穷困，但过度富强，同样也会陷入穷困，必须警惕，不可得意忘形。升进应有节制，侥幸妄进，必然陷入穷困。解除穷困必须审慎，寻求突破不可操之过急。穷则思变，困而求通，立志发奋。被怀柔穷困，容易迷失，最为可怕。必须坚持刚毅中正的原则，经得起考验。以不正当的手段解除穷困，反而愈陷愈深，必须及时反省，才能突破。

井卦第四十八　饮水思源　修身养性

巽下坎上

【原文】井①：改邑不改井②，无丧无得③，往来井井④。汔至⑤亦未繘井⑥，羸其瓶⑦，凶。

【译文】《井》卦：象征无穷：改变迁移城邑不会使水井发生改变和迁徙，井水不会枯竭也不会溢满，来来往往的人都到井里来打水。提水提到井口眼看就要上来了，却把水瓶打翻了，这是凶险的兆头。

【注释】①井：六十四卦卦名之一，象征"水井"。改革之卦之一，乃借井为例言谈革除旧弊之卦。

②改邑不改井：只知占领别的邦国，却不知改变被占领国的颓败的"井"况。

③无丧无得：没有失去什么，但也没有得到什么。

④往来井井：指往来找水的人群。

⑤汔至："汔"（qì），靠近，接近。"汔至"指已到井边。

⑥亦未繘井："繘"（jú），古指井绳；也指汲水。到了井边，也未用绳索来打水。

⑦羸其瓶：气愤地把瓶罐摔掉了。

【原文】《象》曰：巽乎水而上水，井。井养而不穷也。"改邑不改井"，乃以刚中也。"汔至亦未井"，未有功也。"羸其瓶"，是以凶也。

【译文】《象传》说：顺应水的自然特性把水汲到地面上，这就是水井。水井养育世人的功德无穷无尽。"城邑村庄可以改移而水井不可迁徙"，就好像君子充满阳刚之气而且坚守中庸之道。"周围的人来来往往到井里来汲水，水井干涸淤塞，也不加以淘洗"，是说明并未实现井水养人的功用。"把汲水瓶打破了",自毁用具,势必发生凶险。

【原文】《象》曰:木上有水,井;君子以劳民劝相。

【译文】《象辞》说:水分沿着树身向上运行,直达树冠,井水源源不断地被汲引到地面,象征无穷;井水无穷无尽,孜孜不倦地养育着人们,君子应当效法这种美德,不辞劳苦地为大众谋福利,倡导助人为乐的社会风尚。

【原文】初六,井泥不食①,旧井无禽②。

【译文】初六,井底淤满了污泥不能供人饮用,年久失修的老井连鸟雀都不来光顾。

【注释】①井泥不食:井水混浊,不能食用。

②旧井无禽:颓败的井边无有生命。

【原文】《象》曰:"井泥不食",下也;"旧井无禽",时舍也。

【译文】《象辞》说:"井底淤满了污泥不能供人饮用",完全是因为位置处在最下面,相当于井底部位,水中泥沙不断沉淀最后都淤积在这里;"年久失修的老井连鸟雀都不来光顾",反映出一种时过境迁、被世间所遗忘抛弃的凄凉遭遇。

【原文】九二,井谷射鲋①,瓮敝漏②。

【译文】九二,井底容水的凹穴被当作捉鱼的场所,汲水的瓮也破损漏水不能再用。

【注释】①井谷射鲋:"射",此处指追逐,捕捉。"鲋"(fù),指小鱼。井底容水的凹穴被枉作捉鱼之用。

②瓮敝漏:住家户的盛水的瓮也破漏不能用。

【原文】《象》曰:"井谷射鲋",无与也。

【译文】《象辞》说:"井底容水的凹穴被当作捉鱼的场所",说明九二上无接应,难以把水送到地面上去供人饮用。

【原文】九三,井渫不食①,为我心恻②;可用汲③,王明并受其福④。

【译文】九三,井水淘干净了却不饮用,使我心中不免失望;可以赶快汲来尽情享用,君王贤明是大家共同的福气。

【注释】①井渫不食:"渫"(xiè),污秽不堪。井水脏臭,不能食用。

②为我心恻:心中感到伤痛,不忍再看。

③可用汲："汲"（jí），打水。指井水可以打来食用。

④王明并受其福：贤明的君王和大家一块享受井水的福泽。

【原文】《象》曰："井渫不食"，行恻也；求"王明"，受福也。

【译文】《象辞》说："井水淘干净了却不饮用"，表明九三苦于一片好心无人领受，满怀热情的善行只落了个令人悲叹的结局；希望"君王贤明"，直接从井水说到人事，盼望圣明的君主出现，思贤若渴，像汲水一样选拔吸收重用人才，就能给国家带来吉祥，君臣万民都可以享受到由此带来的恩惠。

【原文】六四，井甃①，无咎。

【译文】六四，用砖石垒砌加固井壁，不会遇到灾祸。

【注释】①井甃："甃"（zhòu），用石头或砖块修缮井壁。用石头或砖块重新把井修缮一下。

【原文】《象》曰："井甃无咎"，修井也。

【译文】《象辞》说："用砖石垒砌加固井壁，没有灾祸"，表明六四爻以阴柔之象处在《井》卦居中部位，正好相当于井壁的关键部位，应当及时修缮使其坚固，才能免除灾祸。

【原文】九五，井洌①，寒泉食②。

【译文】九五，井水清澈明净，就像甘甜凉爽的泉水一样可供天下人饮用。

【注释】①洌（liè）：清澈。

②寒泉食："寒泉"，甘甜、凉爽。井水甘甜凉爽可以食用。

【原文】《象》曰："寒泉之食"，中正也。

【译文】《象辞》说："像甘甜凉爽的泉水一样可供天下人饮用"，这是因为九五爻处在最尊贵的地位，位置适中而且十分妥当。象征行为不偏不倚，内心纯正无私。因而能够集中体现水井滋润万物，造福大众的美德。

【原文】上六，井收①，勿幕②；有孚，元吉。

【译文】上六，水井养人润物的功德业已完成，不要盖上井口；内心怀着一片诚意，定能带来大吉大利。

【注释】①井收：井已修好。

②勿幕：不要遮盖。

【原文】《象》曰："元吉"在上，大成也。

【译文】《象辞》说:"大吉大利"的情况出现在《井》卦最上面的位置,是因为上下照应,同心协力可将水提出井口。标志着滋养世人的宏伟事业获得了巨大的成功。

【心灵导航】《井》卦以井为喻阐述修身与养人的道理。通过展示水井"养人"的种种美德,譬喻"君子"应当修美自身、惠物无穷。卦辞一方面赞扬水井定居不移、不盈不竭、反复使用的特性,描绘出守恒不渝、大公无私的"君子"形象;另一方面告诫汲水者,当水将出井口时,若倾覆水瓶将有凶险,生动地暗示修德惠人者要善始善终,不可功败垂成。卦中六爻,从阴阳情状看,阳象井水,阴象井体。就诸爻所喻之"井德"看,则初、四两阴言井体有弊当修,或戒"井泥"必见弃于人,或曰井坏宜速治免咎;二、三两阳谓井水可汲当汲,或无人汲引将被枉作"射鱼"之用,或有朋者汲取必见井养之福;五、上一阳一阴,前者水洁味甘、人所共食,后者井功大成、施用无穷。全卦喻旨,主要强调"修身"与"养人"。其中九五以"井洌寒泉"为象,最见"井德"佳美。

当在穷困中,就必须起用贤能,方足以振弊起衰。贤能被遗弃在民间,是莫大的人才浪费,但却往往人事管道阻塞,以致不能任用。为此,当政者必须时刻留意发掘人才,蔚为国用,以造福全民。而贤能的人,也应当诚心诚意,不断进修,充实力量,以服务人民为己志;否则,也会因不合时宜而被淘汰。譬如井水,愈用愈活,不用则废。

革卦第四十九 人心思变 改革发展

离下兑上

【原文】革①:己日②乃孚,元亨,利贞,悔亡。

【译文】《革》卦象征变革:在己日变革旧的事物,能够使民众深深地信服,前途通畅,坚守正道,最后就会取得成功,悔恨终将会消释。

【注释】①革:六十四卦卦名之一,象征"变革",改革之卦之二。乃论述君王如何变革之卦。

②己日:一个卦里连用两个"己日",古代以十干"甲、乙、丙、丁、戊、己、庚、辛、壬、癸"纪日,"己日"象征转变之势。

【原文】《象》曰:革,水火相息;二女同居,其志不相得,曰革。"己日乃孚",革而信之。文明以说,大亨以正。革而当,其"悔"乃

"亡"。天地革而四时成。汤武革命，顺乎天而应乎人。革之时大矣哉。

【译文】《彖传》说：革，就好像水火不容，又好像两女共事一夫，她们的志向不可能同时实现，终将生变，这就叫作"革"。"在亟须转变的'己日'推行变革，并且有诚信"，改革而且有诚信，人们会拥戴他。凭着文明的美德使民众心悦诚服，坚守中正就十分顺畅。改革得当，其"悔恨"就会"消失"。天地之间由于变革而形成了春、夏、秋、冬四个季节。殷汤灭夏桀，周武王灭殷纣王，都是顺应天时，顺应民意的事，变革的现实意义是多么伟大啊！

【原文】《象》曰："泽中有火，革；君子以治历明时。"

【译文】《象辞》说：泽中有火。大水可以使火熄灭；大火也可以使水蒸发，如此，水火相克相生，从而产生变革。君子根据变革的规律制定历法以明辨四季的变化。

【原文】初九，巩用黄牛之革①。

【译文】初九，应该用黄牛的皮革牢牢地捆绑住。

【注释】①巩用黄牛之革："巩"，牢固。对原来根深蒂固的腐朽的社会现象和势力，必须像加工黄牛皮那样予以变革，绝不能等闲视之。

【原文】《象》曰："巩用黄牛"，不可以有为也。

【译文】《象辞》说："用黄牛的皮革牢牢地捆绑住"，因为初九在卦的最下位，位卑微而不可能有所作为。

【原文】六二，己日乃革之，征吉①，无咎。

【译文】六二，在己日进行变革，前途必获吉祥，不会有灾祸。

【注释】①征吉："征"，迹象。"征吉"，迹象很吉祥。

【原文】《象》曰："己日革之"，行有佳也。

【译文】《象辞》说："在己日进行变革"，必然会有好的功效。

【原文】九三，征凶①，贞厉；革言三就②，有孚。

【译文】九三，急进会发生凶险，要以正防危；对于变革的言论，要多次研究周密考虑，赢得人们的信赖，就可以进行变革了。

【注释】①征凶：迹象凶险。

②革言三就：再三向国人宣传改革的利弊得失和再三申饬改革的命令。

【原文】《象》曰："革言三就"，又何之矣！

【译文】《象辞》说："对于变革的言论，要多次研究周密考虑"，其他的路是没有的，变革已经势在必行，只有走变革的道路。

【原文】九四，悔亡，有孚改命①，吉。

【译文】九四，悔恨已经消释，心存诚信以革除旧命，吉祥。

【注释】①有孚改命：上下同心于改革。"改命"，有关国家政权命运的政策。

【原文】《象》曰：改命之吉，信志也。

【译文】《象辞》说：革除旧的事物是吉祥的，这符合变革的志向。

【原文】九五，大人虎变①，未占有孚②。

【译文】九五，伟大的人物像猛虎一般进行变革，不必置疑一定能光大诚信的美德。

【注释】①大人虎变：君主应像猛虎一样雷厉风行地进行改革。

②未占有孚："占"，占卜。君主的革除旧弊用不着占卜也会得到上下的赞誉和信服。

【原文】《象》曰："大人虎变"，其文炳也。

【译文】《象辞》说："伟大的人物像猛虎一般进行变革"，表明变革必然成功，其美德光照天下。

【原文】上六，君子豹变①，小人革面②；征凶③，居贞吉④。

【译文】上六，君子像有斑纹的豹子那样进行变革，连小人也顺应变革改变旧日倾向；急进会有凶险，居而守正可以得到吉祥。

【注释】①君子豹变：君主的改革有如豹子斑纹一样有一处无一处。

②小人革面：小人们应付差事，只做一些表面文章。

③征凶：迹象凶险。

④居贞吉：君王居而守正则吉祥。

【原文】《象》曰："君子豹变"，其文蔚也；"小人革面"，顺以从君也。

【译文】《象辞》说："君子像有斑纹的豹子那样进行变革"，说明君子协助有道德的大人物一起变革，必然使变革的成就更加光辉灿烂；"连小人也顺应变革改变旧日倾向"，说明大势所趋，小人也不得不顺从君子的变革。

【心灵导航】《革》卦主要阐发变革的道理。卦辞的主旨，集中强调变革取得成功的两大要素：首先，要把握时机，犹如选择亟待转变的"己日"断然推行变革，必能顺畅；其次，要存诚守正，即推行变革者必须遵循正道，以孚诚之心取信于人，以此行革，"元亨"可致，"悔恨"皆消。六爻的喻象均围绕卦辞大意申发其旨，展示事物变革初期到末期的发展过程，体现了作者对变革规律的一定认识：初九阳微位卑，时未可变须固守常制；六二柔中有应，其时将变当断然行革；九三变革小成，不可激进宜慎抚人心；九四以刚处柔，变局将著当力改旧命；九五阳刚中正，"处变"创制而信德昭彰；上六助成革命，"豹变"立功要安守成果。显然，诸爻分别反映变革过程某一阶段的特征：初爻与上爻始终固守旧规、终于安保新制的义理，又表露出事物全面、彻底更革的"质变"情状。

盛极而衰，当腐败迹象已经显露，就必须采取变革的非常行动，但一切文物制度可以变革，根本原则却不会改变。变革的原则，首先应巩固自己，并且等待时机成熟，当势在必行，然后发动，顺天应民，始可得到群众的信任与支持。而且，变革为非常行动，需要极端慎重，不可急功近利。领导变革，必须诚信，动机纯正，手段正当，刚柔并济，既不畏怯，也不妄进，把握中庸原则。变革并非修饰，而应彻底革新，以身作则，推广及天下大众。变革成功之后，上下即应革心洗面，而且与民休息，以适应新的生活秩序。

䷱鼎卦第五十　革故鼎新　知人善任

巽下离上

【原文】鼎①：元吉，亨。

【译文】《鼎》卦象征革故鼎新：十分吉祥，亨通。

【注释】①鼎：六十四卦卦名之一，象征"鼎器""权力"，改革之卦之三。乃以鼎为例言谈除旧鼎新之卦。

【原文】《彖》曰：鼎，象也。以木巽火，亨饪也。圣人亨以享上帝，而大亨以养圣贤。巽而耳目聪明，柔进而上行，得中而应乎刚，是以元亨。

【译文】《彖传》说：鼎，象形的呀。把木柴放在火中，由于风的帮助，火更旺，这是在烹饪食物。圣人烹饪食物是用来祭祀天帝，进而大规模地烹饪食物以来奉养圣贤，使他们自愿为君主效力，从而使君主耳聪目明。此时君主能凭着谦逊的美德前进，高居中位又能下应阳刚贤人，因此说此卦大吉大利。

【原文】《象》曰：木上有火，鼎，君子以正位凝命。

【译文】《象辞》说：木上燃着火，是烹饪的象征，称为鼎；君子应当像鼎那样端正而稳重，以此完成使命。

【原文】初六，鼎颠趾①，利出否②；得妾以其子③，无咎。

【译文】初六，烹饪食物的鼎足颠翻，却顺利地倒出了鼎中陈积的污秽之物；就好像娶妾可以生子一样，没有灾祸。

【注释】①鼎颠趾：鼎的足被颠翻了。

②利出否：利于倒出鼎中原有的腐臭的食物。

③得妾以其子：如同找了一个妾重新生了一个儿子。

【原文】《象》曰："鼎颠趾"，未悖也；"利出否"，以从贵也。

【译文】《象辞》说："烹饪食物的鼎足颠翻"，看似反常，实则不然；"却顺利地倒出了鼎中陈积的污秽之物"，便于除旧布新，反常的现象得以向好的方面转化。

【原文】九二，鼎有实①；我仇有疾②，不我能即③，吉。

【译文】九二，鼎中盛满了烹饪的食物，好比一个人有才干；我的对立面嫉妒我，却不能把我怎么样，是吉祥的。

【注释】①鼎有实：实接上爻"得妾以其子"，说鼎中又装进了新的食物。

②我仇有疾："疾"，古通"嫉"。遭到了我仇辈的嫉恨。

③不我能即：不能把我怎么样。

【原文】《象》曰："鼎有实"，慎所之也；"我仇有疾"，终无尤也。

【译文】《象辞》说："鼎中盛满了烹饪的食物，好比人有才干"，应该谨慎行事，不要走错方向；"我的对立面嫉妒我"，但因无隙可乘，故终将无所怨尤。

【原文】九三，鼎耳革①，其行塞②，雉膏不食③；方雨亏④悔，终吉。

【译文】九三，鼎器的耳部发生了变化，无法将插杠插入鼎耳移鼎，精美的野鸡肉不能得到无法食用；待到阴阳调和，润雨出现才能消释悔恨，最终还可以获得吉祥。

【注释】①鼎耳革："革"，变形。鼎的耳部发生了变化，变形不能用。

②其行塞：鼎的耳部变形或毁坏，举鼎器插不进去，不能用。

③雉膏不食："雉"（zhì），野鸡。"膏"，肥美。肥美的野鸡肉不能食用。

④方雨亏："方"，正在；正当。"亏"，毁坏。野鸡肉正在被雨霉坏。

【原文】《象》曰："鼎耳革"，失其义也。

【译文】《象辞》说："鼎器的耳部发生了变化"，鼎无法移动，失去了它虚中纳物的意义。

【原文】九四，鼎折足①，覆公𫗧②，其形渥③，凶。

【译文】九四，鼎的足折断了，王公鼎里的粥饭倾倒出来了，鼎身被玷污，凶险。

【注释】①鼎折足：鼎的足被折断了。

②覆公𫗧："𫗧"（sù），食物。倒翻了鼎中的食物。

③其形渥："渥"（wò），沾湿。倒出的食物弄脏了鼎身。

【原文】《象》曰："覆公诉"，信如何也！

【译文】《象辞》说："王公鼎里的粥饭倾倒出来了"，哪里还有什么信誉可言呢！

【原文】六五，鼎黄耳①金铉②，利贞。

【译文】六五，鼎配上黄色的鼎耳，插上坚固的扛鼎之器，利于坚守正道。

【注释】①鼎黄耳：用金子制成的鼎耳。

②金铉："铉"（xuàn），举鼎的器具。用金制成的举鼎器。

【原文】《象》曰："鼎黄耳"中以为实也。

【译文】《象辞》说："鼎配上黄色的鼎耳"，是由于六五爻居中，自然可获得实惠。

【原文】上九，鼎玉铉①，大吉，无不利。

【译文】上九，鼎配上玉制的鼎杠，十分吉祥，不会有什么不利。

【注释】①玉铉：用玉制成的举鼎器。

【原文】《象》曰：玉铉在上，刚柔节也。

【译文】《象辞》说：玉制的鼎杠高处上方，表明刚柔相济，互相调节。

【心灵导航】《鼎》卦主要阐发"去故取新"的道理。鼎，作为烹饪之器，有"养人"的功用；作为"法器"，又是权力的象征。《鼎》卦立义，是借烹物化生为熟，譬喻事物调剂成新之理，其中侧重体现行使权利、"经济天下""自新新人"的意义。卦中六爻，各取鼎器的某一部位或配件为喻，无非说明在一定的环境条件下，任事执权的不同情状。诸爻吉美之占居多，如初六阴柔在下，颠倒鼎脚、清除废物可获"无咎"；九二鼎中有实，谨慎处之，不使充溢可致"吉祥"；九三鼎耳变异、鼎用受碍，若能调和阴阳亦终有吉；至于五、上两爻如金玉之"铉"，则佳美尤甚，前者为一卦掌鼎之主、"利"在守"正"，后者鼎用大成、"大吉，无不利"。全卦唯九四一爻不称职权，"折足""覆悚"，是寓诫最为深刻的反面形象。总之，鼎器功用之所能成，事物新制之所以立，必须依赖多方面的纯正、坚实"力量"的协心撑持；强调"君子"应当端正居位、严守使命。

变革必须储备人才，起用贤能，方能除旧布新。选拔人才，必须知人善用，小人成事不足、败事有余，不足以担当重任，必须排除，任用不当，必然招致灾祸。贤能没有被重用，不可心灰意冷，要坚守正道，终久必有施展抱负的一天。明智的君王，刚毅的臣下，必然相得益彰，唯有刚柔相济，才能无往不利。

震卦第五十一　雷声阵阵　戒慎惕惧

震下震上

【原文】震①：亨。震来虩虩②，笑言哑哑③；震惊百里，不丧匕鬯④。

【译文】《震》卦象征震动的雷声：可致亨通。当惊雷震动的时候，天下万物都感到恐惧，然而君子却能安之若素，言笑如故；即使雷声震惊百里之遥，主管祭祀的人却能做到从容不迫，手中的匙和酒都未失落。大丈夫威武不能屈，所以能成就大事。

【注释】①震：六十四卦卦名之一，象征"雷声震动"。乃论述"震动"以及如何对待这些所谓"震动"之卦。

②虩虩（xì）：为恐怖之义。

③哑哑：笑貌。

④不丧匕鬯："匕"，古指勺匙一类用具；也指箭镞。"鬯"（chàng），古指祭祀用的香酒；也指装箭镞用的袋子。指从容不迫。

【原文】《彖》曰：震，亨。"震来虩虩"，恐致福也。"笑言哑哑"，后有则也。"震惊百里"，惊远而惧迩也。出可以守宗庙社稷，以为祭主也。

【译文】《彖传》说：雷声震动，亨通。"雷鸣地颤，有的人吓得浑身哆嗦"，这是因为恐惧能招福。"过了一会儿又谈笑自如"，说明惊惧之后就能遵循自然规律。"雷声震惊百里之遥"说明使远处的人震惊，近处的人恐惧。"祭祀活动还是照常"，说明其人胆量非凡，可以守宗庙保社稷，成为祭祀的主人。

【原文】《象》曰：洊雷，震；君子以恐惧修省。

【译文】《象辞》说：雷相重叠，好像震动的雷声；君子应悟知恐惧惊惕，修身省过。

【原文】初九，震来虩虩，后笑言哑哑；吉。

【译文】初九，当惊雷震动的时候，天下万物都感到恐惧，君子亦应知恐惧而修省；当惊雷震动的时候，君子亦应言笑自若，结果是吉祥的。

【原文】《象》曰："震来虩虩"，恐致福也；"笑言哑哑"，后有则也。

【译文】《象辞》说："当惊雷震动的时候，天下万物都感到恐惧"，表明恐惧之后从而谨慎从事，能够致福；"而君子却能安之若素，言笑如故"，说明君子懂得做人的法则。

【原文】六二，震来①，厉；亿丧贝②，跻于九陵③，勿逐，七日得。

【译文】六二，惊雷震动，有危难；丢失大量金钱，应当攀登到高高的九陵上边去躲避，不去追寻它，待到七天自会失而复得。

【注释】①震来：震动刚来之时。

②亿丧贝："亿"，十万为亿；"贝"，古货币，此处泛指钱财。"亿丧贝"，指预料丧失惨重。

③跻于九陵："跻"（jī），登，升。指登上九陵之上去。

【原文】《象》曰："震来厉"，乘刚也。

【译文】《象辞》说："惊雷震动，有危难"，六二爻凌驾于初九爻阳刚的上面，故可能出现危险。

【原文】六三，震苏苏①，震行无眚②。

【译文】六三，雷震动时虽恐惧不安，但是因为震惧而能谨慎行事，因此不会有灾异。

【注释】①震苏苏：言在震动中恐惧不安。

②震行无眚："眚"，过失；罪过。震本乃为一种正常现象，它本身并没有过失和罪过。

【原文】《象》曰："震苏苏"，位不当也。

【译文】《象辞》说："雷震动恐惧不安"，说明六三爻所处的位置，不中不正，不适当。

【原文】九四，震遂泥①。

【译文】九四，由于雷震动而坠陷泥污中，不能自拔。

【注释】①震遂泥："遂"，古指道路。震动得连道路也震撼为泥土。

【原文】《象》曰："震遂泥"，未光也。

【译文】《象辞》说："由于雷震动而坠陷泥污中，不能自拔"，说明其志气不能发扬光大。

【原文】六五，震往来①，厉；亿无丧②，有事③。

【译文】六五，雷上下震动均有危难；以恐惧之心谨守中道就会万无一失，宗庙社稷也可以长盛不衰。

【注释】①震往来：震动往去而又复来。

②亿无丧：预料不会再丧失什么。

③有事："事"，指侍奉宗庙社稷。指国家政权还存在。

【原文】《象》曰："震往来厉"，危行也；其事在中，大无丧也。

【译文】《象辞》说："雷上下震动均有危难"，但能知恐惧而谨慎行动；处事恪守中道，就不会有什么大的损失。

【原文】上六，震索索①，视矍矍②，征凶③；震不于其躬④，于其邻，无咎；婚媾有言⑤。

【译文】上六，由于雷震动恐惧而畏缩不前，两眼旁视而不安，如果行动就会有凶险；不过，当雷震还没有到达自己身上时，就早做戒备谨慎行事，则不致受害；涉及婚配之事则将会产生言语纷争。

【注释】①震索索：恐惧貌。

②视矍矍（jué）：惊惶回顾貌。

③征凶：迹象很凶险。

④震不于其躬，于其邻："躬"，自身。"邻"，指邻国。震动之祸发

生在别的国家不发生在本国。

⑤婚媾有言：在震动不安中不宜于谈婚嫁迎娶。

【原文】《象》曰："震索索"，中未得也；虽凶无咎，畏邻戒也。

【译文】《象辞》说："由于雷震动恐惧而畏缩不前"，因为上六爻其位不正；虽然有凶险却不致受害，这是因为能够看见近邻的危险及时戒备，因而能防患于未然。

【心灵导航】《震》卦主要阐述应对震惊的法则。《震》卦取象于"雷动"威盛，揭明"震惧"可致"亨通"的道理。卦辞设喻：雷动奋起万物畏惧，于是慎行获福、笑语声声，又说君主教令震惊百里，遂致万方警惧，社稷长保。卦中六爻分别喻示处"震"的不同情状，初九阳刚在下，知惧致福，六二因危守中、失"贝"复得，六三惶惶未安，慎行免祸，六五柔中"危行"，善保尊位，这四爻皆见"惕惧修德"之功，故多吉无害；唯九四陷于阴中，惧而不能振奋，难以自拔；上六惧极有凶，但若因人之惧预先戒备，亦将无咎。本卦象征主旨是建立在"震惧"的基础上，然后谨慎前行，开拓"亨通"境界。

在发展过程中，难免不发生意外的重大事故，以致震惊。唯有记取教训，凡事戒慎恐惧，才能有法则可循，发挥刚毅的力量，镇定从容应对。临危不惧，处变不惊。即或遇到灾难，也可使损害减少到最低程度，并能迅速复原。平时戒慎恐惧，经常反省检讨，才能防患于未然。经常保持高度警觉，在灾难未到来之前，就可使其消灭于无形。

持心清静，堪受大事。

䷳艮卦第五十二　　当止则止　　抑制邪欲

艮下艮上

【原文】艮①：艮其背，不获其身②；行其庭，不见其人③，无咎。

【译文】《艮》卦象征抑止：止于背部，不得使身体面向所止的地方；就好像在庭院里行走，两两相背，不曾感觉到有人的存在，进入这一境界，就不会受害。

【注释】①艮：六十四卦卦名之一，象征"抑止"。乃论述抑止自己言行之卦。

②艮其背，不获其身：走到别人背后，突然抑止，还没有靠着别人

身体。

③行其庭，不见其人：走进别人庭院，突然抑止，还没有看见别人家中之人。

【原文】《象》曰：艮，止也。时止则止，时行则行；动静不失其时，其道光明。艮其止，止其所也。上下敌应，不相与也。是以"不获其身，行其庭，不见其人，无咎"也。

【译文】《象传》说：艮有静止的意思。该静止就静止，该行走就行走，动静都要在适当的时机，他的前景就会光明。用自己的背对着事物，就不能看见事物，自然静止，这就是止的地方是适当的。眼睛和背是相悖的，不能互相支援，因此不能看见事物。在别人的庭院中行走，在这庭院里没见到人。自然不会滋生欲望，没有灾祸。

【原文】《象》曰：兼山，艮；君子以思不出其位。

【译文】《象辞》说：两山重叠，象征抑止；君子的思想应当切合实际，不可超越自己所处的地位。

【原文】初六，艮其趾①，无咎，利永贞。

【译文】初六，抑止应该在脚趾迈出之前，这样就不会受害，而且将有利于长久坚守正道。

【注释】①艮其趾：从脚步上抑止自己。

【原文】《象》曰："艮其趾"未失正也。

【译文】《象辞》说："抑止应该在脚趾迈出之前"，这就说明没有失去正道。

【原文】六二，艮其腓①，不拯其随②，其心不快。

【译文】六二，抑止人的小腿的行动，不能迈步追随应该追随的人，他的心中是不会快乐的。

【注释】①艮其腓："腓"（féi），小腿肚。从小腿上抑止自己。

②不拯其随：无法拯救其行动。

【原文】《象》曰："不拯其随"，未退听也。

【译文】《象辞》说："不能迈步追随应该追随的人"，又不能退下来听从抑止的意见，因而心中不快。

【原文】九三，艮其限①，列其夤②，厉薰心③。

【译文】九三，抑止腰部的行动，断裂脊背的肉，危难将像熊熊的烈火一样烧灼他的心。

【注释】①艮其限:"限",门槛。指快到门槛时抑止自己。

②列其夤:"夤"(yín),通"胂"(shèn),夹脊肉。指裂断了脊背的肉。

③薰心:"薰"(xūn),"熏"的异体字。指烈火烧薰其心。

【原文】《象》曰:"艮其限",危薰心也。

【译文】《象辞》说:"抑止腰部的行动",说明危险将像熊熊的烈火一样烧灼他的心。

【原文】六四,艮其身①,无咎。

【译文】六四,抑止身体上部不动,就不会受害。

【注释】①艮其身:要抑止自己,当全身抑止。

【原文】《象》曰:"艮其身",止诸躬也。

【译文】《象辞》说:"抑止身体上部不动",自我控制不超越本身的地位。

【原文】六五,艮其辅①,言有序②,悔亡。

【译文】六五,抑止于口不随便乱说,说话很有条理,悔恨将会消失。

【注释】①艮其辅:"辅",牙床;口舌言语。指把紧牙关,抑止言语。

②言有序:说话有条有理,滴水不漏。

【原文】《象》曰:"艮其辅",以中正也。

【译文】《象辞》说:"抑止于口不随便乱说",说明六五爻居于中位能守中道。

【原文】上九,敦艮①,吉。

【译文】上九,以敦厚笃实的德行抑止邪欲,吉祥。

【注释】①敦艮:敦厚诚实的抑止。

【原文】《象》曰:"敦艮之吉",以厚终也。

【译文】《象辞》说:"以敦厚笃实的德行抑止邪欲,吉祥",说明上九能够将敦厚的德行保持至终。

【心灵导航】《艮》卦主要阐发"抑止"邪欲的道理。卦辞反复申言"艮其背"之旨,正是展示"止邪"的最佳方式是使人"隔绝邪欲",强调"心不乱"而邪已止的功效。卦中六爻所发的意义,分别取象于人体各部位,从不同角度揭明"抑止"或得或失的情状,六二如"小腿"当行不得行,九三似"腰部"宜动不能动,并属施止不当之象;初六止于"趾"动之前,六四自止其"身",六五慎止其"口",上九敦厚于止,均为施止妥善之象。本卦主要强调"时止则止,时行则行","行正"必先"止邪"。

在前进过程中,要适可而止,自我节制,适时、适地、适切的停止,就需要有高深的修养。停止应当停止于行动未开始之前,才不会失当,才不会身不由己。若不能适可而止,勉强追随他人,必然不会愉快。如果刚强过度,不知节制,应止不止,或止而不当,以致众叛亲离,必将忧心如焚。唯有达到不为外物所动,不为贪欲所蔽的人我两忘的境界,言语行动,才能自我节制,动静和宜、适可而止。但止于至善,才是止的最高境界。最后的坚持更加重要。

壁立千仞,无欲则刚。

渐卦第五十三　　不要着急　　循序渐进

艮下巽上

【原文】渐①:女归②吉,利贞。

【译文】《渐》卦象征循序渐进:如同女子出嫁那样,按照一切婚嫁的礼节循序渐进,就会得到吉祥,有利于坚守正道。

【注释】①渐:六十四卦卦名之一,象征"渐进"。乃论述办事循序渐进之卦。

②女归:女子出嫁。

【原文】《彖》曰:渐之进也。女归吉也,进得位,往有功也。进以正,可以正邦也。其位,刚得中也。止而巽,动不穷也。

【译文】《彖传》说:渐,就是渐进的意思。如同女大当嫁是吉利的事,因为女子嫁到夫家,如按规矩行事,是个循序渐进的过程,前进就得到了中正之位,行动就有功。循序渐进又能坚守正道,就可以治国安邦。居于高位,刚健而又坚守中正,知道适可而止又谦逊,不贸然行事,就能渐进不已。

【原文】《象》曰:山上有木,渐;君子以居贤德善俗。

【译文】《象辞》说:高山上的树木逐渐长得高大,象征循序渐进;君子观看高山上的树木逐渐长得高大的情况,于是修养德性,改善社会的风尚、礼节和习惯。

【原文】初六,鸿渐于干①;小子厉②,有言,无咎。

【译文】初六,鸿雁飞起来逐渐前进到水涯旁边,落伍离群,显得不安;象征着年幼无知的孩子有危难,受到言语中伤,如果能够循序渐进,就不会受害。

【注释】①干:古指涯边、水边,亦通"涧"。

②小子厉:此处"小子"有小人的蔑称之义。对君子吉,对小人凶厉。

【原文】《象》曰:"小子之厉",义无咎也。

【译文】《象辞》说:"年幼无知的孩子有危难",不会发生什么危险的。

【原文】六二,鸿渐于磐①,饮食衎衎②,吉。

【译文】六二,鸿雁飞起来逐渐前进到安稳的磐石之上,饮食和乐,吉祥。

【注释】①磐:"磐"(pán),厚而大的石头,亦即巨石。

②饮食衎衎:"衎衎"(kàn),和乐貌。鸿鸟在水边磐石的觅食悠闲。

【原文】《象》曰:饮食衎衎,不素饱也。

【译文】《象辞》说:"饮食和乐",说明决不是尸位素餐不干事情的。

【原文】九三,鸿渐于陆①,夫征不复②,妇孕不育③,凶;利御寇。

【译文】九三,鸿雁飞起来逐渐前进到较平的山顶,好比丈夫远去出征而不复还,他的妻子非夫而孕难以生育,这当然是凶险的事;但却能以刚烈御强寇。

【注释】①陆:古亦指大土山。

②夫征不复:丈夫出征一去再也不复回。

③妇孕不育:孕妇难产。

【原文】《象》曰:"夫征不复",离群丑也;"妇孕不育",失其道也;"利用御寇",顺相保也。

【译文】《象辞》说:"好比丈夫远去出征而不复还",离开自己的同类是值得忧虑的;"他的妻子非夫而孕难以生育",因为违反了妇道;"但却能以刚烈御强寇"说明守正能够使丈夫与妻子和顺相保。

【原文】六四，鸿渐于木①，或得其桷②，无咎。

【译文】六四，鸿雁飞起来逐渐前进到高树之上，或许能找到较平的枝杈得以栖息，这样就没有怨尤。

【注释】①木：树上。

②桷（jué）：古本指方正的椽子，此引申为平直的树杈。

【原文】《象》曰："或得其桷"，顺以巽也。

【译文】《象辞》说："或许能寻找到较平的枝杈得以栖息"，说明六四柔顺和服从。

【原文】九五，鸿渐于陵①，妇三岁不孕②；终莫之胜③，吉。

【译文】九五，鸿雁飞起来逐渐前进到丘陵上，好比丈夫远出在外，妻子三年没有怀孕；但邪毕竟不能胜正，因此最终得到吉祥。

【注释】①陵：丘陵。

②妇三岁不孕：一个妇女三年怀不上身孕。

③终莫之胜：终究有一天会怀孕。

【原文】《象》曰："终莫之胜吉"，得所愿也。

【译文】《象辞》说："邪终究不能胜正，因此就得到吉祥"，实现了夫妇聚首的愿望。

【原文】上九，鸿渐于陆，其羽可用为仪①，吉。

【译文】上九，鸿雁飞起来逐渐前进到高山之上，漂亮的羽毛可以作为典礼上洁美的装饰品，吉祥。

【注释】①仪：古指送与别人做祝贺或祭奠的礼品。

【原文】《象》曰："其羽可用为仪，吉"，不可乱也。

【译文】《象辞》说："洪亮的羽毛可以作为典礼上洁美的装饰品，吉祥"，说明洁美高尚的志向不能相乱的。

【心灵导航】《渐》卦阐明事物发展过程中"循序渐进"的道理。卦辞拟"女子出嫁"为象，意在"礼备"而后渐行。六爻以鸿鸟飞行设喻，形象更为生动：沿初爻至上爻，鸿飞所历，为水涯、磐石、小山陆、山木、山陵、大山陆，由低渐高，由近渐远，秩然有序。各爻立意，均主于守正渐行，因此多"吉""无咎"之占。其中九三虽过刚有"凶"，但也勉其慎行"渐"道，化害为利。可见，本卦自始至终嘉美"渐进"的道理，乃至上九"位"穷而"用"无穷，所谓积渐大成，"仪型万方"。

由停顿状态而迈步向前时，应采取渐进的原则。前进才能建功，前进当然要刚毅，但也要把握中庸原则。不可以勉强，不可以冒进，应当稳当，依据状况，把握时机，脚踏实地，一步步地循序向前迈进，动静顺乎自然，才能安全，行动不会穷困。如果刚强过度，不停地冒进，就有脱离群众的危险。当然，在渐进中，会有阻碍，但邪不压正，必须以正当的方式突破。超脱于世俗之外，不为名利所累，则可进退由心，可以说是进的极致。

归妹卦第五十四　女子出嫁　贵守贞正

兑下震上

【原文】归妹①：征凶②，无攸利。

【译文】《归妹卦》象征婚嫁：如果行为不正，前方会有凶险，不会有利益。

【注释】①归妹：六十四卦卦名之一，象征"嫁出少女""婚嫁"。乃言办事急于求成，亦即欲速则不达之卦。

②征凶：指卦中二至五爻均失位。并非否定"归妹"一事，而是因象设诫。

【原文】《彖》曰：归妹，天地之大义也。天地不交，而万物不兴。归妹，人之终始也。说以动，所以归妹也。"征凶"，位不当也。"无攸利"，柔乘刚也。

【译文】《彖传》说：《归妹》卦，即男女婚配，这是体现天地阴阳相交的重大意义。宇宙间天地阴阳如果不交相感应，万物就不会兴旺发达。婚嫁，是人类得以繁衍的基础。相互产生喜悦之情而动了真感情，所以把它叫作《归妹》卦。"出征则有凶险"，这是说所居的位置不适当。"无攸利"，是因为柔凌驾于阳刚之上。

【原文】《象》曰：泽上有雷，归妹，君子以永终知敝。

【译文】《象辞》说：大泽上响着震雷，兑代表少女，震代表长男，象征嫁出少女；君子应当永远使夫妇和谐，白头偕老，防止夫妇关系被破坏。

【原文】初九，归妹以娣①，跛能履②，征吉。

【译文】初九，嫁出的少女作为偏房，好像跛脚而奋力向前行走，前进可获得吉祥。

【注释】①归妹以娣:"娣"(dì),古代称夫之妾曰"娣"。指将女子嫁与别人做小妾。

②跛能履:跛着一条腿尚能走路。

【原文】《象》曰:"归妹以娣",以恒也;跛能履,吉相承也。

【译文】《象辞》说:"嫁出的少女作为偏房",这是婚嫁中的正常情况;"好像跛脚而奋力向前行走",说明能以偏房侧室的地位辅佐和照顾丈夫,必获吉祥。

【原文】九二,眇能视①,利幽人②之贞。

【译文】九二,眼睛一瞎一明仍能看到东西,说明幽居之人利于守正。

【注释】①眇能视:瞎掉一只眼睛尚能看见。

②幽人:指深居九五之位的君王。

【原文】《象》曰:"利幽人之贞",未变常也。

【译文】《象辞》说"幽居之人利于守正",这是因为能遵守恒常的规则。

【原文】六三,归妹以须①,反归以娣②。

【译文】六三,妹妹想冒充姐姐之位嫁为正室,结果还是作为妹妹嫁作偏房。

【注释】①归妹以须:"须",片刻,少时。出嫁女子匆匆忙忙,片刻便办妥。

②反归以娣:反而仍然落到了做小妾。

【原文】《象》曰:"归妹以须",未当也。

【译文】《象辞》说:"妹妹想冒充姐姐的地位嫁为正室",这是不正当的。

【原文】九四,归妹愆期①,迟归有时②。

【译文】九四,待嫁少女错过出嫁的时机,延迟日期待嫁,静等好的时机。

【注释】①愆(qiān)期:过期。

②迟归有时:迟一点"归妹"(出嫁),还有好的时机可待。

【原文】《象》曰:愆期之志,有待而行也。

【译文】《象辞》说:错过出嫁的时机,是为等待更好的时机到来再嫁。

【原文】六五，帝乙归妹①，其君之袂，不如其娣之袂良②；月几望③，吉。

【译文】六五，帝乙嫁出少女，正房的服饰，反不如偏房的服饰艳丽华美；月近十五将要圆了，吉祥。

【注释】①帝乙归妹：殷商末代倒数第二个君王帝乙出嫁女子。

②其君之袂，不如其娣之袂良："君"，此处指长妇。"袂"（mèi），本指衣袖，此处指服饰。只要等待时机出嫁，有如帝乙出嫁女子，其长妇的服饰还不如其小妾的服饰好。

③月几望：指到了十五月圆之时。

【原文】《象》曰："帝乙归妹，不如其娣之袂良"也；其位在中，以贵行也。

【译文】《象辞》说："帝乙嫁出少女，正房的服饰，反不如偏房的服饰艳丽华美"；说明虽身居中位，十分尊贵，却能保持勤俭谦虚的美德。

【原文】上六，女承筐，无实①，士刲羊，无血②。无攸利。

【译文】上六，女子的筐篮里空空荡荡没有实物，男子用刀宰羊却不见出血，没有利益。

【注释】①女承筐，无实：女子手里虽提着筐子，但却空无一物。

②士刲羊，无血："刲"（kuī），宰。壮士杀羊却不见血。

【原文】《象》曰：上六无实，承虚筐也。

【译文】《象辞》说：上六阴爻空虚无实，好比手持空空的篮筐。

【心灵导航】归妹卦主要阐明"女子出嫁"要贵守贞正的道理。卦辞强调，女子出嫁必须严守"正"道，以"柔顺"为本，成"内助"之功；反此而行，必为凶兆。六爻所揭示的意义，正是围绕卦辞而发：初安分卑居"侧室"，二嫁夫不良"守贞"，四"愆期"待时而嫁，五"贵女"谦逊下嫁，此四爻虽地位不同，但均合"妇德"故无凶有吉，其中六五最为纯"吉"；至于三、上两爻，或有非分之念，或处穷高之所，故一"凶"，一"无攸利"。诚然，此卦大旨亦非拘限于"嫁出少女"一事；归根结底，还是阐发"天地阴阳"的"恒常不易"之道：申明"阴"以"阳"为归宿，则天地和合，万物繁殖。

婚姻是人伦的开始，也是人伦的结束，为人生天经地义的大事，必须慎重，不可违背原则，应当顺其自然，不可过度强求。家庭以主妇为主体，柔顺、中庸、坚贞的妇德，为端正家庭的基石，即或以卑贱的妾的身份出嫁，遇人不淑，坚守妇德，仍然有利。轻佻只能嫁人为妾。贤淑宁可迟婚，也要求选择正当的对象。高贵的妇德，重于外表的虚荣，缺乏妇德，婚姻不会美满。同时，该卦也可看作为部属的道理，人事进退的原则。

䷶丰卦第五十五　　丰盈硕大　如日中天

离下震上

【原文】丰①：亨，王假之②；勿忧，宜日中③。

【译文】《丰》卦象征盛大丰满：亨通，君王能够使天下达到盛大丰满；就不用忧愁，好比太阳位居中天，光芒万丈。

【注释】①丰：六十四卦卦名之一，象征"丰盛""硕大"。

②王假之："假"（ge），至。"王假之"，君王亲自前往。

③宜日中：宜日当午之时，喻当国势正盛之时。

【原文】《彖》曰：丰，大也。明以动，故丰。"王假之"尚大也。"勿忧，宜日中"，宜照天下也。日中则昃，月盈则食，天地盈虚，与时消息，而况于人乎？况于鬼神乎？

【译文】《彖传》说：丰有硕大丰满的意思。人能明察事理，依理而行，一定能取得丰硕成果，所以把它叫作《丰》卦。"亲临宗庙祭祀"，说明君王崇尚宏大的美德。"不用忧惧，最佳时机在太阳位居中天时"，因为正午太阳当头可以普照天下。正午后，太阳就会向西斜，出现满月之后就会亏蚀。天地万物有盈有亏，随着时间的变化而消长，更何况是人？何况是鬼神呢？

【原文】《象》曰：雷电皆至，丰；君子以折狱致刑。

【译文】《象辞》说：雷电同时到来，象征盛大丰满；君子应该像雷电那样，审案用刑正大光明。

【原文】初九，遇其配主①，虽旬无咎②，往有尚③。

【译文】初九，遇见地位彼此相当的伙伴，虽然合作十天也不致受害，前往会受到尊敬重视。

【注释】①配主：相匹配之主，指九四。

②虽旬无咎："旬"，一月分为三旬，每十日为一旬。此处"旬"，乃指多日。

③往有尚：指征伐无道昏君，会得到人们的拥护和崇尚。

【原文】《象》曰："虽旬无咎"，过旬灾也。

【译文】《象辞》说："虽然合作十天也不致受害"，但是过了十天就可能会有灾祸。

【原文】六二，丰其蔀①，日中见斗②，往得疑疾③；有孚发若④，吉。

【译文】六二，光明遭到云的蒙蔽，好比明亮的白天却看到了夜晚的北斗星，前往行事会被猜疑；如果能以自己的至诚之心去启迪，那么最后是能获得吉祥的。

【注释】①丰其蔀："蔀"（bù），蔽。丰大其障蔽以掩光明。

②日中见斗："斗"，星斗，犹北斗，明星之谓。盛大的王师在征伐途中，却发现所面临的敌国的国君很精明，国力仍很强盛。

③往得疑疾：王师见此状而产生疑虑。

④有孚发若：君王当用诚实的信用鼓舞本国将士的士气和去感化被征伐邑国的臣民。

【原文】《象》曰："有孚发若"，信以发志也。

【译文】《象辞》说："能以自己的至诚之心去启迪"，是有信以展拓其盛大之志。

【原文】九三，丰其沛①，日中见沫②；折其右肱③，无咎。

【译文】九三，光明被云遮掩，明亮的白天看见了小星星；好比右臂被折断而难以有所作为，但终究不会受害。

【注释】①丰其沛："沛"（pèi），盛大。与"丰其蔀"意思相同。

②日中见沫："沫"（mèi），通昧，微暗。指被征伐的邑国尚不很黑暗。

③折其右肱："折"，折断。"肱"（gōng），本指臂，此处指股肱之臣。折断除掉其辅弼之臣。

【原文】《象》曰："丰其沛"，不可大事也；"折其右肱"，终不可用也。

【译文】《象辞》说："光明被云遮掩"，不可成就胜任大事；"右臂折断而无为慎守"，最终得不到重用或不可能有所作用了。

【原文】九四，丰其蔀，日中见斗；遇其夷主①，吉。

【译文】九四，光明遭到云的蒙蔽，亮的白天却看到了夜晚的北斗星；但若遇到明主赏识还是会吉祥的。

【注释】①遇其夷主："夷"，夷除。王帅大兵压境，遇其邑国臣民叛乱，夷除其国君投降。

【原文】《象》曰："丰其蔀"，位不当也；"日中见斗"，幽不明也；"遇其夷主"，吉行也。

【译文】《象辞》说："光明遭到云的蒙蔽"，是说九四爻所居的爻位不当；"明亮的白天却看到了夜晚的北斗星"，说明由于蒙蔽而出现昏暗；"但若遇到明主赏识"，行动还是会获得吉祥的。

【原文】六五，来章①，有庆誉，吉。

【译文】六五，有美德的贤能之士来辅佐，会有喜庆和美誉，吉祥。

【注释】①来章："章"，表章。上表投降。

【原文】《象》曰：六五之吉，有庆也。

【译文】《象辞》说：六五爻的吉祥，必定会有喜庆。

【原文】上六，丰其屋，蔀其家，闚其户，阒其无人①，三岁不觌②，凶。

【译文】上六，房屋高大，蒙蔽居室，窥视窗户，寂静而无人，三年之久仍不见人，自蔽孤立，定有凶险。

【注释】①丰其屋，蔀其家，闚其户，阒其无人："闚"（kuī），窥字，从门缝中看。"阒"，寂静，毫无动静。兵至其屋，军临其家，看看其住户，却寂静无有一人。

②三岁不觌："觌"（dí），见。三年都看不见人影，荒无人烟。

【原文】《象》曰："丰其屋"，天际翔也；"闚其户，阒其无人"，自藏也。

【译文】《象辞》说："高大的房屋"，居内自蔽，孤立于人，好似在天际飞翔；"窥视窗户，寂静而无人"，深深隐藏踪迹。

【心灵导航】《丰》卦说明事物"丰大"的道理。卦辞称扬物丰可致亨通，并强调指出善处"丰"时的两项准则：一是必须道德盛美，故称有德"君王"可以致"丰"；二是必须光明常照，故说太阳正中可以无忧。可见，本卦虽取名于"丰美硕大"，却深诫：求丰不易，保丰更难。卦中六爻，分别表明处丰得失善否的情状：初九微阳处下，慎行求丰"有尚"；六二阴处阴位，有蔽光明，须发挥"柔中"信德则可致丰获吉；九三居下离之终，过丰有损光明，当自折"右肱"才能"无咎"；九四阳居阴位，虽丰却掩去光明，宜与阳刚在下的初九相遇相辅则吉；六五阴居尊位，内含刚美，又能召致六二以丰大光明盛德，最得"庆誉"并获吉祥；上六位高居终，丰极柔暗，深藏自绝于人以致有凶。事物的发展规律，决定了任一"丰大"的情态总是暂时、相对的，终究要趋向亏损。所以提醒人们，"丰"不忘丧、盈不忘亏。求丰不易，守丰更难。

贤明的领袖应当积极求发展，创造财富，使天下分享丰衣足食的生活；然而也应当了解盛大容易迷失，必须居安思危，精诚团结，任用贤能，积极作为，才能够持盈保泰，享受丰盛的成果，不致因盛大产生流弊，导致毁灭。否则，得意忘形，自我陶醉，必然使自己闭塞，终于孤立，完全陷于黑暗了。

旅卦第五十六　人在旅途　行动艰难

艮下离上

【原文】旅①：小亨，旅贞吉。

【译文】《旅》卦象征旅行：小心谦顺可以亨通，旅行虽是小事，但能坚守正道必然吉祥。

【注释】①旅：六十四卦卦名之一，象征"行旅""不安定"。乃论述将帅用兵之卦。

【原文】《彖》曰："旅，小亨"，柔得中乎外而顺乎刚，止而丽乎明，是以"小亨，旅贞吉"也。旅之时义大矣哉！

【译文】《彖传》说：寄旅有小的亨通。这是因为旅人行中正之道，得到强者的庇护，恬静安止又能附丽于光明，因此说"小心谦顺可以亨通。行旅守持正固必获吉祥"。行旅之时的意义是多么大呀！

【原文】《象》曰：山上有火，旅；君子以明慎用刑，而不留狱。

【译文】《象辞》说：山上燃烧着火，像"行旅"；君子观此应谨慎使用刑罚，明断决狱。

【原文】初六，旅琐琐①，斯②其所取灾。

【译文】初六，旅行之始猥琐不堪，这是自己招来的灾祸。

【注释】①旅琐琐：畏葸不前。

②斯：此。

【原文】《象》曰："旅琐琐"，志穷灾也。

【译文】《象辞》说:"旅行之始猥琐不堪",是意志穷迫造成的灾祸。

【原文】六二,旅即次①,怀其资②,得童仆③,贞。

【译文】六二,旅客住在旅舍,携带钱财,有童仆照顾,能坚守正道。

【注释】①旅即次:"即",就。"次",停留。行军就在此停留下来。

②怀其资:此句当为"怀其资斧"。

③得童仆:古代俘获的俘虏皆充作奴仆,获得战俘。

【原文】《象》曰:"得童仆贞",终无尤也。

【译文】《象辞》说:"有童仆照顾,能坚守正道",故不会有过失。

【原文】九三,旅焚其次①,丧其童仆;贞厉。

【译文】九三,旅途中施舍失火,从而丧失了照顾自己的童仆,失去正道,会出现危险。

【注释】①旅焚其次:"焚",烧。军营被敌方焚烧。

【原文】《象》曰:"旅焚其次",亦以伤矣;以旅与下,其义丧也。

【译文】《象辞》说:"旅途中施舍失火",已经受到损伤;把童仆视为路人,童仆舍其而去,是必然的,合乎道理的。

【原文】九四,旅于处①,得其资斧②,我心不快③。

【译文】九四,身处异乡暂为栖身,不能安居,虽然得到路费,但我的心情仍然不愉快。

【注释】①旅于处:军旅又驻扎一处。

②得其资斧:战胜敌方后又获得一批兵器和战俘。

③我心不快:仅得兵器、战俘,获胜不大。

【原文】《象》曰:"旅于处",未得位也;"得其资斧",心未快也。

【白话】《象辞》说:"身处异乡暂为栖身,不能安居",因为毕竟未得到长久安身的地方;"虽然得到路费",但仍然客居他乡,故此时心中仍不畅快。

【原文】六五,射雉,一矢亡①;终以誉命②。

【译文】六五,射野鸡,丧失一枝箭;但最终获得荣誉和爵命。

【注释】①射雉,一矢亡:一箭射杀了一只野鸡。一战告捷。

②终以誉命:终于完成了君主所赐予的使命。

【原文】《象》曰:"终以誉命",上逮也。

【译文】《象辞》说："最终获得荣誉和爵命"，是由于能亲近居高位的尊者。

【原文】上九，鸟焚其巢①，旅人先笑，后号咷②；丧牛于易③，凶。

【译文】上九，鸟巢失火被烧掉，行旅之人得高位先喜悦欢笑，后因遭祸事而号啕痛哭；牧人在牧场丢失了牛，有凶险。

【注释】①鸟焚其巢：鸟巢被烧掉。喻军营被烧掉。

②号咷：本号啕。

③丧牛于易：在战场上因军纪散漫而丧失了依赖运输辎重的牛。

【原文】《象》曰：以旅在上，其义焚也；丧牛于易，终莫之闻也。

【译文】《象辞》说："作为旅客却在异乡身居高位，这样必然要遭到焚巢之灾；牧人在牧场丢失了牛，这个可悲的结局是无可挽回的。

【心灵导航】《旅》卦主要阐明"行旅"之理。本卦主要是基于"旅"而难"居"的因素，喻人善处"行旅"之道。卦辞所谓"小亨""贞吉"，表明"行旅"既须守正，又当以柔顺持中为本。就其六爻来看，凡阴柔中顺皆吉，但以卑屈者设反面之诫；凡阳则高亢皆危，而以穷骄者最呈凶象。当然，本卦大旨并非拘于狭义的"行旅"，略推之，所谓"诸侯之寄寓，大夫之去乱，圣贤之周游皆是"（梁寅《周易参义》）；广言之，李白称"天地者，万物之逆旅"（《春夜宴桃李园序》），则将人生、万物均看作"行旅"之事。

在行旅不定的状态中，一切都容易不正常，必须守正。应当大处着眼，先求安定，不可斤斤计较于细节。必须翔实检讨，审慎策划，有万全准备、然后行动。更须以谦虚的态度，结合群众，获得一切的支持与助力，手段更应当正当。不计较一时的得失，态度光明磊落，柔和顺其自然，把握中庸原则，才能转危为安；如果有恃无恐，倔强倨傲，得意忘形，就难逃失败的命运。

巽卦第五十七 和顺进入 利见大人

巽下巽上

【原文】巽①：小亨，利有攸往，利见大人。

【译文】《巽》卦象征顺从：谦虚柔顺，小心处事可致亨通，有利于所要做的事情，利于出现有道德并居于高位的人物。

【注释】①巽：六十四卦卦名之一，象征"顺从"。

【原文】《彖》曰：重巽以申命。刚巽乎中正而志行。柔皆顺乎刚，是以"小亨，利有攸往，利见大人"。

【译文】《彖传》说：两个巽卦上下重叠，意在重申一种命令。阳刚者的谦恭在于他中直正大，他的志向和抱负也因此得以实现，而阴柔者的顺从在于他能听从强者差遣，因此说"小有亨通，有利于有所行动，利于会见大人"。

【原文】《象》曰：随风，巽；君子以申命行事。

【译文】《象辞》说：和风连连相随，象征"顺从"。具有贤良公正美德的君主应当仿效风行而物无不顺的样子，下达命令，施行统治。

【原文】初六，进退①，利武人之贞②。

【译文】初六，过度谦卑，进退迟疑，利于勇武之人坚守中正之道。

【注释】①进退：即是进是退。此乃指战前商榷筹谋。

②利武人之贞：有利于将帅之贞正。

【原文】《象》曰："进退"志疑也；"利武人之贞"，志治也。

【译文】《象辞》说："过度谦卑，进退迟疑"，是指意志懦弱犹豫；"利于勇武之人坚守中道"，是勉励其修治，以树立坚强的意志。

【原文】九二，巽在床下①，用史、巫纷若吉②，无咎。

【译文】九二，过度谦卑而屈居于床下，如果能像祝史、巫觋那样用崇敬谦恭的态度事神将十分吉祥，不会有什么祸患。

【注释】①巽在床下：一些朝臣非朝堂之上的私下进言。

②用史、巫纷若："史"，用龟甲进行占卜之人。"巫"，用蓍草进行求筮之人。借用卜筮向神灵求助。

【原文】《象》曰："纷若之吉"，得中也。

【译文】《象辞》说："用崇敬谦恭的态度去行事将十分吉祥"，这是因为九二爻能够居中守正的缘故。

【原文】九三，频巽①，吝。

【译文】朝令夕改，使人无所适从，会有祸患。

【注释】①频巽：频频接纳众人意见，犹心无主见或朝令夕改。

【原文】《象》曰："频巽之吝"，志穷也。

【译文】《象辞》说："朝令夕改，使人无所适从，会有祸患"，是因为当政者缺乏远大的志向。

【原文】六四，悔亡，田获三品①。

【译文】六四，悔恨消失，田猎时得到多种收获。

【注释】①田获三品：战争收获甚著。

【原文】《象》曰：田获三品，有功也。

【译文】《象辞》说："田猎时得到多种收获"，是因为能恪守"顺从"之道，所以才有所建树。

【原文】九五，贞吉，悔亡，无不利；无初有终①；先庚三日，后庚三日②，吉。

【译文】九五，坚守中道，可以得到吉祥，悔恨会消失，做任何事情没有不顺利的；开始时也许不会太顺利，但最后一定会通达。比如颁行新的法令、政令，可以在象征变更的"庚日"的前三天发布，在"庚日"后三天再开始施行这些命令，才能使命令深入人心，从而使上下皆顺从，由此获得好的效果。

【注释】①无初有终：开始很不顺利，结局却甚吉祥。

②先庚三日，后庚三日：战后祝捷的一种隆重仪式。

【原文】《象》曰：九五之吉，位中正也。

【译文】《象辞》说：九五爻之所以吉祥，是因为它居中端正，守持中道，慎始慎终。

【原文】上九，巽在床下，丧其资斧；贞凶。

【译文】上九，谦卑恭顺到了极点而屈于床下，丧失了赖以谋生的资本，丧失了刚硬的本性，结果是凶险的。

【原文】《象》曰："巽在床下"，上穷也；"丧其资斧"，正乎凶也。

【译文】《象辞》说："谦卑恭顺到了极点而屈居于床下"，处于穷极末路，无法前进；"丧失了谋生的资本"，失去了生活的能力，结果必然是凶险的。

【心灵导航】巽卦主要阐明"顺从"的意义。卦辞一方面表明，此时柔小谦顺者可致亨通、利有所往，另一方面指出上下巽顺的最终归宿是利于"大人"施治申命。但卦中诸爻所谓"顺从"的内在意义，却并非一味强调无条件地盲从卑顺，而往往是以"刚健"之德为勉。如初六勉以"武人之贞"，六四嘉以"田获"之功：两爻均须柔而能刚则美；九三以刚屈柔而生"吝"，上九以阳顺极而有"凶"：两爻均因丧失刚德致危。

至于二、五之吉，前者以刚中之道顺事神祇，不屈于威势；后者以中正之德申命行事，居一卦之尊。可见，六爻关于"顺从"的义理，无论是下顺乎上，还是上被下顺，均不离两项原则：其一，"巽"之道在持正不阿；其二，"巽"之时在有所作为。因此，所谓"顺从"当本于阳刚气质，与"屈从"之义格格不入。

在不安定中，必须谦逊顺从，才能收揽人心，得到助力，始能转危为安。谦逊也是做人应有的态度，唯有谦逊，才能进入他人心中，进入万物之中，而被接纳。谦逊顺从，但也非盲从，必须择善而从。谦逊顺从并非优柔寡断，更非自卑畏惧，也不是虚伪。而是应当正当，积极进取，事前安排周详，事后检讨得失，唯恐有所偏差的慎重态度，又必须恰如其分，不可过当。

兑卦第五十八　和悦高兴　当心口舌

兑下兑上

【原文】兑①：亨，利贞。

【译文】《兑》卦象征喜悦：亨通畅达，利于坚守中正之道。

【注释】①兑：六十四卦卦名之一，象征"欣悦"，也有"口舌"之意。

【原文】《彖》曰：兑，说也。刚中而柔外，说以"利贞"，是以顺乎天而应乎人。说以先民，民忘其劳。说以犯难，民忘其死。说之大，民劝矣哉！

【译文】《彖传》说：兑，就是喜悦的意思。说明阳刚居中坚守正道而谦逊恭顺在外，喜悦而有利于民去占卜，因此能够顺应客观规律而又切合人意。用喜悦去引导民众，民众因此忘记了疲劳。用喜悦去引导人民奔赴国难，民众则会忘记死的痛苦。和悦的意义多么伟大呀！可以使人民自我勉励而为之。

【原文】《象》曰：丽泽，兑；君子以朋友讲习。

【译文】《象辞》说：两个泽水并连。泽水相互流通滋润，彼此受益，象征喜悦；君子应当效法这一精神，乐于同志同道合的朋友一道研讨学业，讲习道义。

【原文】初九，和兑①，吉。

【译文】初九，能以平和喜悦的态度待人，吉祥。

【注释】①和兑：上下谐和，举国同喜。

【原文】《象》曰：和兑之吉，行未疑也。

【译文】《象辞》说：用平和喜悦的态度待人，吉祥，是因为行为诚信端正，不被人猜疑。

【原文】九二，孚兑①，吉，悔亡。

【译文】九二，心中诚信与人和悦，吉祥；悔恨消失。

【注释】①孚兑：国君用诚实的信用换来国人的喜悦。

【原文】《象》曰："孚兑之吉"，信志也。

【译文】《象辞》说："心中诚信与人和悦，吉祥"，说明心志诚信、笃实，能获得好的结果。

【原文】六三，来兑①，凶。

【译文】六三，前来寻求欣悦，有凶险。

【注释】①来兑：外面传来的喜悦。

【原文】《象》曰："来兑之凶"，位不当也。

【译文】《象辞》说："前来寻求欣悦，有凶险"，是因为居位不中不正的缘故。

【原文】九四，商兑①，未宁，介疾有喜②。

【译文】九四刚居柔位，对喜悦能保持一定的警惕，有所思量，心绪不宁，须排除凶险疾恶才会有喜庆的结果。

【注释】①商兑：贩卖来的喜悦。

②介疾有喜："介"，古曾作"众"用。众人对"商兑"有厌恶憎嫌之意，这是一种喜庆之事。

【原文】《象》曰：九四之喜，有庆也。

【译文】《象辞》说：九四爻能拒绝诱惑，毅然守正，因此出现好的兆头，值得庆贺。

【原文】九五，孚于剥①，有厉。

【译文】九五，诚心相信小人的巧言令色，必有危险。

【注释】①孚于剥：国君用诚实的信用换来的喜悦已开始剥脱消亡。

【原文】《象》曰："孚于剥"，位正当也！

【译文】《象辞》说："诚心相信小人的巧言令色必有危险"，只可惜它所居的正当之位了。

【原文】上六，引兑①。

【译文】上六，引诱别人一同欢悦。

【注释】①引兑："引"，引诱、引导。引兑，引诱（导）他人相与为悦。

【原文】《象》曰：上六"引兑"，未光也。

【译文】《象辞》说：上六爻"引诱别人一同欢悦"，说明欣悦之道未能光大。

【心灵导航】兑卦主要阐明"欣悦"的原则。强调以"刚中柔外"为悦，即刚为柔本、悦不失正。卦辞既称物情欣悦可致亨通，又说欣悦应当守持正固，正是揭明此旨。卦中六爻，两阴均以柔媚取悦，为被否定之象；四阳情状不一：初刚正和悦，最吉；二诚信而悦，"悔亡"亦吉；四商度抉择其悦，"有喜"；五居尊位而悦信于小人，则深戒以"危厉"。总的来说，阳刚不牵于阴柔，禀持正德，决绝邪谄，才能成欣悦之至美；反之，偏离正德，曲为欣悦，则不论是取悦于人，还是因人而悦，均将导致凶咎。

使人喜悦，自己也喜悦，可促使人际关系和谐，使人民喜悦，就能诚心诚意服从领导，不辞辛劳，不怕牺牲。这是顺天应人的道理。但动机必须纯正，以正当有利使人喜悦，而非不分是非。与人和悦，首先应当明辨是非，光明正大，而非阿谀谄媚；应当内刚外柔，坚持原则，和而不同。必须以诚信为本，手段正当。应当断然排除邪恶。更应当警惕，刚正也会被邪恶包围，小人不择手段，取悦于人的可怕，必须意志坚定，不可坠入小人的陷阱。

䷺涣卦第五十九　　人心涣散　　统一意志

坎下巽上

【原文】涣①：亨，王假有庙②，利涉大川，利贞。

【译文】《涣》卦象征涣散：顺畅亨通，贤明的君主去祠庙祭祀神灵以祈求保佑，利于渡过大川河流，利于坚守中正之道。

【注释】①涣：六十四卦卦名之一，象征"涣散"。乃论如何发展壮大自己之卦。

②王假有庙："假"（gé），至。君王到祖庙里去祭祀。

【原文】《彖》曰："涣，亨"，刚来而不穷，柔得位乎外而上同。"王假有庙"，王乃在中也。"利涉大川"，乘木有功也。

【译文】《彖传》说：《涣》卦亨通，是因为阳刚之士居于阴柔中而不困穷，阴柔者居于外而与阳刚者同心协力，共济大业。"君主到祠庙祭祀神灵，以祈求其保佑"，这表明君主能居中位而凝聚人心。"有利于涉过大川河流"，这说明涉难而常用涣道，就一定会成功。

【原文】《象》曰：风行水上，"涣"；先王以享于帝立庙。

【译文】《象辞》说：风行水面，象征涣散、离散。先代君王为了收合归拢人心便祭祀天帝，修建庙宇。

【原文】初六，用拯马壮①吉。

【译文】初六，借助健壮的好马来弥补力量的不足，可以获得吉祥。

【注释】①用拯马壮："拯"，辅助。用强壮的马来辅助自己。

【原文】《象》曰：初六之吉，顺也。

【译文】《象辞》说：初六之所以是吉祥的，是由于它能顺承阳刚。

【原文】九二，涣奔其机①，悔亡。

【译文】九二，处在涣散之时，要迅速脱离险境，转移到安全的地方，悔恨便会消失。

【注释】①涣奔其机："涣"，壮大。"机"，时机。壮大自己要抓住时机。

【原文】《象》曰："涣奔其机"，得愿也。

【译文】《象辞》说："涣散之时，要迅速脱离险境，转移到安全的地方"，脱离了危险，消失了悔恨，实现了自己的愿望。

【原文】六三，涣其躬①，无悔。

【译文】六三，宁愿自身受到损失，因此没有什么悔恨。

【注释】①涣其躬："躬"，自身。壮大自身。

【原文】《象》曰："涣其躬"，志在外也。

【译文】《象辞》说："宁愿自身受到损失"，说明志向在外。

【原文】六四，涣其群①，元吉；涣有丘②，匪夷所思③。

【译文】六四，尽散朋党，因而有大的吉祥；同时，它又能化解小群而聚成山丘一般大的群体，这不是常人所能想到的。

【注释】①涣其群："群"，群体。壮大自己的群体。
②涣有丘："丘"，小土山。壮大得似一座小土山。

③匪夷所思：非常人所能想得到。

【原文】《象》曰："涣其群元吉"，光大也。

【译文】《象辞》说："尽散朋党，因而有大的吉祥"，表明无自私自利之心，品行光明正大。

【原文】九五，涣汗其大号①，涣王居②，无咎。

【译文】九五，像挥发身上的汗水一样发布重大的命令，同时亦能疏散君王的积蓄用以聚拢民心，这样做一定不会有什么祸患。

【注释】①涣汗其大号：指更换其爵号。

②涣王居：重新修建其宫廷。

【原文】《象》曰："王居无咎"，正位也。

【译文】《象辞》说："疏散君王的积蓄以聚拢民心，这样做一定不会有什么祸患"，是因为九五爻居于正位，行事端正。

【原文】上九，涣其血去逖出①，无咎②。

【译文】上九，摆脱伤害，远远地避开它，不再接近它，不会有什么祸患。

【注释】①涣其血去逖出："逖"（tì），远。君王为了发展壮大，在进行战争时，被杀戮的鲜血远远流出。

②无咎：无有罪过。

【原文】《象》曰：涣其血，远害也。

【译文】《象辞》说：摆脱伤害，这就是避祸之道。

【心灵导航】《涣》卦主要阐明"散"与"聚"的规律和处涣之道。卦辞以"君王"祭庙喻聚合"神灵"之佑，以涉越大河喻聚合人心济难。说明事物形态虽散而神质能聚必致亨通，并强调此时行事利于守正。卦中六爻虽然均处"涣散"之时，但阴阳刚柔相比、相应，已流露出"聚"的气象。如初六阴柔在下，九二阳刚处中，时当涣散而两心系联，故前者如获"良马"拯助而致"吉"，后者似得"几案"凭依而"悔亡"；三、上两爻刚柔交应，或散其自身附从尊者而"无悔"，或散极见聚而"无咎"。四、五两爻的情状则更为典型，六四上承九五，有散小群、聚大群的美质；九五阳刚"尊主"，有散居积、聚民心的"盛德"：因此四得"元吉"，五获"无咎"。可见，本卦所明处"涣"之道，是立足于散而不乱、散而能聚的基点上；实际揭示了事物"散""聚"既对立又统一的特定规律。

在丰盛安逸的环境，人心容易涣散，以致离心离德，重私利而忘公益，使风气败坏，破坏团结，必须及时拯救。因而，当显露涣散的迹象时，就应当以强有力的对策，及时挽救。首先应顺应民情，先求安定；并且消除私心，消灭派系，抑制私利，革除弊端，为公众造福。唯有牺牲小我，完成大我，才能促成大团结，重新获得安定。

䷻ 节卦第六十　　节制欲望　艰苦创业

兑下坎上

【原文】节①：亨，苦节②不可，贞。

【译文】《节卦》象征节制：节制可致亨通；但过分的节制也不可以的，应守持正固。

【注释】①节：六十四卦卦名之一，象征"节制""节俭"。乃论述节制自己行为之卦。

②苦节：过分节制。

【原文】《象》曰："节，亨。"刚柔分而刚得中。"苦节不可，贞"，其道穷也。说以行险，当位以节，中正以通。天地节而四时成。节以制度，不伤财不害民。

【译文】《象传》说：节制就亨通。是因为刚柔有区分而阳刚居中。"但过分的节制也不可以的，应守持正固"，说明节制到了极端，他的道路就会穷尽。心情喜悦就能振奋精神勇于赴险，处于适当的位置就要适当约束自己，把握好节制的度，这样就会畅通无阻。天地正是因为有节度才形成了一年四季，用制度来节制自己的行为，就能既不浪费资财，又不伤害民众。

【原文】《象》曰：泽上有水，节；君子以制数度，议德行。

【译文】《象辞》说：大泽上有水，象征以堤防来节制。君子应当效法《节卦》的义理，制定典章制度和必要的礼仪法度来作为行事的准则，以此来节制人们的行为。

【原文】初九，不出户庭①，无咎。

【译文】初九，不迈出庭院，没有危害。

【注释】①不出户庭："户"，古本指单扇门。适当节制一下。

【原文】《象》曰："不出户庭"，知通塞也。

【译文】《象辞》说："不迈出庭院"，说明知晓通则当行，阻则当止的道理。

【原文】九二，不出门庭①，凶。

【译文】九二，因过分节制而不跨出门庭，会有凶险。

【注释】①不出门庭：指不迈出大门，过分的节制，苦苦节制。

【原文】《象》曰："不出门庭"，失时极也。

【译文】《象辞》说："因过分节制而不跨出门庭"，因此失去了适中、妥当的时机。

【原文】六三，不节若，则嗟若①，无咎。

【译文】六三，虽不能节制，但能嗟叹自悔，则没有祸患。

【注释】①不节若，则嗟若："若"，语气词。"嗟"，叹气。如果不节制自己的行动，那就会有嗟叹后悔。

【原文】《象》曰："不节之嗟"，又谁咎也！

【译文】《象辞》说："虽然不能节制，但能嗟叹自悔"，谁能给它造成祸患呢？

【原文】六四，安节①，亨。

【译文】六四，能安然实行节制，故而亨通。

【注释】①安节："安"，"善"。善节。

【原文】《象》曰："安节之亨"，承上道也。

【译文】《象辞》说："能安然实行节制，故而亨通"，说明谨守柔顺尊上之道。

【原文】九五，甘节①，吉，往有尚②。

【译文】九五，能适度节制从而让人感到甘美适中，是吉祥的；前行会受到褒奖。

【注释】①甘节：与"苦节"相对。

②往有尚：前往会得到崇尚。

【原文】《象》曰：甘节之吉，位居中也。

【译文】《象辞》说："能适度节制从而让人感到甘美适中，是吉祥的"，这是由于居位中正的缘故。

【原文】上六，苦节；贞凶，悔亡。

【译文】上六，因节制过分，则会感到苦涩；而且会发生凶险，如果能对过分节制感到懊悔，则凶险有可能消失。

【原文】《象》曰："苦节贞凶"，其道穷也。

【译文】《象辞》说："因节制过分，则会感到苦涩，会发生凶险"，因为过分节制导致末路穷途。

【心灵导航】《节》卦阐明"节制"的原则。主要强调"节制"应当"持正""适中"的道理，卦辞既称节制可致亨通，又戒不可"苦节"。卦中六爻两两相比之间，呈三正三反之象。其中凡有凶咎者，皆因不中不正所致；而最吉之爻，当推九五中正"甘节"。可见，节卦的基本含义在于，合乎规律的"节制"，有利于事物的正常发展；反之则致凶咎。

节制是美德，盲目突进就有危险；欲望无穷，难以满足；必须节制，使其不逾越常规。但节制过与不及，都将造成伤害，必须恰如其分。节制必须自觉自发，明辨是非，行动谨慎，自我节制，并且使其适当。不应当节制而节制，将丧失活力，失去时机。应当节制而不节制，必然造成伤害。节制应顺其自然，不可勉强；应以中正的德行，以身作则，倡导于先，使其蔚为风气，必然人人乐于接受。如果矫枉过正，极端节制，不论节约或节操，都将达到令人痛苦的程度，必然阻塞不通、违反常规，难以贯彻，往往适得其反。

历览前贤古与今，成由勤俭败由奢。

䷼中孚卦第六十一　　诚实守信　进取有为

兑下巽上

【原文】中孚①：豚鱼②吉，利涉大川，利贞。

【译文】《中孚》卦象征诚信：诚信施及愚钝无知的小猪小鱼身上，从而感化了它们，因此获得吉祥，利于涉越大河大川，利于坚守中正之道。

【注释】①中孚：六十四卦卦名之一，象征"中心诚信""诚实"。乃论述如何取信于民和信及天下之卦。

②豚鱼："豚"（tún），小猪。"豚鱼"，指小生命。"信及豚鱼"。

【原文】《象》曰："中孚"，柔在内而刚得中；说而巽，孚乃化邦也。"豚鱼吉"，信及豚鱼也。"利涉大川"，乘木舟虚也。中孚以"利贞"，乃应乎天也。

【译文】《象传》说：《中孚》卦，就是阴柔在内能谦虚诚恳，刚健居外能忠实有信，诚而有信，和悦而谦逊，可以教化全国。"用诚信能感化猪和鱼，是吉祥的"，是说诚信已施及猪、鱼这样微不足道的动物。"利于涉越大川大河"，是说就像怀着一颗诚挚的心去涉险渡难，畅通无阻。具有一颗诚实的心而又"利于守持正固"，这是因为顺应了自然规律。

【原文】《象》曰：泽上有风，中孚；君子以议狱缓死。

【译文】《象辞》说：泽上有风，风吹动着泽水，比喻没有诚信之德施及不到的地方，象征中心诚信；君子应当效法"中孚"之象，广施信德，慎重地议论刑法讼狱，宽缓死刑。

【原文】初九，虞①吉，有它不燕②。

【译文】初九，安守诚信可获吉祥，如果另有他求的话就会得不到安宁。

【注释】①虞（yú）：安。

②有它不燕："燕"，古通"宴"，义为"闲"。如"燕居"。如果还有其他，则不闲也。

【原文】《象》曰：初九"虞吉"，志未变也。

【译文】《象辞》说：初九"安守诚信可获吉祥"，是因为其没有他求的志向没有改变。

【原文】九二，鸣鹤在阴①，其子和之②；我有好爵③，吾与尔靡之④。

【译文】鹤在山的北面鸣叫，它的同类们一声声地应和着它；我有醇香的酒浆，愿与你一同畅饮。

【注释】①阴：古山的北面为阴，水的南面为阴。

②其子和之：指同类相鸣和。

③好爵："爵"，本酒器。引申为好酒。

④吾与尔靡之："靡"，本倾倒，此处当为醉倒。我与你们好好痛饮一场，醉倒方休。

【原文】《象》曰：其子和之，中心愿也。

【译文】《象辞》说："鹤的同类们一声声地应和着它"，说明它们表露出了内心的意愿。

【原文】六三，得敌①，或鼓或罢②，或泣或歌③。

【译文】六三，面临强劲的敌人，或者敲起战鼓发动进攻，或者兵疲将乏而致败退，或因为惧怕敌人的反击而哭泣，或由于敌人不加侵害而高兴地歌唱。

【注释】①得敌：遇到敌人。

②或鼓或罢：古鸣鼓为进，鸣金为退。鸣鼓而进，或鸣金而退。

③或泣或歌：想哭就哭，想唱就唱。

【原文】《象》曰："或鼓或罢"，位不当也。

【译文】《象辞》说："或者敲起战鼓发动进攻，或者兵疲将乏而致败退"，均是因为六三爻居位不正的缘故。

【原文】六四，月几望①，马匹亡，无咎。

【译文】六四，月亮将圆而未盈，好马失掉了匹配，不会有什么祸害。

【注释】①月几望：月近十五。

【原文】《象》曰："马匹亡"，绝类上也。

【译文】《象辞》说："好马失掉了匹配"，是指六四爻诚信专一，断绝与同类之间的交往，而专心事奉君主。

【原文】九五，有孚挛如①，无咎。

【译文】九五，具有诚信之德并以其牵系天下人心，天下的人也以诚信相和应，所以没有祸患。

【注释】①有孚挛如："挛"，指痉挛。君王的信用必须保持与民经常维系的样子。

【原文】《象》曰："有孚挛如"，位正当也。

【译文】《象辞》说："具有诚信之德并以其牵系天下人心"，是指居位中正适当，说明中心诚信这种教化作用可以施及整个邦国。

【原文】上九，翰音登于天①，贞凶。

【译文】上九，鸟高飞着，鸣叫声响彻天空，有可能出现凶险。

【注释】①翰音登于天：鸟的叫声太高。

【原文】《象》曰："翰音登于天"，何可长也！

【译文】《象辞》说："鸟高飞着，鸣叫声响彻天空"，这种虚声怎么可能长久保持呢？

【心灵导航】《中孚》卦阐明"中心诚信"的原则。卦辞用"感化小猪小鱼可获吉祥"，喻诚信之德广被微物，并称此时利于涉险、利于守正。卦中诸爻从不同的角度揭示其理：初安于下位以守信，二笃诚中实以感物，四专心致诚而不二，五广施诚信而居尊，这四爻虽处位不同、阴阳有别，但都是有"信"的正面形象；而六三居心不诚，言行无常，上九信衰诈起、虚声远闻，则为无"信"的反面形象。六爻最受推崇的，是二、五两爻，九二取"鸣鹤在阴，其子和之"为喻，九五取以"诚信"牵系"天下"之象，揭明心诚相应、取信于民的道理。

诚信为立身处世的根本，一切道德的根源，可以缩短距离、沟通意志，促进和谐与团结，发挥教化的功能，更可以积极进取，冒险犯难。但也并非毫无原则。诚信应以纯正为先决条件。凡事开始谨慎，事前慎重明辨，疑惑就不应信任，信任就不可怀疑，否则必然犹豫不定。诚信的对象并非毫无选择，必须彼此意志沟通、互相能够引起共鸣，彼此诚信，才能发挥诚信的功用。虚心为诚信的根本，自以为是，过度自信，反而孤高刚愎，脱离群众，造成失败。

小过卦第六十二　小有过越　行动有度

艮下震上

【原文】小过①：亨，利贞；可小事，不可大事，飞鸟遗之音②，不宜上，宜下，大吉。

【译文】《小过》卦象征略为过分：小过之时，可致亨通，但应以正为本，利于坚守中正之道；可以去干一些小事，但不可去涉足一些大事；飞鸟留下悲鸣之时，不应该向上强飞，而应该向下栖息，大为吉祥。

【注释】①小过：六十四卦卦名之一，象征"小有过越""小的超越"。乃论述为防止越界而为自己规定的控制自己行为规范之卦。

②飞鸟遗之音：空中飞翔的鸟遗留下的声音。

【原文】《象》曰：小过，小者过而亨也。过以"利贞"，与时行也。柔得中，是以小事吉也。刚失位而不中，是以不可大事也。有飞鸟之象焉。"飞鸟遗之音，不宜上，宜下，大吉"，上逆而下顺也。

【译文】《象传》说：小过是指阳刚之气稍微过盛而引起的动荡，关系不大，仍能亨通。有所过越而利于守持正固，是因为它能使你适时进退、畅行无阻。柔得中正之道，因此适宜做小事。阳刚失去中正之位而不能守持中道，因此不利于涉足天下大事。此卦有飞鸟之象，"飞鸟留下悲鸣的声音，告诫人们：不应再向上飞，而应该向下飞，大吉大利"，是说向上飞，违背天理，干一些小事则会平安顺达。

【原文】《象》曰：山上有雷，小过；君子以行过乎恭，丧过乎哀，用过乎俭。

【译文】《象辞》说：山上响雷，雷声超过了寻常的雷鸣，象征"小有过越"，君子应效法"小过"之象，在一些寻常小事上能略有过分，如行止时过分恭敬，遇到丧事时过分悲哀，日常用度过分节俭，为的是矫枉过正。

【原文】初六，飞鸟以凶①。

【译文】初六，飞鸟向上强飞将会出现凶险。

【注释】①飞鸟以凶：飞行的鸟有凶险。

【原文】《象》曰："飞鸟以凶"，不可如何也。

【译文】《象辞》说："飞鸟向上强飞将会出现凶险"，是咎由自取，无可奈何。

【原文】六二，过其祖，遇其妣①；不及其君②，遇其臣③，无咎。

【译文】六二，超过祖父，遇到祖母；但不能擅自越过君位，君臣遇合，一定没有祸患。

【注释】①过其祖，遇其妣：行为超过其父亲，所做之事接近其母亲。

②不及其君：功业威望不要赶上其君王，犹功高盖主之谓。

③遇其臣：指遇到居于己之上的君王的侍臣。

【原文】《象》曰："不及其君"，臣不可过也。

【译文】《象辞》说："不能擅自越过君位"，因为作为臣子是不能超越至尊的。

【原文】九三，弗过防之①，从或戕之②，凶。

【译文】九三，自恃强盛而不愿过分防备，从而将要为人所害，故有凶险。

【注释】①弗过防之：在没有超过其君王之时就要防止超过，要防备不测。

②从或戕之：其臣子的功德威信如果距离君王太近，将要受到君王的杀害。

【原文】《象》曰："从或戕之"，凶如何也！

【译文】《象辞》说："将要为人所害"，说明面临的危险是多么的严重啊!

【原文】九四,无咎,弗过遇之①;往厉必戒②,勿用,永贞。

【译文】九四,没有祸患,不过分恃强恃刚就能遇到阴柔;但是主动迎合阴柔会有凶险,因此,务必心存戒惕,不能去施展才用,要永远守中正之道。

【注释】①弗过遇之:在功业没有超过其君王的情况下相遇。

②往厉必戒:再往前走,必然凶厉,一定要警惕。

【原文】《象》曰:"弗过遇之",位不当也;"往厉必戒",终不可长也。

【译文】《象辞》说:"不过分恃强恃刚就能遇到阴柔",因为九四爻以刚居柔位,位置不正;"主动迎合阴柔会有凶险,务必要心存戒惕",是说若主动迎合阴柔,最终将不可能长久无害。

【原文】六五,密云不雨,自我西郊①;公弋取彼在穴②。

【译文】六五,乌云密布在天空而不下雨,这些乌云是从城的西边飘过来的;王公们用细绳系在箭上射取那些藏在穴中的野兽。

【注释】①密云不雨,自我西郊:此两句当指君王臣属寻衅。

②公弋取彼在穴:"弋"(yì),带有绳子的箭。君侯为了防备不测,当潜伏在洞穴中设防。亦含有蹈晦之义。

【原文】《象》曰:密云不雨,已上也。

【译文】《象辞》说:"乌云密布在天空而不下雨",是因为阴气超过了阳气,阴阳不合,故而不能化雨。

【原文】上六,弗遇过之①;飞鸟离之②,凶,是谓灾眚。

【译文】上六,不能遇合阳刚却超越了阳刚,无安栖之所的飞鸟遭受射杀之祸,故而凶险,这就叫作灾殃祸患。

【注释】①弗遇过之:君侯还没有遇到其君王之前其功业已超过了。

②飞鸟离之:有如飞鸟冲天而去。

【原文】《象》曰:"弗遇过之",已亢也。

【译文】《象辞》说:"不能遇合阳刚而超越了阳刚",是指其过分已达到极点,再危险不过了。

【心灵导航】《小过》卦阐明事物有时"小有过越"的道理。卦辞强调:此理必须用在处置"柔小之事",即所谓"可小事,不可大事";同时,过越的本质体现于谦恭卑柔,即所谓"不宜上,宜下"。而所"过越"者虽为"柔小之事",也必须建立在"正"的基础上。卦中诸爻的吉凶情状,都是围绕上述意义而发。其中六二、六五以阴柔居中,最得"小过"之旨;初、上虽亦阴爻,但均违"宜下"之道而致"凶";三、四两阳,前者过刚不能自下,后者居柔能下,故一"凶"一"无咎"。可见,"宜下"的准则,在本卦大义中至关重要。

行动难免过度,但必须明辨过度与收敛的分际。在消极方面,对自己要求稍为过度,有益无害;而在积极方面,则不可过度、好高骛远,不自量力,甚至招致杀身之祸。为此,过与敛、刚与柔,必须因应时机,适当节制,变通运用。即使是正义,也不可过度固执,以致处置过当,反而造成伤害。

䷾既济卦第六十三　大功告成　慎终如始

离下坎上

【原文】既济①:亨小,利贞;初吉终乱。

【译文】《既济》卦象征成功:此时功德完满,连柔小者都亨通顺利,有利于坚守正道;开始时是吉祥的,但如有不慎,终久必导致混乱。

【注释】①既济:六十四卦卦名之一,象征"事已成功"。

【原文】《彖》曰:"既济,亨",小者亨也。"利贞",刚柔正而位当也。"初吉",柔得中也。"终止则乱",其道穷也。

【译文】《彖传》说:《既济》卦,亨通,意思是小事亨通。"利于守持正固",是因为刚柔皆居正位。"起初吉利",说明弱者居于中位不偏倚。"最终会发生危乱",说明事物发展到了极限,就可能走下坡路。

【原文】《象》曰:水在火上,既济;君子以思患而预防之。

【译文】《象辞》说:水在火上,比喻用火煮食物,食物已熟,象征事已成功;君子应有远大的目光,在事情成功之后,就要考虑将来可能出现的种种弊端,防患于未然,采取预防措施。

【原文】初九,曳其轮①,濡其尾②,无咎。

【译文】初九,拉住车的轮子,不使它快进,小狐狸渡河时沾湿了尾巴,无法快游,没有灾祸。

【注释】①曳其轮:"曳"(yè),拖。朝后拉车轮,喻前行不顺利。②濡其尾:"濡"(rú),沾湿。河水淹湿了狐狸的尾巴。

【原文】《象》曰:"曳其轮",义无咎也。

【译文】《象辞》说:"拉住车的轮子,不使它快进",说明事情成功之后,必须谨慎从事,小心防备,才没有灾祸。

【原文】六二,妇丧其茀①,勿逐,七日得。

【译文】六二,丢失了妇人乘车的遮帘,不用去寻找,过不了七天就会物归原处。

【注释】①妇丧其茀:"茀"(fú),妇女车乘上的车帘。妇人丢失了其车乘的帘子。

【原文】《象》曰:"七日得",以中道也。

【译文】《象辞》说:"丢失妇人乘车上的遮帘,过不了七日就会物归原处",说明此时正处于中位,坚守正道,不偏不倚,所以丢失了的东西可以失而复得。

【原文】九三,高宗伐鬼方①,三年克之;小人勿用。

【译文】九三,殷高宗武丁征伐地处西北的鬼方国,经过三年的连续战斗才获得胜利;不可任用急躁冒进的小人。

【注释】①高宗伐鬼方:"高宗",即武丁王,商朝第十一代第二十位国王。"鬼方",古部族名,活动于陕西西北一带。

【原文】《象》曰:"三年克之"惫也。

【译文】《象辞》说:"经过三年的连续战斗才攻克了鬼方国",说明战争非常激烈又持续了三年之久,已经筋疲力尽了,胜利是来之不易的。

【原文】六四,繻有衣袽①,终日戒。

【译文】六四,渡河的时候,为了防止船漏水,事先要准备破布棉絮,而且整天保持戒备,以防止发生灾祸。

【注释】①繻有衣袽:"繻"(xū),彩色的丝帛,借指美服。"衣袽"(rú),败絮。上好的绸缎绫罗变成了一堆败絮。

【原文】《象》曰:"终日戒"有所疑也。

【译文】《象辞》说:"整天保持戒备,以防止灾祸的发生",说明此时心中有所疑虑,感到恐惧。

【原文】九五,东邻杀牛,不如西郊之禴祭①,实受其福。

【译文】九五,东边邻国杀牛羊来举行盛大祭礼,不如西边的邻国举行简单而朴素的祭祀,这样才能实在地得到神降赐的福分。

【注释】①东邻杀牛,不如西邻之禴祭:"东邻",指居于东边的殷商王朝。"西邻",指居于西方的西伯昌。禴祭,薄祭。"禴"当为"瀹"（yuè）字,"瀹",指用煮的新鲜蔬菜设祭。东边殷商王朝用杀牛来作祭祀,反倒不如我西周王朝用煮的新鲜蔬菜来作祭祀。

【原文】《象》曰："东邻杀牛",不如西邻之时也;"实受其福",吉大来也。

【译文】《象辞》说："东边的邻国杀牛宰羊来举行盛大的祭礼",还不如西边邻国能按时举行虔诚简单的时祭;西邻"实在地得到上天神灵降赐的福分",说明此时正当其位,吉祥福分将不断降临,非常幸运。

【原文】上六,濡其首①,厉。

【译文】上六,小狐狸渡河时弄湿了头,有危险。

【注释】①濡其首：河水淹没了狐狸的头部。

【原文】《象》曰："濡其首,厉",何可久也!

【译文】《象辞》说："小狐狸渡河时弄湿了头,有危险",这是警告在事情成功之后,要更加小心谨慎,不然怎能长久不败!

【心灵导航】《既济》卦阐发"守成艰难"的道理。卦辞虽称"事成"之时物无大小,俱获亨通,但又以"利贞"二字强调不可忘忽守"正";而"初吉终乱"一语,更是深明此时稍不敬慎必将复乱的诫意。卦中六爻,无不见警诫之旨：初戒"曳轮"不可前,二戒"丧茀勿逐",三戒"小人勿用",四"终日戒",五有"东邻杀牛"之戒,上更以"濡首厉"为戒。可见,"既济"之时虽万事皆成,但要安保这一既成局面,却非易事。

创业固然艰难,守成更加不易。当创业时期,人们朝气蓬勃、奋发图强,而一旦成功,就会得意忘形,满足现状,不再有大的作为;于是内忧外患,接踵而来。自然万物,推演变化无穷,才能生生不息。极度完成,变化法则就失去弹性,反而僵化,丧失奋发向前的活力,趋向没落。所以,一切最美满的事物,愈潜伏着极大的危机。

盛极必衰,是必然现象。唯有坚守正直,继续不断向前,才能减少由盈而亏造成的损害。应当高瞻远瞩,防患于未然,不计较一时的得失,适度节制,不要妄动。不被表面的盛大迷失,而重视实质的健全,时刻提高警惕,戒慎恐惧,防微杜渐。小人是一切祸害的根源,必须严厉排斥,不能使其形成势力。更不可过度自信,盲目突进,造成不可挽救的后果。

䷿未济卦第六十四　壮志未酬　继续努力

坎下离上

【原文】未济①：亨；小狐汔济②，濡其尾，无攸利。

【译文】《未济》卦象征事未完成：经过努力可以得到亨通；小狐狸渡河快到对岸了，却浸湿了尾巴，则没有什么吉利。

【注释】①未济：六十四卦卦名之一，象征"事未成"。

②汔济："汔"（qì），接近。快要渡到对岸。

【原文】《象》曰："未济，亨"，柔得中也。"小狐汔济"，未出中也。"濡其尾，无攸利"，不续终也。虽不当位，刚柔应也。

【译文】《象传》说：《未济》卦，亨通，因为柔弱者能坚守中正。"小狐狸眼看就渡过河了"，但还在水里，未脱离危险。"小狐狸的尾巴被河水浸湿了，没有什么利益"，说明促使事物成功的努力不能持续下去。《未济》卦的全部爻位都不正当，但阳刚阴柔却能相应（可促使成功）。

【原文】《象》曰：火在水上，未济；君子以慎辨物居方。

【译文】《象辞》说：火在水上，大火燃烧，水波浩浩，水火相对相克，象征未完成；君子此时要明辨各种事物，看到事物的本质，努力使事物的变化趋向好的方面，这样做则万事可成。

【原文】初六，濡其尾，吝。

【译文】初六，小狐狸渡河时被水浸湿了尾巴，会有麻烦。

【原文】《象》曰："濡其尾"，亦不知极也。

【译文】《象辞》说："小狐狸渡河时被水浸湿了尾巴"，说明其自不量力，不知道自己究竟能使多大的气力，急躁冒进，结果招致麻烦。

【原文】九二，曳其轮①，贞吉。

【译文】九二，向后拖拉车轮，使车不快进，坚守正道可以得到吉祥。

【注释】①曳其轮：向后拖车。阻止其快速前进以防凶险。

【原文】《象》曰：九二贞吉，中以行正也。

【译文】《象辞》说：九二爻之所以可获吉祥，是因其恃中不移，端正不偏倚，有所节制，这样行事必获吉祥。

【原文】六三，未济，征凶①，利涉大川。

【译文】六三，事情未完成，急躁冒进去远行有凶险，但有利于渡过大河巨流。

【原文】《象》曰："未济，征凶"，位不当也。

【译文】《象辞》说："事情未完成，急躁冒进远行有凶险"，说明此时所处的位置不当。

【原文】九四，贞吉，悔亡；震用伐鬼方，三年有赏于大国①。

【译文】九四，坚守正道可获吉祥，悔恨消失；以雷霆万钧之势征讨鬼方国，经过三年的激烈战斗终于得到了胜利，被封为一个大国的诸侯。

【注释】①震用伐鬼方，三年有赏于大国：指周文王之父季历伐鬼方而被殷文丁王封为西伯牧师，成为西方一大诸侯国。

【原文】《象》曰："贞吉悔亡"，志行也。

【译文】《象辞》说："坚守正道可获吉祥，悔恨消失"，说明实现了建功立业的志向。

【原文】六五，贞吉，无悔；君子之光，有孚①吉。

【译文】六五，坚守正道可获吉祥，没有什么悔恨；这是君子所具有的美德的光辉，有诚实守信的德行可获吉祥。

【注释】①君子之光，有孚：君侯的辉煌形象受到大家的信赖与崇尚。

【原文】《象》曰："君子之光"其晖吉也。

【译文】《象辞》说："君子所具有的美德的光辉"，说明此时正在事情即将成功的关键时刻，应该具有诚实守信、光明正大的美德，才能获得成功，光彩焕发，得到吉祥。

【原文】上九，有孚于饮酒①，无咎；濡其首，有孚失是②。

【译文】上九，满怀信心，充分信任众人，这时可以安闲自得地饮酒作乐，没有什么灾祸；纵情滥饮，被酒淋湿了头，则说明过分信任他人，将会损害君子的正道。

【注释】①有孚于饮酒：威望信用已卓著，此时不过饮酒以待时。
②有孚失是：其威信与形象已丧失。

【原文】《象》曰：饮酒濡首，亦不知节也。

【译文】《象辞》说："纵情滥饮，被酒淋湿了头"，这样喝得醉醺醺的，就会误了大事，就有灭顶之灾，这是放纵自己没有节制的结果。

【心灵导航】《未济》卦阐明"事未成"的道理。全卦大旨说明：当

"事未成"之时，若能审慎进取，促使其成，则"未济"之中必有"可济"之理。但卦辞在指出努力求济可致"亨通"的同时，仍不忘事物发展的另一面，又以"小狐"渡河将竟"濡尾"、徒劳无益为喻，诫人若不慎始慎终必难成济。卦中诸爻所示：下三爻尚未能"济"，主于戒其"慎"；上三爻已向"既济"转化，主于勉其"行"。六爻的寓意，以上六为最深长。就"爻位"看，其时虽已转为"既济"，但若纵逸无度，必有重反"未济"之危，故爻辞既言"无咎"又发"失是"之戒，意在揭明：事物的成败，是随时均可能转化的。事物的"完美"或"成功"是相对的，"缺陷"或"未成"却是时时伴随着前者。孙中山有言："革命尚未成功，同志仍须努力。"

　　成功为极度的完成；但宇宙间的一切，不可能永远圆满，就此终止。始终在酝酿中，必然由亏而盈，由满而损，反复循环，继续演变发展于无穷，具备无限的潜力。

　　在成功与未成功的边缘，更是危机四伏，最艰苦的关键时刻，成功与失败，往往就在这一刹那间突然到来。更应当坚守正道，把握中庸原则，刚柔并济，不可掉以轻心；必须量力，适度节制，不可逞强，不可行动过当，以致功亏一篑。相反，在这一即将突破重重险阻，关系成败的重要时刻，必须在慎重判断，充分策划下，断然冒险，才能打开成功之门。明智、诚信、正当、中庸、谦虚，号召贤能，巩固团结，振奋士气，集中意志与力量，为成功的必备条件。更需要有长期艰苦奋斗的坚定信念，与成功不必在我的恢宏胸襟，才能坦然冷静应对，贯彻始终，达到成功。

　　山外青山楼外楼，
　　英雄好汉争上游；
　　争得上游莫骄傲，
　　还有强者在前头。

　　《易经》六十四卦、三百八十四爻，到此为止。然而，"变易""简易""不易"的原理，则并未终止。宇宙森罗万象，依然在无穷无尽中变化演进。《易经》以《乾》《坤》二卦为始，以《既济》《未济》二卦为终，充分反映了变化发展、生生不息的思想。

第八章

系辞上传

【原文】天尊地卑，乾坤定矣。卑高以陈，贵贱位矣。动静有常，刚柔断矣。方以类聚，物以群分，吉凶生矣。在天成象，在地成形，变化见矣。是故刚柔相摩，八卦相荡。鼓之以雷霆，润之以风雨。日月运行，一寒一暑，乾道成男，坤道成女。乾知大始，坤作成物。乾以易知，坤以简能。易则易知，简则易从。易知则有亲，易从则有功。有亲则可久，有功则可大。可久则贤人之德，可大则贤人之业。易简而天下之理得矣。天下之理得，而成位乎其中矣。

【译文】天尊贵在上，地卑微在下，《易经》中乾为天、为高、为阳，坤为地、为低、为阴的象征就定了。天地间万事万物莫不由卑下以至高大，杂然并陈，《易经》中六爻贵贱的位置，亦依序而排定了。天地间万事万物动极必静，静极必动，动静有一定的常态，《易经》中阳刚阴柔，阳极生阴，阴极生阳的道理也就由是断定，断然可知了。天下人各以其道而以类相聚，物各以其群而以类相分，同于君子、同于善的事物则吉，同于小人、同于恶的事类，则凶就产生了。在天成就日月星辰昼夜晦冥的现象，在地成就山川河岳动植高下诸般的形态，而人世间万事万物错综复杂的变化，由是可以明显看到了。所以宇宙间，阴阳二性不停地切摩变化，八卦所代表的天地间的八个基本物象，不停地相与鼓动变化，由是产生了宇宙万物。比如说，以雷霆之气，鼓动万物的生机，以风雨疏散润泽万物的气机，日月的运行就构成了人间的昼夜寒暑，乾为天、为父、为阳，是构成男性的象征，坤为地、为母、为阴，是构成女性的象征。乾为天，代表时间，故知天地之大始；坤为地，代表空间，故能作成万物。乾为天昭然运行于上而昼夜攸分，是容易让人了解的，坤为地浑然化为万物，是以简易为其功能的。容易则易于知解，简易则容易遵从。容易使人了解则有人亲附，容易遵从，则行之有功。有人亲附则可以长久，有能成功则可以创造伟大的事业。可以长久的，是贤人的德泽；可以成为伟大的，是贤人的事业。《易经》的道理即是如此简易，而能包含天下的道理，能了知天下的道理，则能与天地同参，而成就不朽的名位了。

【注释】①系辞：是从总体上阐述、解释《易经》经文之辞。《系辞》上、下传按朱熹的分法，各分为十二章。

（以上为第一章，以乾坤比喻天地，认为天地万物的矛盾对立与运动变化规律，可以用八卦来说明。）

【原文】圣人设卦观象，系辞焉而明吉凶，刚柔相推而生变化。是故吉凶者，失得之象也。悔吝者，忧虞之象也。变化者，进退之象也。刚柔者，昼夜之象也。六爻之动，三极①之道也。是故，君子所居而安者。《易》之序也，所乐而玩者，爻之辞也。是故君子居则观其象而玩其辞，动则观其变而玩其占，是以"自天佑之，吉无不利"②。

【译文】圣人观察宇宙间万事万物的现象而设置六十四卦，三百八十四爻以规范之，复于六十四卦三百八十四爻下各系以吉凶悔吝及有关卦爻象之文辞，而使人明白吉凶的趋向，《易经》中阳刚阴柔相与切摩推荡，而产生变化。所以《易经》中有"吉凶"，是成功或失败的现象。"悔吝"，是表示有忧虑或顾虑的现象。"变化"，是前进或后退的现象。"刚柔"，即是昼夜，夜尽昼来，昼尽夜来的现象。六爻的动态，就是天地人三才的道理。所以君子平居之时，能心安理得，这是因为能法象《易经》的文辞呀。所以君子平居之时就观察易象而探索玩味它的文辞；一有行动，则观察《易经》的变化，而玩味占筮的吉凶。所以能如《大有》卦上九爻辞所说："从上天佑助之，完全的吉而没有不利的。"

【注释】①三极：指天、地、人。

②自天佑之，吉无不利：引自《大有》卦上九爻辞。佑（也为"祐"），助。

（以上为第二章，论述《易经》卦爻是宇宙事物发展变化的映象，指出君子认真学习《易经》的重要性。）

【原文】彖者，言乎象者也，爻者，言乎变者也。吉凶者，言乎其失得也。悔吝者，言乎其小疵也。无咎者，善补过也。是故列贵贱者存乎位①，齐小大者存乎卦②，辩吉凶者存乎辞，忧悔吝者存乎介，震无咎者存乎悔。是故卦有小大，辞有险易。辞也者，各指其所之。

【译文】"象辞"是解释全卦的道理现象的。"爻辞"是说明每一爻的变化的。"吉凶"是说明其成功或失败的。"悔吝"是说明其小有弊病与过错的。"无咎"是要人善于补救其过失的意思。所以分出六爻贵贱的，就在它所居的位置而定。齐一各卦所包含事理的大小，则在于各卦的卦象而知。辨别吉凶的，就在各卦各爻的文辞而知，忧虑于悔吝之来临者，则在于吉凶祸福义利善恶几微之间，谨慎小心。能从"无咎"之中变动而吉者，则在于能悔改。所以卦有小有大，小象征其阴，大象征其阳，卦爻之辞也有极危险的，如劓（yì）刖（yuè）征凶，也有极平易的，如利见大人，利涉大川。各卦爻之辞，皆各指各卦各爻之意旨趋向。

【注释】①列贵贱者存乎位：贵与贱的排列要看爻位。例如初爻为卑、上爻为高、二爻为臣、五爻为君等。

②齐小大者存乎卦：排列大小要看卦。据《说卦》，凡经卦主爻是阳爻的为阳卦，为大。如八卦中的乾、震、坎、艮。凡经卦主爻是阴爻的为阴卦，为小。如八卦中的坤、巽、离、兑。

（以上为第三章，论述《易经》对人事的指导意义。）

【原文】《易》与天地准，故能弥纶①天地之道。仰以观于天文，俯以察于地理，是故知幽明之故。原始反终②，故知死生之说。精气为物，游魂为变，是故知鬼神之情状。与天地相似，故不违。知周乎万物，而道济天下，故不过。旁行而不流，乐天知命，故不忧。安土敦乎仁，故能爱，范围天地之化而不过，曲成万物而不遗，通乎昼夜之道而知，故神无方而《易》无体。

【译文】易理准则于天地，所以能包括统贯天地间一切的道理。上则观察天上日月星辰的文采，下则观察大地山河动植的理则，所以知道昼夜光明幽晦的道理。追原万事万物的始终，故知死生终始循环的道理。精神气质合则构成万物，灵魂是生命的源泉，它是随着生老病死而变化的，由是我们可以探知鬼神的情态。《易》与天地之道相似，故不违背。能周知万物的情态，而其义足以匡济天下，故能致用而不超过。能遍行天下而未有流弊，通易道者能乐行天道之所当然，知天命之造化，故无忧。安于所处之境，而敦行仁道，故能泛爱天下。能范围包括天地一切的变化，而不会有过失；能委曲成全万物，而不会有遗漏；能通明于昼夜、阴阳的道

第八章 系辞上传

理,而尽知其道。所以神的奥妙难测,是无方所可推求的;易理的周知宇宙,也不可以一曲之体讨论的。

【注释】①弥纶:包括一切。

②原始反终:考察开始,寻求终结。

(以上为第四章,渲染《易经》的博大精妙,宣扬掌握《易》道能深通天地万物之理、可以兼济天下的巨大作用。)

【原文】一阴一阳之谓道,继之者善也,成之者性也。仁者见之谓之仁,知者见之谓之知,百姓日用不知,故君子之道鲜矣!显诸仁,藏诸用,鼓万物而不与圣人同忧,盛德大业至矣哉!富有之谓大业,日新之谓盛德。生生之谓易,成象之谓乾,效法之谓坤,极数知来之谓占,通变之谓事,阴阳不测之谓神。

【译文】一阴一阳的相反相生,运转不息,为宇宙万事万物盛衰存亡的根本,这就是道。继续阴阳之道而产生宇宙万事万物的就是善,成就万事万物的是天命之性,亦即道德之义。有仁德的人见此性此道,即认为是仁,聪明的人体察此性此道,就认为是智。百姓日常受用,遵循此道此性而各遂其生,而不知晓,所以君子之道能涵盖万有,为万物之根,而知之者却很少呀!君子之道(即易道)显现之仁道,是可以见之于实行的。蕴藏之以致用,是可以舍之则藏的。能鼓动万物的生机,而不与得天子之位的圣人同其忧思,可以树立盛明的德行,伟大的事业是多么的完美呀!学问德行乃至天下万事万物的具足富有,就是伟大的事业了,日新又新,就具足了盛明的德行了。生生不息,变化前进不已,就是"易",成就现象就是"乾",效法而行就是"坤",极尽数术的推演,知道将来的变化就是"占",通达变化之道,就是"事",能运用阴阳之道,至神奇奥妙,变化莫测的,就是"神"。

(以上为第五章,论述阴阳的对立统一和道的作用。)

【原文】夫《易》广矣大矣!以言乎远则不御①,以言乎近则静而正,以言乎天地之间则备矣。夫乾,其静也专,其动也直,是以大生焉。夫坤,其静也翕,其动也辟②,是以广生焉。广大配天地。变通配四时,阴阳之义配日月,易简之善配至德。

【译文】易道真是广大呀,以论说其远,则无所止息;说到其近处,则很文静而又端端正正地放置在我们面前;以谈论于天地之间,就具足了一切万事万物的道理了。乾六画皆阳,纯阳刚健,当它静而不变之时,则专一而无他；当它动而变化之时，则直遂而不挠，所以广大的宇宙持此产生。坤卦六画都是阴，柔顺敦厚，当它静而不变之时，则收敛深藏；当它动而变化的时候，则广开展布，所以广大的万物皆由是产生。易理的广大，配合天地；变化通达，配合四时；阴阳之理，配合日月，易简的至善，配最高的德性。

【注释】①不御：无止境。

②其静也翕（xī 合，和顺），其动也辟：它静止时，收敛其气，它起动时开辟以生育万物。

（以上为第六章，论述《易》道的广大。）

【原文】子曰："《易》其至矣乎！夫《易》，圣人所以崇德而广业也。知崇礼卑，崇效天，卑法地，天地设位，而《易》行乎其中矣。成性存存①，道义之门。"

【译文】孔子说：《易经》的道理是最伟大的呀，《易经》正是圣人用以崇高道德、广大事业的。智慧要求到崇高而后止，礼节则自谦卑入手，崇高效法天道，谦卑效法地道。天地既设位，《易经》之道也就行于天地之间了。成就此崇高广大的善性，当不停地蕴存之，存养之，这就是道义所由产生的门户了。

【注释】①成性存存：成就万物，是其本性，存之又存，保存万物的存在。

（以上为第七章，论述《易》道的功用。）

【原文】圣人有以见天下之赜①，而拟诸其形容，象其物宜，是故谓之象。圣人有以见天下之动，而观其会通，以行其典礼，系辞焉以断其吉凶，是故谓之爻，言天下之至赜而不可恶也，言天下之至动而不可乱也。拟之而后言，议之而后动，拟议以成其变化。

"鸣鹤在阴，其子和之；我有好爵，吾与尔靡之。"子曰："君子居其室，出其言善，则千里之外应之，况其近者乎？居其室出其言不善，则千里之外违之，况其近者乎？言出乎身，加乎民，行发乎迩，见乎远。言行，君子之枢机。枢机之发，荣辱之主也。言行，君子之所以动天地也，可不慎乎？"

"同人，先号咷而后笑。"子曰："君子之道，或出或处，或默或语。二人同心。其利断金；同心之言，其臭如兰。"

"初六，藉用白茅，无咎。"子曰："苟错②诸地而可矣，藉之用茅，何咎之有？慎之至也。夫茅之为物薄，而用可重也。慎斯术也以往，其无所失矣。"

"劳谦，君子有终，吉。"子曰："劳而不伐，有功而不德，厚之至也。语以其功下人者也。德言盛，礼言恭。谦也者，致恭以存其位者也。"

"亢龙有悔。"子曰："贵而无位，高而无民，贤人在下位而无辅，是以动而有悔也。"

"不出户庭，无咎。"子曰："乱之所生也，则言语以为阶。君不密则失臣，臣不密则失身，几事不密则害成。是以君子慎密而不出也。"

子曰："作《易》者其知盗乎？易曰：'负且乘，致寇至。'负也者，小人之事也；乘也者，君子之器也。小人而乘君子之器，盗思夺之矣。上慢下暴，盗思伐之矣。慢藏诲盗，冶容诲淫。《易》曰：'负且乘，致寇至。'盗之招也。"

【译文】圣人见天下万事万物的繁杂，因而拟测万事万物的形态，而归纳为八个基本卦，以象征万事万物所适宜的物象，所以叫作"象"。圣人见天下一切动作营为的千变万化，而观察其可以会而通之之道，制成六十四卦三百八十四爻，以显现一切动作营为的常体，复合系之以辞，而断定它的吉凶，因此就成为"爻"。有了八卦所代表万事万物的象征，故天下最繁杂的万事万物，也不致嫌其厌恶了。有了三百八十四爻以拟像天下一切的动作营为，故天下最动荡不安的事情，观察易爻，也不致烦乱了。八卦之象，三百八十四爻之辞既是从拟议而得，吾人于人世间处事应物亦当拟测揆度之后，才可发为言论，议论探讨周详后，方可有所动作，言行能如此拟测揆度、议论探讨，斯能成就变化如神的事业。中孚九二的爻辞说："鹤鸣于阴暗之处，其子即能和声响应，我有好的爵位，我将与你共同治理。"孔子申论之云："君子住在家里，发出善美的言论，则千里之外的人也会闻风响应兴起，何况是接近他的人呢？如发出不善的言论，则千里之外的人也会违背他，而不以为是，何况是接近他的人呢？言语是从本身发出，而能影响于百姓，行为是从近处着手，而显现于远处。言行是君子的关键要枢，关键的发起，是光荣或受辱的主宰。言行正是君子感动天地之由，可以不谨慎吗？""同人九五，在居尊得位，在天下和同之先，本有艰难，故号咷大哭，以至诚感人，终至天下和同，故后快乐而笑。"孔子申论之，言："君子之道，或出而服务天下，或隐处而独善其身，或沉默，或言语，如二人同心，其锋利足断坚硬的金属。同心的意思，是说二人精诚团结，心意齐同，其气味的相投。犹如兰蕙的芳薰。""大过初六谓：藉用白茅承垫祭祀品，这是无咎的。"孔子申论之言："祭祀品如放置于地上即可以了，而又承垫之以白茅，又何有灾咎呢？是谨慎到极点了呀。茅草之为物本来很纤薄不贵重的呀，而可用于承垫祭祀品，则其用处很重大的了。人如能以此谨慎之道以行，必能无所错失了。"谦卦九三说："劳苦功高而又谦虚的君子，最终是吉利的。"孔子说："有功劳而不夸耀，有功绩而不自以为德，是敦厚到极点了。是说以其功劳犹谦下于人呀。德是称其有盛明的德行，礼是说其恭敬，谦虚就是表现恭敬以保存他的职位的了。"乾卦上九谓："龙飞到了过高的地方，必将会后悔。"孔子说："身份显贵而没有根基，地位崇高而没有人民，有才德的压抑在下层，不能获得他们的辅助，因此有所行动必招祸殃。"节卦初九谓："不出门庭，是没有灾咎的。"孔子说："扰乱的生起，是言语以为阶梯，国君不保密，则失去臣子。臣子不保密，则失去身命，机密的事情不保密，则造成灾害。所以君子是谨慎守密而不泄漏机密呀。"孔子说："作《易经》的人，大概知道盗之所起吧？《易经》解卦六三说：'背负着东西，又且乘在车上，势必招致盗寇的来临呀。'负着东西，本是小人之事，乘的车子，本是君子治国平天下乘坐的器具，今小人而窃乘君子的器具，必无能匡济，大盗必思强夺它了。君上傲慢，臣下暴敛，大盗必思侵犯其国了。漫藏财富，就教诲盗寇的偷盗，女人妖冶其容貌，必招坏人之淫辱。《易经》说：'负且乘，致寇至。'原是说自己招致寇盗之意呀。"

【注释】①赜（zé）：复杂、深奥。

②错：措，放置。

（以上为第八章，论述卦爻的应用。）

【原文】天一地二，天三地四，天五地六，天七地八，天九地十。天数五，地数五，五位相得而各有合。天数二十有五，地数三十，凡天地之数五十有五，此所以成变化，而行鬼神也。大衍之数五十，其用四十有九。分而为二以象两①，挂一以象三，揲之以四以象四时，归奇于扐以象闰。五岁再闰，故再扐而后挂。天一地二，天三地四，天五地六，天七地八，天九地十，天数五，地数五，五位相得而各有合。天数二十有五，地数三十。凡天地之数五十有五，此所以成变化而行鬼神也。

《乾》之策，二百一十有六，《坤》之策，百四十有四，凡三百有六十，当期之日。二篇之策，万有一千五百二十，当万物之数也。是故四营而成《易》。十有八变而成卦，八卦而小成。引而伸之，触类而长之，天下之能事毕矣。显道神德行，是故可与酬酢，可与佑神矣。子曰："知变化之道者，其知神之所为乎！"

　　【译文】天为一地为二；天为三地为四；天为五地为六；天为七地为八；天为九地为十。天的数字五个（都是奇数），地的数字五个（都是偶数），天地的五个数字各自相加，各得一个和的数。天数的和（一加三加五加七加九）是二十五，地数的和（二加四加六加八加十）是三十。天数、地数的和是五十五。应用这个数字可以形成变化而贯通鬼神。演天地之数以卜筮，是用五十根蓍草，（无则用竹代之，一加至十减五行为五十。）其用唯四十九根而已。（留一不用，放回袋中以象太极。）任意分为二堆以象两仪，从右手堆中取一根挂于左手小指无名指间以象三才，以四根四根分之，以象四时的运行，先以右手取左手的蓍草，以四根四根数之，将其余数或一或二或三或四，挂于无名指与中指间，以象农历的三年一闰，再以左手取右手堆的蓍草用四四分之，将其余数或一或二或三或四，挂于中指与食指间，以象农历的五年两闰。如是将挂于左手的蓍草取出，非五即九，即成一变，是谓再扐而后挂。天即阳，地即阴，阳数奇，即一三五七九，阴数为偶，即二四六八十。阴阳之数各有五个，五个奇数五个偶数各相参合，阳数共有廿五，阴数共有三十。阴阳之数合之共有五十有五，如是阴阳十位之数，推而大之，可至百京兆亿，推而小之，可至丝毫厘撮，这就是易道所以成就变化，而推算的神妙莫测如鬼神了。乾为阳，策即推算蓍草的根数，阳数九，以四时乘之为卅六，再以六爻乘之为二百一十六。坤为阴，阴数六，以四时乘之为廿四，再以六爻乘之为一百四十四。二策相加凡三百六十，相当于一年的日数。《易经》上下二篇六十四卦，共有三百八十四爻，阴阳各一百九十二，以阳数卅六，阴数廿四，各乘以一百九十二而加之，总计得一万一千五百二十，相当于万物的数字。所以"揲之以四"去营求，而构成《易》筮数的变化，三变而成一爻，卦有六爻，十八变即筮成一卦，圣人作《易》画八卦以括万事万物之象，仅为小成而已。引而伸之，顺其类而推求之，增长之，即构成六十四卦，三百八十四爻，方作成一部《易经》，天下的能事皆尽在此《易经》之中了。故《易经》可使道术显明于天下，使德行神妙莫测，所以可以应酬于人间之世，而如获得神明的祐助了。孔子说："了解《易经》的变化道理的人，岂不就能知道神的所作所为了吗！"

【注释】①分而为二以象两：将四十九分作两组以象两仪，两，指天地。

（以上为第九章，讲求卦的具体方法、步骤。）

【原文】《易》有圣人之道四焉：以言者尚其辞，以动者尚其变，以制器者尚其象，以卜筮者尚其占，是以君子将以有为也。将有行也，问焉而以言，其受命也如响。无有远近幽深，遂知来物。非天下之至精，其孰能与①于此？参伍以变，错综其数。通其变，遂成天下之文；极其数，遂定天下之象。非天下之至变，其孰能与于此？《易》无思也，无为也，寂然不动，感而遂通天下之故。非天下之至神，其孰能与于此。

夫《易》，圣人之所以极深而研几②也。惟深也，故能通天下之志；惟几也，故能成天下之务；惟神也，故不疾而速，不行而至。子曰："《易》有圣人之道四焉"者，此之谓也。

【译文】《易经》有圣人之道四，即辞、变、象、占。以《易经》来谈论的人则崇尚《易》辞，以动作营为的人则崇尚《易》之变化，以制造器具的人则崇尚《易》象，以筮卦的人则崇尚《易》占。所以君子将有作为，将行动的时候，探问于《易》以筮卦，而《易》即以其六十四卦当中的吉辞应答，即筮得吉凶之辞，则受易道之指引，如响之应声。无论远近幽深，吾人藉《易》之占筮，终于知解将来事物的变化，非天下最精深者，谁能如此呢？三才五行或阴阳之数参合五位的变化，错综其数字的推演，通达它的变化，终于成就阴阳之数的神妙，而《易》中阴阳卦爻的文辞也由此可以推知了。极尽数字的变化，遂能肇定天下的物象，非天下最神奇变化的，谁能如此呢？《易经》本身是没有思虑的，是没有作为的，是安详寂静不动的，人若能感发兴起而运用之，终能通达天下一切的事故，如非天下最神奇美妙的，谁能如此呢？《易经》是圣人极尽幽深，研究神机莫测的一门大学问，正唯它的幽深，故能通达天下人的心志，正唯它的神机莫测，故能成就天下的一切事务，正唯它的神妙，所以似不见其急速，而自然快速，似不见其行，而能到达。孔子说"《易》有圣人之道四焉"者，就是指此而言的。

【注释】①与：至，达。

②极深而研几：穷极深隐，研求几微。

（以上为第十章，赞扬《易》道的至精、至变、至神和尚其辞、尚其变、尚其象、尚其占等四方面的"圣人之道"。）

【原文】子曰："夫《易》何为者也？夫《易》开物成务，冒天下之道，如斯而已者也。"是故圣人以通天下之志，以定天下之业，以断天下之疑。是故蓍之德圆而神，卦之德方以知，六爻之义易以贡，圣人以此洗心①，退藏于密，吉凶与民同患。神以知来，知以藏往，其孰能与于此哉？古之聪明睿智神武而不杀者夫。是以明于天之道，而察于民之故，是兴神物以前民用。圣人以此斋戒，以神明其德夫。是故阖户谓之坤，辟户谓之乾，一阖一辟谓之变，往来不穷谓之通。见乃谓之象。形乃谓之器，制而用之谓之法，利用出入、民咸用之谓之神。是故《易》有太极，是生两仪，两仪生四象，四象生八卦，八卦定吉凶，吉凶生大业，是故法象莫大乎天地；变通莫大乎四时；悬象著明莫大乎日月；崇高莫大乎富贵；备物致用，立功成器以为天下利，莫大乎圣人；探赜索隐，钩深致远，以定天下之吉凶，成天下之亹亹者②莫大乎蓍龟。是故天生神物，圣人则之。天地变化，圣人效之。天垂象，见吉凶，圣人象之，河出图，洛出书，圣人则之。《易》有四象，所以示也。系辞焉，所以告也。定之以吉凶，所以断也。

【译文】孔子说："《易经》是作什么的呀？《易经》即是开创万物成就事务，包括天下一切道理，如此而已的一门学问呀。"所以圣人以《易》通达天下一切人的心志，以《易》肇定天下的事业，并以之决断天下一切的嫌疑。所以蓍草占筮用四十九根，其德性是圆通而神妙，六十四卦的德性是方正而有睿智，每卦皆有六爻，其意是很简易而贡献在我们面前的。圣人以此开导、启发其心，退藏于深秘之处，吉凶与百姓同其忧患。《易经》之神妙足以知道将来变化之理，其智慧足以储藏既往的知识经验。谁能参赞于此呢？唯有古之聪明深智，神武而不嗜杀人者能如此而已。所以明白天的道理，而复能观察百姓的事故，是以天地兴起蓍草的神妙之物，以为民所用，使趋吉避凶于未做事之前。圣人以此斋戒其心，以神明他德业的幽深吧！《易》之阴阳变通之理，随处可见，比如以门户比喻，关起门户来谓之"坤"，开启门户谓之"乾"；一关一开，相续不穷，就叫作"变"；一开一关使人们可以自由自在地出入往来，未有穷尽，就叫作"通"；显现于外面，有物象可观，就叫作"象"；表现于器用，有尺度的大小，合于规矩方圆的形状，就叫作"器"；制定屋宇之时，即用门户以出入，有法度可寻，就叫作"法"；利用它来出出入入，往来不穷，百姓常常利用它而不知，就叫作"神"。所以《易经》之原始有太极，太极即阴阳未生浑茫广大之气，太极变而产生天地，是谓两仪；两仪变而产生金木水火，是谓四象；四象变而产生天地水火风雷山泽，是谓乾坤坎离巽震艮兑八卦；由此八卦相重而产生六十四卦三百八十四爻，以涵盖宇宙万象，而系之以辞用断吉凶，因此有了《易经》；遵循《易经》之道即能趋吉避凶，而造成伟大的事业。所以可以使人取法的现象，没有比天地更大的了；穷则变，变则通的，没有比四时更大的了。悬挂物象，显著光明，照耀天下的，没有比日月更大的了；崇高的事业，没有比富而且贵更大的了；具备器物，以适人类的适用，设立完成许多器具以利益天下的，没有比圣人更伟大的了；探求繁杂的物象，索求幽隐的事理，钩求深远的道术，使人获致远大的前途，以决定天下的吉凶，成就天下勤勉的事业的，没有比卜筮所用的"蓍草"和"龟甲"更伟大的了。所以天生蓍草和龟的神物，圣人就取用它以作卜筮为人所取法。天地的变化，圣人就效法它。天垂示物象，现出吉凶的征兆，圣人就取法它。黄河有龙马负图，洛水有神龟负书的祥瑞征兆，圣人于是效法它、运用它。《易》有以上"神物、变化、天象、河图洛书"的四象，所以启示智慧的源泉而作成《易经》六十四卦三百八十四爻。又系之以文辞，所以告诉我们智慧的哲理。复定之以吉凶的征兆，所以断定人事的吉凶祸福，而教人趋吉避凶，赴善就福，而远离灾殃呀。

【注释】①洗心：开导、启发其心，洗去心中之疑。

②亹亹（wěi）：勤勉。

（以上为第十一章，论述卜筮之法的产生、作用、意义。）

【原文】《易》曰："自天祐之，吉，无不利。"子曰："祐者，助也，天之所助者，顺也。人之所助者，信也。履信思乎顺，又以尚贤也。是以自天祐之，吉无不利也。"子曰："书不尽言，言不尽意"。然则圣人之意其不可见乎？子曰："圣人立象以尽意，设卦以尽情伪①，系辞焉以尽其言，变而通之以尽利，鼓之舞之以尽神。"乾坤，其易之蕴邪？乾坤成列，而《易》立乎其中矣。乾坤毁，则无以见《易》。《易》不

第八章 系辞上传

可见,则乾坤或几乎息矣。是故形而上者谓之道,形而下者谓之器。化而裁之谓之变,推而行之谓之通,举而措之天下之民谓之事业。是故夫象,圣人有以见天下之赜,而拟诸其形容,象其物宜,是故谓之象。圣人有以见天下之动,而观其会通,以行其典礼,系辞焉以断其吉凶,是故谓之爻。极天下之赜者存乎卦,鼓天下之动者存乎辞,化而裁之存乎变,推而行之存乎通,神而明之存乎其人,默而成之,不言而信,存乎德行。

【译文】《易经》大有上九爻辞言:"从上天获得祐助,完全吉而无不利。"孔子说:"祐是扶助的意思,上天所扶助的是能顺大道的规范的人。人们所扶助的是笃守诚信的人,履守诚信,而思处处合顺于大道的规范,又能崇尚贤能的人,所以犹如从上天祐助他,如是完全吉利而没有不吉利的了。"孔子说:"书是不能完全表达作者要讲的话的,言语是不能表达我们的心意的,那么圣人的心意,难道就不能被了解了吗?"孔子说:"圣人树立象数的规范,以竭尽未能完全表达的心意,使人因象以悟其心意,设置六十四卦以竭尽宇宙万事万物的情态,复系之以文辞,以尽其所未能表达的言语,又变而通之,以尽其利,鼓励之,激扬之,以尽神奇奥妙的能事。"乾坤也就是天地,它是《易经》的精蕴呀,乾坤既成列于上下,《易经》的道理也就肇定于其中了。如果乾坤毁灭的话,则没有办法见到《易经》的道理了,《易经》的道理不可被知解的话,则天地乾坤之道也几乎要熄灭了。所以在形器之上,无形体度量,抽象不可形而为万物,所共由者,就叫作"道";在形体之下,有形体可寻,是具体之物,就叫作"器";将形上之道、形下之器,变化而裁制之以致用,就叫作"变";推而发挥之,扩充之以实行于天下,谓之"通";举而设施安置于天下的百姓,就叫作"事业"。所以《易经》所谓象,乃因圣人见天下万事万物的繁杂,而拟测其形态的种类,象征其物象的适宜,因此谓之"象"。圣人见天下一切动作营为的众多,而观察它可以会而通之之道,以制定其经常的规范,订成三百八十四种动态的指规,又系以文辞,以断定它的吉凶,所以谓之"爻"。极尽天下繁杂的物象的,在于"六十四卦";鼓动天下的动作营为的,在乎"爻辞";变化而裁制之,在乎"变";发挥而推行之,在于"通";明其神奇奥妙之道,在乎其人的运用;默默地而成就其事业,不形之以言,而天下皆能相信,则在于德行的深厚。

【注释】①情伪：实、伪，真、假。

（以上为第十二章，论述乾坤是《易》的基础。指出圣人善于以卦象表达思想，要人们理解卦爻的指导作用，利用道与器又加以变通，以成就事业。）

# 第九章

系辞下传

【原文】八卦成列，象在其中矣，因而重之，爻在其中矣，刚柔相推，变在其中矣。系辞焉而命之，动在其中矣。吉凶悔吝者，生乎动者也，刚柔者，立本者也。变通者，趣①时者也。吉凶者，贞胜者也。天地之道，贞观者也。日月之道，贞明者也。天下之动，贞夫一者也。夫乾，确然示人易矣。夫坤，聩然示人简矣。爻也者，效此者也。象也者，像此者也。爻象动乎内，吉凶见乎外，功业见乎变，圣人之情见乎辞。天地之大德曰生，圣人之大宝曰位。何以守位？曰仁。何以聚人？曰财。理财正辞，禁民为非曰义。

【译文】八卦之中，乾坤相对，震与巽相对，离与坎相对，兑与艮相对，八卦对待成列，举凡天地间两两相重，成为六位的卦，以应事实的需要，因而八八六十四卦、三百八十四爻，都在其中了。阴阳两爻，递相推移，宇宙间的千变万化，都在其中了。各卦各爻，圣人都系以文辞，分别指出吉凶的征兆，于是人间所有的动作营为和趋吉避凶的道理，都在其中了。人事之间，所以有吉凶悔吝的产生，是由于动作营为的结果。阴阳两爻，是设立卦象以推演宇宙间万事万物的根本。推移变通，正是所以趋向于真理或时机的变化的。时机虽有吉有凶，但我们处在吉利或凶险时，必须安常守正，才可稳操胜券，立于不败之地。人事如此，宇宙自然亦复如此，皆以"守正"为前提，所以天地的道理，以正而观照万物。日月的道理，以正而光明，普照万物，都公正无私，使万物各遂其生，各得其所。天下一切的动作营为，都是归于端正专一，精诚无欲，才能有成就。乾道造化自然，很刚健地昭示众人，是非常的平易而容易知道呀。坤道是顺应乾道而开务成物，很柔顺地昭示众人的道理，是非常简易的呀。圣人制作卦爻，便是效法乾坤简易的理则而作的。卦象的设立，亦是仿乾坤简易的形迹而设立的。卦爻卦象先有变化于内，遂依象释理，吉凶之真象就表现于外了。进而裁制机宜，导致功业的成就，就表现于聪智的变化。圣人崇德广业、仁民爱物的言行，在卦辞爻辞中记载得很清楚。天地之大德，在于使万物生生不息，圣人之大宝，在于有崇高地位。如何守着职位呢？那就要靠仁爱的道德了。如何招致人群呢？那就要有财物。调理财务，端正言行，禁止老百姓为非作歹，就是道义所应做的。

【注释】①趣：趋向、奔赴。

（以上为第一章，论述《易经》的意蕴与功用。）

【原文】古者包牺氏①之王天下也。仰则观象于天，俯则观法于地，观鸟兽之文与地之宜，近取诸身，远取诸物，于是始作八卦，以通神明之德，以类万物之情。作结绳而为网罟，以佃以渔，盖取诸《离》。包牺氏没，神农氏作，斫木为耜，揉木为耒，耒耨之利，以教天下，盖取诸《益》。日中为市，致天下之民，聚天下之货，交易而退，各得其所，盖取诸《噬嗑》。神农氏没，黄帝、尧、舜氏作，通其变，使民不倦，神而化之，使民宜之。《易》穷则变，变则通，通则久。是以自天祐之，吉无不利。黄帝、尧、舜垂衣裳而天下治，盖取诸《乾》《坤》。刳木为舟，剡木为楫，舟楫之利以济不通，致远以利天下，盖取诸《涣》。服牛乘马，引重致远，以利天下，盖取诸《随》。重门击柝，以待暴客，盖取诸《豫》。断木为杵，掘地为臼，杵臼之利，万民以济，盖取诸《小过》。弦木为弧，剡木为矢，弧矢之利，以威天下，盖取诸《睽》。上古穴居而野处，后世圣人易之以宫室，上栋下宇，以待风雨，盖取诸《大壮》。古之葬者，厚衣之以薪，葬之中野，不封不树，丧期无数，后世圣人，易之以棺椁，盖取诸《大过》。上古结绳而治，后世圣人易之以书契，百官以治，万民以察，盖取诸《夬》。

【译文】古时包牺氏的治理天下，上则观察天上日月星辰的现象，下则观察大地高下卑显种种的法则，又观察鸟兽羽毛的文采和山川水土的地利，近的就取象于人的一身，远的就取象于宇宙万物，于是创作出八卦，以融会贯通神明的德性，参赞天地的化育，以比类万物的情状。编绳结网，作为捕捉鱼、鸟的工具，以猎兽捕鱼，是取象于《离》卦的。离中虚，像孔眼，又离为目，有网罟的象征。包牺氏死后（数百年），神农氏兴起，砍削树木做成犁头，曲转木材为犁柄，以便耕种和除草，创作许多耕作器具，教导人民，使天下增加粮食，是取象于《益》卦。规定中午为买卖时间，招致天下的人们，聚集天下的货物，互相交换所需要的货物，满足个人的需要，其取象于《噬嗑》卦的。神农氏死后（数百年），黄帝、尧、舜氏兴起，由于社会的演进，日趋繁荣，旧日的典章文物制度，已不敷使用，所以黄帝、尧、舜诸古圣人先王，为了使人民过安定生活，因此，随着时代而不断改变，通达其变化，使百姓生活不至于死板，而产生厌倦的心思。易学的道理是穷极则变化，变化则通达，能通达，则能恒久。能循此变通的原则，何事不成？所以有如天助一般，当然吉无不利了。黄帝、尧、舜氏设立文物制度，百官分职，各尽其力，终致天下太平，以至于垂拱而治，无为而成。是取象于《乾》《坤》两卦的现象。将木材凿成舟船，削锐木头作为船楫，使两岸的人，能互相来来往往，且可航行至更远的地方，便利天下人，是取象于《涣》卦的。征服了牛，乘着马，用牛来拖载重物，用马来奔驰远地，以沟通有无，便利世人，是取象于《随》卦。设置重门，击柝巡夜，以防御盗贼的侵入，是取象于《豫》卦的现象。发明杵臼，以利民食，是取象于《小过》卦。将柔韧的小木条做成绳索弓，把木材削成箭，用弓箭的利益，来威服天下，是取象于《睽》卦。上古时候，冬天则藏身洞穴，夏天则在野外居住，后世圣人，为了防止洪水猛兽的侵袭，遂教民建筑宫室，上有栋梁，下有檐宇，以防御风雨，是取象于《大壮》卦。古时候的丧葬，用木材厚厚地堆在尸体上面，埋在荒野中，不设立坟墓，也不植树，居丧没有一定的期限。后世圣人，制定丧礼，换用棺椁以殡葬，是取象于《大过》卦。上古无文字，结绳以记事，以后不敷使用了，圣人便发明文书契据，百官也利于治理，万民也赖于此书契，而有所稽查，不至于误事，是取象于《夬》卦。

【注释】①包牺氏：亦作伏羲氏。

（以上为第二章，论述了包牺氏创制八卦和古人观象制器的事情。）

【原文】是故《易》者，象也①。象也者，像也。彖者，材也；爻也者，效天下之动者也。是故吉凶生而悔吝著也。

【译文】所以《易经》的内容，就是描述万事万物的形象。《易经》的卦象，就是用以拟效宇宙间万事万物的形象的。彖辞是解释全卦的意义和结构，所以说，彖辞是代表一个卦的才德。每卦六个爻位的演变，都是仿效天下万事万物错综复杂的动态而产生的。具备了象、彖、爻，描述万事万物，因此事物的变动得失，吉凶就发生了，而细小疵病的悔恨，忧虑困扰的灾吝，就由是而显现出来了。

【注释】①是故《易》者，象也：所以，《易经》的根本在卦象。

（以上为第三章，论述卦象和卦爻辞的重大作用。）

【原文】阳卦多阴，阴卦多阳①，其故何也？阳卦奇，阴卦耦。其德行何也？阳一君而二民，君子之道也。阴二君而一民，小人之道也。

【译文】本来阳卦适宜阳爻居多，阴卦适宜多阴爻，为何现在反而相反，阳卦多阴，阴卦多阳呢？就以奇偶来说，阳卦以奇为主，例如震坎艮三卦为阳卦，都是一阳二阴，所以说，阴爻多于阳爻。阴卦以偶数为主，如巽离兑三卦为阴卦，都是二阳一阴，所以说，阳爻多于阴爻。震、坎、艮虽多阴爻，一奇为主，即为阳卦。巽、离、兑虽多阳爻，一偶为主，即为阴卦。阴阳两卦，它们的德性，有什么不同呢？就国家而论，一国不能有二君，这是天经地义的道理。阳卦象征着众多的臣民，拥护一位人君，团结一致，这是正人君子的大道。反之，阴卦象征着君多民少，这就要互相倾轧，以致天下大乱了，这是小人之道。

【注释】①阳卦多阴，阴卦多阳：阳卦多阴爻，阴卦多阳爻。

（以上为第四章，讲述阳卦、阴卦的特点和性质。）

【原文】《易》曰："憧憧往来，朋从尔思①。"子曰："天下何思何虑？天下同归而殊途，一致而百虑，天下何思何虑？日往则月来，月往则日来，日月相推而明生焉。寒往则暑来，暑往则寒来，寒暑相推而岁成焉。往者屈也，来者信也，屈信相感而利生焉。尺蠖之屈，以求信也。龙蛇之蛰，以存身也。精义入神，以致用也。利用安身，以崇德也。过此以往，未之或知也。穷神知化，德之盛也。"

《易》曰："困于石，据于蒺藜，入于其宫，不见其妻，凶。"子曰："非所困而困焉，名必辱。非所据而据焉，身必危。既辱且危，死期将至，妻其可得见邪？"

《易》曰："公用射隼于高墉之上，获之，无不利。"子曰："隼者，禽也；弓矢者，器也；射之者，人也。君子藏器于身，待时而动，何不利之有？动而不括，是以出而不获。语成器而动者也。"

子曰："小人不耻不仁，不畏不义，不见利不劝，不威不惩。小惩而大诫，此小人之福也。《易》曰：'履校灭趾，无咎。'此之谓也。"

"善不积不足以成名，恶不积不足以灭身。小人以小善为无益而弗为也。以小恶为无伤而弗去也。故恶积而不可掩，罪大而不可解。《易》曰：'何校灭耳，凶。'"

第九章　系辞下传

子曰："危者，安其位者也。亡者，保其存者也。乱者，有其治者也。是故君子安而不忘危，存而不忘亡，治而不忘乱，是以身安而国家可保也。《易》曰：'其亡其亡，系于苞桑。'"

子曰："德薄而位尊，知小而谋大，力小而任重，鲜不及矣。《易》曰：'鼎折足，覆公𫗧②其形渥，凶。'言不胜其任也。"

子曰："知几其神乎？君子上交不谄，下交不渎，其知几乎？几者动之微，吉凶之先见者也。君子见几而作，不俟终日。《易》曰：'介于石，不终日，贞吉。'介如石焉，宁用终日，断可识矣。君子知微知彰，知柔知刚，万夫之望。"

子曰："颜氏之子，其殆庶几乎？有不善，未尝不知，知之，未尝复行也。《易》曰：'不远复，无只悔，元吉。'"

"天地絪缊③，万物化醇。男女构精，万物化生。《易》曰：'三人行则损一人，一人行则得其友。'言致一也。"

子曰："君子安其身而后动，易其心而后语，定其交而后求。君子修此三者，故全也。危以动，则民不与也。惧以语，则民不应也。无交而求，则民不与也。莫之与，则伤之者至矣。《易》曰：'莫益之，或击之。立心勿恒，凶。'"

【译文】《咸》卦九四爻辞说："思虑不能专一，因而有往来不定，憧憧万端，存有各种思虑，他的朋党也相率地、互相地遵从他的思想。"孔子说："天下的事物，有何足以困扰忧虑的呢？天下同归于一个目标，所走的途径有不同。同归于一个好的理想，有百种不同的思虑。"宇宙自然的运行，循环不息，日月往来交替，因而有光明的出现。寒暑往来的交替，遂有春夏秋冬四时递相推移的岁序。已往的事情，已经屈缩，将来的事情，即将伸展，屈缩伸张，互相交感而用，而利益的产生，也就在其中了。屈行虫把身子屈缩起来，正是养精蓄锐，等待时机的来临，以求伸展行进的准备。龙蛇之类，严冬酷寒的时候在土洞里冬眠，以保全它们的躯体。专精地研究精粹微妙的义理，到达神而化之的境界，则从心所欲，而不逾矩，也就可以学以致用了。利用易学所显示的道理，而安治其身，则可以随遇而安，怡然自得，心广体胖，以崇高吾人的德业。如超过以上易理所显示的事情，则虽圣人，也不会知道的。至于专研宇宙无穷的奥妙，了解万事万物变化的原理，而默然和而化之，这是圣人道德功夫的极崇高了。《困》卦六三爻辞说："前进则受困于坚硬的巨石，后退则又依据于多刺的蒺藜上面，异常痛苦。如此的进退失据，没有归宿，即使返家，也见不到自己的妻子，是多么不利。"孔子说："不是自己所应经历的困境，却为了欲望而受困，必遭致声名俱裂的恶果。不是自己所应后退的据点，却后退以安身，必遭致身家危殆的恶果。名辱身危，已步入死亡之境地，妻子哪里能见到呢？"《易经》《解》卦上六的爻辞说："王公出猎，登在高墙上瞄射鹰隼，一箭命中，象征着无往不利。"孔子说："隼是鹰鸟，弓矢是打猎的利器，能执弓而射中禽兽的是人。君子蕴藏着弘大的才器在身上，等待时机的来临，而有所动，还有什么不利的呢？君子不鸣则已，一鸣惊人，同理，有所行动时，决无闭结与障碍，精准无比，出外必有收获。这就是平常已经蕴蓄结成了弘大的才器，然后再有所行动，是以出而有获，无事不成。"孔子说："世上令人感到可耻可畏的是不仁不义，但小人却不以不仁为耻，不怕背信弃义，甘心去做伤天害理的事情，纯粹以利为义，无利益可得，就不知道勤勉向上，不用刑罚来恫吓，就不知道害怕。能在犯小过之初，受了惩罚而知道处事要谨慎，就不至于酿成滔天大祸，实在是小人的幸运了。《易经》《噬嗑》卦初九爻辞上说：'最初犯有轻微刑罚的人，被加上脚镣的刑具，将他的脚趾纳入刑具里，把足趾都灭没了，虽受刑，但过失尚小，能从此改过自新，也就无咎了。'善行不积累，就不足以成名于天下，罪恶不累积，也不足以自灭其身，小人做事，完全以利害关系为出发点，以为作出小小善事，不会得到什么好处，便索性不去做了，以为做些小的差错，无伤大体，便不改过，因此日积月累，罪恶便盈满天下，以致到了无法掩盖和不可解救的地步。《易经》《噬嗑》卦上九爻辞上说：'罪恶深重，刑具已负荷在头部，两耳都灭没了，这是凶害达到了极点。'"孔子说："凡是获得危险的人，都是因为他先前安逸于他的职位上。灭亡的家国，是因为先前自以为国家可以长存的了。扰乱的国家，是因为先前自以为已经治好，而忽略荒殆，因此国家扰乱以致灭亡。所以君子必须居安思危，在安定的时候，不要忘记危险，幸存亡国的苦痛，治理的时候不忘祸乱的惨烈，以如此的谨慎之心，本身安定，国家可以常保。《易经》《否》卦九五爻辞上说：'它将危亡吧，将危亡吧？天下国家的治安，就好像维系在丛生的苞桑一样，是要常常戒慎警惕的呀。'"孔子说："德性浅薄而身居尊位，才智狭小而图谋大事，力量很小，却担当天下的重任，很少有不及于灾祸的。《易经》《鼎》卦九四爻辞上说：'鼎足折断，倾覆了公爵的美食，象征着倾覆家园，身遭刑辱，是非常凶害的。'这是说才力不足以胜任的危险啊！"孔子说："能预先晓得几微的事理，则将达到神妙的境界了吧？可说是神妙的人物了吧？君子对上决不谄媚阿谀，对下决不傲慢，坚定立场，不至于受到危害的牵连，可说是位知道神机妙算的人了吧？几是事情微妙的动机，能先见到吉利的征兆的人吧，君子能见机未然，所以能够把握时机的来临而兴起，而有所行动，不必等待以后。《易经》《豫》卦六二爻辞上说：'被坚硬的石头所阻隔，不必等到整天才离开，要想到当下脱离此境，这时贞固而吉利的。'像被硬石所阻隔，应当机立断而离开，何待终日？君子晓得事理的微妙，也知道事理的彰显，知道柔弱的一面，也晓得刚强的一面，能通达而应变自如，就是万众所景仰的人物了。"孔子赞赏他的学生颜回说："颜家的这位子弟，要算位知几通达的君子吧！有了过失，没有自己不知道的，一经反省发觉以后，立即改正，从此不再犯了。《易经》《复》卦初九爻辞上说：'迷途了，走到未远的地方，及时回头猛省，便不至于有太大的悔吝，经此警觉，则有大吉。'天地二气缠绵交密，互相会和，使万物感应，精纯完固。万物之中，雌雄男女，形体交接，阴阳相感，遂得以生生不息。《易经》《损》卦六三上说：'三人同行，各有主张，行动难以统一，势必减损一人的成见，一人独行，反而容易得到志同道合的友伴，同心协力，共患难，共甘苦。'是说理无二致，天下的事理都归于一致的呀。"孔子说："君子必先安定其身，然后才可以有所作为，心平气和，然后说话，先以诚信待人，建立信誉，然后才可以对人有所要求，君子有了此三项基本修养，与人必能和睦相处，无所偏失。冒险的举动，人们不会拥护你的。用言语去威惧人民，人民不会去响应的。诚信和恩惠尚未施于人民，竟要对人民有所征发和要求，则人民不会理会赞助。若无人赞助理会，则随时有人会伤害你的。所以《易经》《益》卦上九爻辞上说：'没有得人助益，有时也会遭人攻击，立心不坚定恒久的人，有凶。'"

【注释】①憧憧往来，朋从尔思：往来不绝，朋友跟从你。

②鼎折足，覆公𬟽：鼎折断足，王公的美食倾覆。

③天地絪缊：天地阴阳二气交融。

（以上为第五章，对九卦十一条爻辞作了解释。）

【原文】子曰："乾坤，其易之门邪？"乾，阳物也；坤，阴物也。阴阳合德①而刚柔有体，以体天地之撰，以通神明之德。其称名也，杂而不越。与稽其类②，其衰世之意邪？夫《易》，彰往而察来，而微显阐幽。开而当名辨物，正言断辞则备矣。其称名也小。其取类也大，其旨远，其辞文，其言曲而中，其事肆而隐，因贰以济民行，以明失得之报。

【译文】孔子说："易理的变化，是从乾坤两卦开始，像人们启门而出，乾坤相对，该是易理所从而出的两扇门吧？乾为阳，坤为阴，阴阳的德性，相与配合，阳刚阴柔，刚柔有一定的体制，以体察天地间一切的撰作营为，以通达造化神明自然的德性。《易经》的陈述万事万物的名义，虽繁杂，但不超越事理。我们考察它创作的事类，大概是衰乱的时代所创的意象吧。《易经》是彰明以往的事迹，以体察未来事态的演变，而使细微的理则显著，以阐发宇宙的奥秘。我们一打开《易经》来看，就可以看到每个卦爻有适当的名称，明辨天下事物的形态，不至于混淆不清，如乾马、坤牛，正确地指陈吉凶变化的道理，推断文辞是吉，则明确地指出是吉象，反之，凶，则指出凶象，毫无偏差，可说完备无缺的了。《易经》文辞中所指物名，多似细小，但探取其中的旨意，却很广大，它的旨意非常深远，它的文辞又非常文雅，它的言辞委屈婉转，旁推侧引，无不中理，它所叙述的事物，却非常地直截了当，放肆而毫无隐藏，但它的道理却又深藏于其中，就因天地间相反相生，或行善而吉，或作恶而凶的道理，使以教导并济助人民的行事，以明辨善恶是非吉凶得失的报应。"

【注释】①阴阳合德：阴阳的性质相配合。德，性质，属性。

②与稽其类：考察其事类。于，语助词。稽，考察。

（以上为第六章，论述了《乾》《坤》两卦，作为《易经》门户的极端重要性，说明了卦爻辞的特点和作用。）

【原文】《易》之兴也，其于中古①乎？作《易》者，其有忧患乎？是故《履》，德之基也。《谦》，德之柄也。《复》，德之本也。《恒》，德之固也。《损》，德之修也。《益》，德之裕也。《困》，德之辨也。《井》，德之地也。《巽》，德之制也。《履》，和而至。《谦》，尊而光。《复》，小而辨于物。《恒》，杂而不厌。《损》，先难而后易。《益》，长裕而不设。《困》，穷而通。《井》，居其所而迁。《巽》，称而隐。《履》，以和行，《谦》，以制礼，《复》，以自知。《恒》，以一德。《损》以远害，《益》以兴利，《困》以寡怨，《井》以辨义，《巽》以行权。

【译文】《易经》的兴起，大概在中古时代吧？《易经》的作者，大概有忧患、艰难吧。所以《履》卦所教人行礼，它所建立德业之初基，为其根本。《谦》卦教人卑己尊人，虚心忍受，是道德的把柄。《复》卦教人除去物欲，教人从善，是德性的根本。《恒》卦是教人始终如一，恒久不已，它是道德稳固之所由。《损》卦是教人惩忿窒欲的道理，为修德的工夫。《益》卦教人迁善改过，使德性日益宽大。《困》卦教人穷困不乱，守着正道，是道德的分辨。《井》卦教人德泽似井，取之不尽，用之不竭，以达到道德的地步。《巽》卦是教人因势利导，是道德的制宜。履与礼相通，能和顺人情，处世和睦，是吾人立身行事所因应的准则。谦虚待人，则益得他人敬仰，德业自然更加尊贵而光明。《复》卦微小的一阳位于群阴暗昧之下，但不为五阴所掩没，能于迷途未远旋即回复，而辨别万事万物的是非善恶，事物与环境过于复杂，必使人引起厌倦，唯有恒心，才能克服一切，不为外物的复杂而厌倦，方有成功之日。损卦惩忿窒欲和克己复礼的工夫是修身的起步，是很艰难的，所以说"先难"。以后日久习惯成自然，便容易了。《益》卦进德修业，长久增益自身的德行而无须设防，故弄玄虚，以蒙骗他人。在困境中，虽困穷然足以磨炼身心，"困于心，衡于虑，然后作"，故能通。井虽是固定，但泉涌流通不息，日月迁徙而弥长新。巽顺人理，因势利导，隐而不露。履卦是教人以礼的实践为基础，而和顺地去行事。谦卦是教人以礼自制，使性行巽顺。《复》卦是教人反求诸己，回复自然本性。《恒》卦是教人始终不二，坚定德行。《损》卦是教人摒除私欲，以修德远害。《益》卦是教人损上益下，增兴福利。《困》卦是教人艰苦奋斗到底，不怨天，不尤人而少愤怒。井卦是教人辨识义理的来源。《巽》卦是教人顺合时宜，能行使权便，当机立断。

【注释】①中古：指殷周之际。

（以上为第七章，说明有忧患，就必须修德。）

【原文】《易》之为书也不可远，为道也屡迁，变动不居，周流六虚①，上下无常，刚柔相易，不可为曲要，唯变所适。其出入以度，外内使知惧。又明于忧患与故，无有帅保，如临父母。初率其辞，而揆其方，既有典常。苟非其人，道不虚行。

【译文】《易经》这部书，是一部经世致用的学问，人生不可须臾疏远，《易经》是以阴阳运行，互相推移变化的，故其道常常变迁，变动不拘于一爻一卦，如乾卦初九是潜龙，九二是见龙。还有阴阳六爻，外三爻为上，内三爻为下，更互变动，周流于六个爻位之间，从上位降至下位，由下位升向上位，上下没有经常不变的爻位，阳刚阴柔，互相变易，在另一卦爻时，解释又不同，不可固执于一种典常，唯有观其变化的所往，才能周明其道。《易经》至理，启示我们出入进退，内外往来都要合于法度，或在外以安边定国，匡济天下，或在内以正心诚意修身养性，皆使我们知道戒惧谨慎，以免除灾祸。同时，明瞭忧患的原因，虽无师保在旁，却似父母在自己面前，不致有过越颠损。最初遵循辞义以揆度爻象和道理所在，就有经常的法则，可让我们恪遵不二了。易学是一门经世致用的学问，不是毫无根据的空谈，若非笃信易道的人，则道也不能凭虚而行的。

【注释】①变动不居，周流六虚：变动不停，周遍于六爻位。

（以上为第八章，进一步强调《易》道"变动不居"的特点和"为书也不可远"的重要性。）

【原文】《易》之为书也，原始要终以为质也①。六爻相杂，唯其时物也。其初难知，其上易知，本末也。初辞拟之，卒成之终②。若夫杂物撰德，辨是与非，则非其中爻不备。噫！亦要存亡吉凶，则居可知矣。知者观其彖辞，则思过半矣。二与四位，同功而异位，其善不同。二多誉，四多惧，近也。柔之为道，不利远者，其要无咎，其用柔中也。三与五，同功而异位，三多凶，五多功，贵贱之等也。其柔危，其刚胜邪？

【译文】《易经》这部书，是追原万事万物的始终，以成其根本的一本书，有六十四卦三百八十四爻，以包括万事万物的要素。一卦分为六爻，虽六爻刚柔相杂不一，但只要观察爻位，处在适当的时位和象征的事物，便可以决定吉凶了。初爻是很难了解它的含义的，因初爻为根本，卦的形体，尚未形成。而上爻为卦末，全卦形体已经具备了，含义自然毕露，容易领会了。圣人在拟测而系初爻的文辞时较为困难。等到初爻的文辞已定，则顺此立二三四五及上爻的文辞，顺爻位的次序，由下而上，全卦六爻的文辞就逐渐形成，到了上爻，不过是卦义的终结而已。至于阴阳杂陈，撰述阴阳的德性，辨别是非，不是初爻和上爻二者所能概括的，必须加上二、三、四、五中爻，互相审度观察，它的含义才能完备而无遗。啊！探存亡吉凶的大要，只要从六爻中推求，虽平居在家，也可得知道了。聪明贤达的人看看彖辞，则卦义多半可知了。六爻中的第二爻与第四爻，同属于阴柔的性质，二与四互成一卦，可知道存亡吉凶的道理，它们的功用相同的，而位置不同，因此他们时位的善恶也有不同。二居下卦中远应九五之尊，不为君王所疑，做事易奏效，故得到赞赏较多。四居上卦之下，接近五的君位，虽旦夕侍在君侧，但言行必须谨慎，动辄得咎，惶恐不安，故常处在危机之中。柔顺的人，自立不易，需亲附于他人，所以不利于远者，只要能够求没有咎害便可以了。用柔之道，要使柔顺居中，不失中庸之道，方能有利。像六二以阴居阴位，处内卦之中，多能获得吉利。六爻中的第三爻与第五爻，同属阳刚的部位，三与五互成一卦，它们的功用是相同的，而位置是不同的。三居下卦之极，在臣下之位，故多凶害。五居上卦之中，位君上之位，象征高明中正，众星拱照，故多功。这是爻位等次有尊卑贵贱之差异的关系。岂是属于柔爻的，必定是危殆吗？属于阳刚的，一定优胜吗？这要看各爻的尊卑贵贱及时位呀。并不一定阳刚就吉，阴柔就凶的。

【注释】①原始要终以为质也：推原事物的开始，探求事物的终结，将事物作为整体看待。

②初辞拟之，卒成之终：初爻之辞，可以议事物的开始，到上爻才可决定事物的终结。

（以上为第九章，论述卦象、爻象是研究《易经》的根据，指出六爻的特点。）

【原文】《易》之为书也，广大悉备，有天道焉，有人道焉，有地道焉。兼三才而两之，故六①。六者，非它也，三才之道也。道有变动，故曰爻。爻有等，故曰物。物相杂，故曰文。文不当，故吉凶生焉。

【译文】《易经》这部书，凡天道、人道、地道，无所不包，可谓广大完备。易学以三画，象征天、人、地的三个位置，易理是相生相对，天有昼夜，地有水陆，人有男女，所以卦爻两两成列，合两个三爻的卦而为一个六爻的卦，兼两爻为一位，五为阳，上为阴，阴阳成象，故五与上为天位，三与四为人位，初与二为地位，为刚柔为形体。六爻而成一卦，皆是相当于三才之道而已。《易经》之道，变动不居，而周流于六位之间的奇耦两画，称之为爻。爻有刚柔大小远近贵贱的等次，好像物类的不齐，所以称乾为阳物，称坤为阴物。阴阳两物交相错杂，似青黄两色的相兼，所以称为文。各卦各爻，阴阳参杂，时有当与不当，于是吉凶之象，就产生了。

【注释】①兼三才而两之，故六：兼有天地人三才，而两相重复，故成六爻。

（以上为第十章，论述了《易经》包涵天道、人道、地道，说明吉凶得以产生的复杂玄妙过程。)

【原文】《易》之兴①也,其当殷之末世,周之盛德邪?当文王与纣之事邪?是故其辞危。危者使平,易者使倾。其道甚大,百物不废。惧以终始,其要无咎,此之谓《易》之道也。

【译文】易学的兴盛,大概在商代的末期,周文王德业方盛的时期吧?当文王和纣王时代的事情吧?所以他所系的文辞皆含有警戒畏惧之意,常常居安思危,戒慎恐惧,必能化险为夷,危患意识深的使他平安。反之,得意忘形,骄傲自恃,虽安定局势,必遭致倾覆。因之安逸懈怠的,就使他倾覆,易学道理是如此广大,所有事物都不能违背此原则,时时戒惧,始终不懈,其主旨在无咎,这就是易学的道理。

【注释】①兴:产生,创作。

(以上为第十一章,说明《易经》创作的时代和人物等情况。)

【原文】夫乾,天下之至健也,德行恒易以知险。夫坤,天下之至顺也。德行恒简以知阻。能说诸心,能研诸虑。定天下之吉凶,成天下之亹亹者。是故变化云为,吉事有祥,象事知器,占事知来。天地设位,圣人成能,人谋鬼谋①,百姓与能。

八卦以象告,爻彖以情言,刚柔杂居而吉凶可见矣。变动以利言,吉凶以情迁。是故爱恶相攻而吉凶生,远近相取而悔吝生,情伪相感而利害生。凡《易》之情,近而不相得则凶,或害之,悔且吝。将叛者,其辞惭,中心疑者其辞枝,吉人之辞寡,躁人之辞多,诬善之人其辞游,失其守者其辞屈。

【译文】乾象是天下最刚健的,表现为刚健之处,在于恒久而平易,且无私意,故可以明照出天下危险的事情。坤象最为柔顺,其表现柔顺之处,在于恒久而简静,故可以明察天下烦壅阻隔的原因。易学的道理,能使身心和悦,能专精地研究所有的思虑,能断定天下吉凶悔吝的事理,能成就天下勤勉不息的事业。所以无论天地阴阳变化,人类言行举止,吉利的事情,必有吉祥的征兆,观察万事万物的现象,就知道各种事类的器宇或材具,尚未显现的事机,也可以占卜而知吉凶。天尊于上,地卑于下,天地间万事万物,皆有它一定的法则和位置,圣人仿效之。演成《易经》的理象,使万物各遂其生,各得其所,以成就参赞造化的功能。圣人在做事之前,先谋于贤士,同时又卜筮于鬼神,以谋求吉凶的道理,能如是,虽众人也必能参与这幽明的能事了。

第九章 系辞下传

　　八卦是以爻象告诉人的，爻辞和象辞，是阴阳变化的道理，和事物消长的情态而言的。刚柔两爻，互相错杂周流于六位之间，他的时位也因而有当与不当，因此吉凶之征兆，便可以见到了。穷则变，变则通，通则久。刚柔两爻的变动，是为使事物趋于有利的；吉凶的推迁，是随着情理而定的；处世合情合理，则得吉，反之，违背人情常理，则陷入凶害。所以贪爱和憎恶两种不同的情感，互相交攻，必有得失，于是有吉凶的产生。爻位之间，有远有近，互相感应，不得其道，而任意远近相取的话，就会有悔恨困吝的事情，跟着产生了。事有真假虚伪，若以实情相感应，则利益源源而来，若以虚伪相感应，则祸害应运而生，今以实情和虚伪相感应，格格不入，利害的冲突便产生了。易理的情况，是使两相接近事物，能互相交感，以生利，若近而不相交感，不相协调，必有乖违的灾害而产生凶险的事情，甚至有自外来的伤害，而蒙受了后悔和困吝。将要阴谋叛变的人，说话时神色定有惭愧的颜色；心中有疑惑的人，因心神不定，故说话毫无系统，多有分枝不清楚，像树枝一样的杂乱；有修养的吉利的人，言辞真善而正直，故很少说话；浮躁的人，较为轻浮，故喜欢多说话；陷害善良的人，心中不安，故言不由衷，他的说辞便浮游不定；亏待职守的人，他的言辞多屈折而不伸。

　　【注释】①人谋鬼谋：人谋，与人谋。鬼谋，指占筮。

　　（以上为第十二章，先论述乾坤的特点和作用，后说明《易经》占筮方面的作用。）

第十章

说卦传

【原文】昔者圣人之作《易》也，幽赞于神明而生蓍①，参天②两地③而倚数④。观变于阴阳而立卦，发挥于刚柔而生爻，和顺于道德而理于义，穷理尽性以至于命。

【译文】从前圣人创作《易经》，是穷极幽深，参赞于神明的境域，所以上天产生了很多的蓍草。天为阳，地为阴，将天一、天三、天五，合起来为九，用以代表《易经》阳的数目及符号，地二、地四，合起来为六，用以代表阴的数目和符号。阳数阴数既立，又观察阴阳的变化，而设立卦；发挥于阳刚阴柔的道理，而设置爻；和顺于道德，调理于合谊的事理，创造了《易经》，以穷尽事物的道理，竭尽天地的善性，以至于探讨天命的事理。

【注释】①蓍：古代的一种灵草。

②参天：指天一、天三及天五，相加为九，故阳数用九，天为阳，阳数奇。

③两地：指地二及地四，相加为六，故阴数用六，地为阴，阴数偶。

④倚数：就是计算数字。参天为九，所以《易经》阳爻都用九，两地为六，所以《易经》阴爻都用六。

（以上为第一章，说明圣人取象于天道、地道、人道而创作《易经》，分析了《易经》和卦爻及义理的关系。依据朱熹《周易本义》，说卦传分为十一章）

【原文】昔者圣人之作《易》也，将以顺性命之理。是以立天之道曰阴与阳，立地之道曰柔与刚，立人之道曰仁与义。兼三才而两之，故《易》六画而成卦，分阴分阳，迭用柔刚，故《易》六位而成章①。

【译文】从前圣人创作《易经》，是将用以和顺于性命的道理的，所以立天的道理，分为阴与阳，在《易经》六爻的位置属第五爻和最上一爻，五为阳位，最上一爻为阴位。分地的道理，为柔和刚，柔属于阴，刚属于阳，在六爻的位置，是在最初一爻和第二爻，初爻为阳为刚，第二爻为阴为柔。又立人世间的道理，分为仁和义，仁属于阴，义属于阳，在六爻的位置，是属于第三爻和第四爻，第三爻为阳为义，第四爻为阴为仁，六爻都是兼备天地人三才的道理，而两两相合的，所以《易经》以六个爻画，而成卦，阴位在二、四、上的三个位置，阳位在初、三、五的三个位置，六十四卦三百八十四爻都是阳刚和阴柔的爻画，所以《易经》六十四个卦，皆是有六爻的位置，迭有柔刚，而有章法，一点都不乱的。

【注释】①《易》六位而成章：六画的排列位次分阴阳，所居之爻分刚柔；如是交错，蔚然成章。

（以上为第二章，论述六十四卦重叠而成，其中寓涵天地人"三才"与阴阳"二体"的象征意义。）

【原文】天地定位，山泽通气，雷风相薄，水火不相射，八卦相错①。数往者顺，知来者逆，是故《易》，逆数也。

【译文】乾为天而在上，坤为地而在下，有一定的位置；艮为山，兑为泽，交互地通气，山属于大陆性气候，泽即海洋性气候，二种气候交互地通气，而产生了冬夏的季风；震为雷，巽为风，风雷是相互地迫击而相应的；坎为水，离为火，是相灭相生，相反相成，而不互相厌恶的；乾坤震巽坎离艮兑等八卦，是两两相互交错的。要数以往的事理，须从顺推，要预知将来的事理，要逆测，《易经》是用卜筮以决断将来吉凶的，所以《易经》是要用逆推的方法以测知天下的事理。

【注释】①八卦相错：相错，指既矛盾又和谐地相错杂。

（以上为第三章，以八卦所象征的八种基本物象：天地、山泽、雷风、水火之间矛盾而又和谐的运动状态，揭示了事物对立统一的变化发展规律。）

【原文】雷以动之，风以散之，雨以润之，日以烜①之，艮以止之，兑以说②之，乾以君之，坤以藏之。

【译文】震为雷，雷是用以鼓动振动万物的，巽为风，风是用以吹散流通的，坎为水、为雨，雨是用以润湿万物的，离为日，日即太阳，太阳是用以照明天下的，艮为山、为止，山是用以停止天地万象的行动的，兑为泽、为悦，泽水是用以使万物和悦生长的，乾为君、为天，天是君临万物，高高在上的，坤为地，地是用以储藏万事万物的。

【注释】①烜（音"宣"）：照明之意。

②说：即"悦"字，喜悦的意思。

（以上为第四章，将八卦两两对举，揭明其不同功用。）

【原文】帝出乎震，齐乎巽①，相见乎离，致役乎坤，说言乎兑，战乎乾，劳乎坎，成言乎艮。

万物出乎震，震东方也。齐乎巽，巽东南也，齐也者，言万物之洁齐也。离也者明也，万物皆相见，南方之卦也。圣人南面而听天下，向明而治，盖取诸此也。坤也者地也，万物皆致养焉，故曰致役乎坤。兑，正秋也，万物之所说也，故曰说言乎兑。战乎乾，乾，西北之卦也，言阴阳相薄也。坎者水也，正北方之卦也，劳卦也，万物之所归也，故曰劳乎坎。艮东北之卦也，万物之所成终而所成始也，故曰成言乎艮。

【译文】宇宙造化的一切万物，从震动产生的，整齐于巽（风），相见于离（日），役养于坤（地），和悦于兑（泽），战惧于乾（天），劳动于坎（水以洗濯，故劳），完成于艮（山，山为万物所归藏之处）。

万物出现于震，震是东方的方位，故中国居北半球，看到太阳从东方开始照耀。整齐于巽卦，巽是东南的方位，齐的意思，是说万物的整洁齐一呀，日照东南，在九点、十点之间，万物欣欣齐整，普被阳光之泽。离卦的意思，是象征光明的意思，这时正是日正当中，万物都能相见，是南方的方位。古圣先王坐北朝南，而听治天下，面向光明的阳光而治理天下，大致是取之于这里的启示。坤卦的意思，就是地，万物都依靠着地，而获致养育，所以说，致役于坤（于一天的时光，约下午三时）。《兑》卦是喜悦的意思，象征着正秋八月，是万物所喜悦的，所以说言于兑（于一天的时间，约在黄昏，夕阳无限好，故悦）。战惧于乾，是因为乾是西北的方位，这时正是将进入完全黑暗的时候，正是阴（暗）和阳（光明）交接战竞的时候。坎卦即是象征着水，是正北方的卦，是劳累的卦，这是黑暗不见，正是万物归息的时候，所以说劳累于坎。艮，是东北的卦位，是万物所成终结的地方，也是万物开始的地方，所以说成就是在艮卦，此时形成黎明之时，黑夜将终，白天将临的时节。

【注释】①齐乎巽：齐，整齐，指事物齐生并长的状态。

（以上为第五章，论述了与第二章不同的另一种"八卦方位"，并就这种方位的排列形式作出扼要的解说。）

第十章 说卦传

【原文】神也者，妙万物而为言者也。动万物者莫疾乎雷，桡万物者莫疾乎风，燥万物者莫熯①乎火，说万物者莫说乎泽，润万物者，莫润乎水，终万物始万物者莫盛乎艮。故水火相逮，雷风不相悖，山泽通气，然后能变化，既成万物也。

【译文】神明的意思，是说很神妙地使万物自然化成，而莫见其端倪，神妙莫测，所以叫作神。天地万物中，能够动荡万物的，没有比雷（震为雷）更厉害的了。能够挠动万物的，没有比风（巽为风）更厉害的了。能够使万物干燥的，没有比火（离为日、为火）更强烈的了。能够和悦万物的，没有比泽（兑为泽、为海）更令人喜悦的了。能够润湿万物的，没有比水（坎为水）更好的了。能够终止万物，始生万物的，没有比山（艮为山、为止）更盛明的了。所以说水和火是相及相济，相反相生的，雷和风是不互相悖乱的，山和泽是互相以气相通的，然后天地间才能产生变化，而化成万物呀。

【注释】①熯（音"汉"），谓燥热、炎热。

（以上为第六章，综论三、四、五章所言"先天""后天"八卦方位的功用。）

【原文】乾，健也，坤，顺也，震，动也，巽，入也，坎，陷也，离，丽也，艮，止也，兑，说也。

【译文】乾是刚健的，坤是和顺的，震是动的，巽是入的，坎是险陷的，离是附丽美丽的，艮是停止的，兑是喜悦的。

（以上为第七章，论述八卦立名之义。）

【原文】乾为马，坤为牛，震为龙，巽为鸡，坎为豕，离为雉，艮为狗，兑为羊。

【译文】乾刚健，有马的象征，坤和顺，有牛的象征，震为动，有龙的象征，巽为入，有鸡的象征，坎为水，有豕（猪）的象征，离为明，有雉（山鸡、美鸟）的象征，艮为山，有狗的象征，兑为悦，有羊的象征。

（以上为第八章，引用八种动物形象，陈说八卦取象之例。）

【原文】乾为首，坤为腹，震为足，巽为股，坎为耳，离为目，艮为手，兑为口。

【译文】乾有头的象征，坤有肚子（腹）的象征，震阳在下，有脚的象征，巽有股（大腿）的象征，坎为耳的象征，离为目（眼）的象征，艮为手的象征，兑为口的象征。

（以上为第九章，援取人体八种器官的形象，说明八卦取象之例。）

【原文】乾，天也，故称乎父。坤，地也，故称乎母。震，一索①而得男，故谓之长男。巽，一索而得女，故谓之长女。坎，再索而得男，故谓之中男。离，再索而得女，故谓之中女。艮，三索而得男，故谓之少男。兑，三索而得女，故谓之少女。

【译文】乾是天的象征，于人伦来讲，则是父亲的象征，所以乾称父。坤是地的象征，所以称为母。震卦初九为阳，是最初索取乾卦的阳而成阳卦的，所以称为长男。巽卦是最初索取坤卦的阴而成阴卦的，所以称为长女。坎卦再次索取乾卦而得第二爻的阳爻，成为阳卦，所以称为中男。离卦是再次索取坤卦第二爻的阴爻，而成阴卦的，所以称为中女。艮卦是第三次索取乾卦的第三爻的阳爻，而成阳卦的，所以称为少男。兑卦是第三次索取坤卦的第三爻阴爻，而成阴卦的，所以称为少女。

【注释】①索：求，指阴阳相求。

（以上为第十章，以人的家庭成员为喻，指出乾坤八卦含有父母及其所生三男三女之象。）

【原文】乾为天、为圜、为君、为父、为玉、为金、为寒、为冰、为大赤、为良马、为老马、为瘠马、为驳马、为木果。

坤为地、为母、为布、为釜、为吝啬、为均、为子母牛、为大舆、为文、为众、为柄，其于地也为黑。

震为雷、为龙、为玄黄、为旉、为大涂、为长子、为决躁、为苍筤竹、为萑苇；其于马也，为善鸣、为馵①足、为作足、为的颡②；其于稼也，为反生；其究为健，为蕃鲜。

巽为木、为风、为长女、为绳直、为工、为白、为长、为高、为进退、为不果、为臭；其于人也，为寡发、为广颡、为多白眼、为近利市三倍；其究为躁卦。

坎为水、为沟渎、为隐伏、为矫𫐓、为弓轮；其于人也，为加忧、为心病、为耳痛、为血卦、为赤；其于马也，为美脊、为亟心、为下首、为薄蹄、为曳；其于舆也，为多眚；为通、为月、为盗；其于木也，为坚多心。

离为火、为日、为电、为中女、为甲胄、为戈兵；其于人也，为大腹，为干卦。为鳖、为蟹、为蠃、为蚌、为龟；其于木也，为科上槁。

艮为山、为径路、为小石、为门阙、为果蓏、为阍寺、为指、为狗、为鼠、为黔喙之属；其于木也，为坚多节。

兑为泽、为少女、为巫、为口舌、为毁折、为附决；其于地也，为刚卤；为妾、为羊。

【译文】乾卦有天、圜（圆）、君、父、玉、金、寒、冰、大赤、良马、老马、瘠马、驳马、木果等现象。

坤卦有地、母、布、釜、吝啬、均、子母牛、大舆（车）、文、众、柄、黑的象征。

震卦有雷、龙、玄黄、旉、大涂、长子、决躁、苍莨竹、萑苇的象征。又于马有善鸣、馵足、作足、的颡的象征。于稼穑，有反生的现象。它终究会变成健、蕃鲜的现象。

巽卦有木、风、长女、绳直、工、白、长、高、进退、不果、臭的象征。巽卦在人有寡发、广颡、多白眼、近利市三倍的现象。它终究会变为躁卦的。

坎卦有水、沟渎、隐伏、矫輮、弓轮等象征。在人则有加忧、心病、耳痛、血卦、赤的现象。在马则有美脊、亟心、下首、薄蹄、曳的现象。在车则有多眚的现象。又有通、月、盗的现象。在树木，有坚多心的现象。

离卦有火、日、电、中女、甲胄、兵戈的现象。于人则有大腹和干燥之卦的现象。又有鳖、蟹、蠃、蚌、龟等象征。在木而言，则有科上枯槁的现象。

艮卦有山、径路、小石、门阙、果蓏、阍寺、手指、狗、鼠、黑嘴鸟的象征。在木头则有坚硬多节的现象。

兑卦有泽、少女、巫师、口舌、毁折、附决的象征。于地为刚卤之地。又有为妾、为羊的象征。

【注释】①馵：马左足白。

②的颡：白额之马。

（以上为第十一章，广泛援举八卦取象的例子，是《说卦传》的主体）

第十一章

序卦传

【原文】有天地然后万物生焉，盈天地之间者唯万物，故受之以屯。屯者，盈也；屯者，物之始生也；物生必蒙，故受之以蒙。蒙者，蒙也，物之稚也；物稚不可不养也，故受之以需。需者，饮食之道也；饮食必有讼，故受之以讼。讼必有众起，故受之以师。

【译文】乾为天，坤为地，有天地，然后万物才产生，盈满天地之间的，唯有万物，所以乾坤卦后，接着为屯卦。屯的意思是盈满的意思，是万物始生之意，万物刚生下来，必定都是蒙昧的，故屯卦后，接着是蒙卦。蒙的意思，就是蒙昧，亦即是万物在稚小的时候，不可以不养育，所以接着是需卦。需的意思，就是需要饮食的道理，解决饮食的问题，必定有争讼，故接着是讼卦。争讼，必定要纠集众力，引动众力的兴起，所以接着是师卦。

【原文】师者，众也；众必有所比，故受之以比。比者，比也；比必有所畜也，故受之以小畜。物畜然后有礼，故受之以履。履而泰然后安，故受之以泰。泰者，通也；物不可以终通，故受之以否。物不可以终否，故受之以同人。与人同者，物必归焉，故受之以大有。有大者，不可以盈，故受之以谦。有大而能谦必豫，故受之以豫。豫必有随，故受之以随。以喜随人者必有事，故受之以蛊。蛊者，事也。

【译文】师是众多的意思，众多必定有所比较，所以接着是比卦。比卦，就是比附的意思，比附以后必定使得人们有存畜，所以接着是小畜卦。物质畜积以后，要有条理，以存备之，故需要礼以调理之，所以接着是履卦。履即礼的意思，行礼则安泰，所以接着是泰卦。泰是通泰的意思，万物皆不可能长久的通泰，所以接着是否卦。万物不能终久的否塞不通，所以接着是同人卦。与人相同的，万物必归服他，所以接着是大有卦。有很伟大的事业和成就的人，不可以盈满自负，必须谦虚，所以接着是谦卦。有伟大的成就，而又能谦虚的人，必定能够豫乐，所以接着是豫卦。安逸豫乐的人，必定会委随不振，所以接着是随卦。以喜悦追随人的人，必定会有事，所以接着是蛊卦。蛊的意思是事情多的意思。

【原文】有事而后可大，故受之以临。临者，大也；物大然后可观，故受之以观。可观而后有所合，故受之以噬嗑。嗑者，合也；物不可以苟合而已，故受之以贲。贲者，饰也；致饰然后亨则尽矣，故受之以剥。剥者，剥也；物不可以终剥，剥穷上反下，故受之以复。复则不妄矣，故受之以无妄。

【译文】有事然后可以创造大业，所以接着是临卦。临是大的意思，大了以后，才可以有观光的价值，所以接着是观卦。可以观看以后，然后有所取合，所以接着是噬嗑卦。嗑是合的意思，万物都不可以苟且求合，所以接着是贲卦。贲就是修饰的意思，修饰到极点以后，就亨通，而到了尽头，所以接着是剥卦。剥，就是剥落的意思，万物不可以终久的剥落，剥落至极上，则必定返下而生，所以接着是复卦。回复了以后就不会虚妄了，所以接着是无妄卦。

【原文】有无妄然后可畜，故受之以大畜。物畜然后可养，故受之以颐。颐者，养也；不养则不可动，故受之以大过。物不可以终过，故受之以坎；坎者，陷也，陷必有所丽，故受之以离。离者，丽也。

【译文】有了没有虚妄的精神，然后可以存畜很多，所以接着是大畜卦。万物既已畜积以后，然后可以养，所以接着是颐卦。颐是养的意思。不养育就不能行动，可以养育过度，所以接着是大过卦。万物不可以始终过度，所以接着是坎卦；坎是险的意思。物陷落，必然就要攀附，所以接着是离卦；离是丽，亦即附丽、攀附的意思。

【原文】有天地然后有万物，有万物然后有男女，有男女然后有夫妇，有夫妇然后有父子，有父子然后有君臣，有君臣然后有上下，有上下然后礼仪有所错。夫妇之道不可以不久也，故受之以恒。恒者，久也；物不可以久居其所，故受之以遁。遁者，退也；物不可以终遁，故受之以大壮。物不可以终壮，故受之以晋。晋者，进也；进必有所伤，故受之以明夷。夷者，伤也；伤于外者必反于家，故受之以家人。家道穷必乖，故受之以睽。

【译文】有了天地以后，然后就有万物的产生；有了万物，就有雌雄男女的分辨，而人类也就产生了；有男女，然后有夫妇，所以在《易经》有咸卦；有夫妇然后有父子；有父子以后，人类愈多，而遂有君臣的名分；有君臣以后，就有上下尊卑的职分；有上下尊卑的职分后，礼义就可以措置施行于其间。夫妇的道理，不可以不长久，所以咸卦后，接着是恒卦。恒就是长久的意思，万物都不能长久地居于其位而不变化，所以接着是遁卦。遁是退的意思，万物不可以终久地退藏，所以接着是大壮卦。物不可以长久的壮大，所以接着是晋卦。晋是前进的意思，前进必定有所伤，所以接着是明夷卦。夷就是伤的意思，受伤于外面的人，必定返回到他家里，所以接着是家人卦。家道困穷的话，必定会乖违，所以接着是睽卦。

【原文】睽者，乖也；乖必有难，故受之以蹇。蹇者，难也，物不可终难，故受之以解。解者，缓也；缓必有所失，故受之以损。损而不已必益，故受之以益。益而不已必决，故受之以夬。夬者，决也；决必有所遇，故受之以姤。姤者，遇也；物相遇而后聚，故受之以萃。萃者，聚也；聚而上者谓之升，故受之以升。升而不已必困，故受之以困。困乎上者必反下，故受之以井。

【译文】睽就是乖违的意思，乖违必定有灾难，故接着是蹇卦。蹇就是灾难的意思，万物不可以终久的灾难，所以接着是解卦。解，就是缓和的意思，缓和必定有所失败，所以接着是损卦。损失而不停止，至不能损失时，必定会增益，所以接着是益卦。增益而不停止，必定有决去的一天，所以接着是夬卦。夬是决去的意思，决去必定有所遭遇，所以接着是姤卦。姤是遭遇的意思，万物相遇了以后，就聚合起来，所以接着是萃卦。萃就是聚合的意思，聚集而上的，叫升，所以接着是升卦。上升而不停止，必有困苦的一天，所以接着是困卦。受困于上的人，必定会返回下面来，所以接着是井卦。

【原文】井道不可不革，故受之以革。革物者莫若鼎，故受之以鼎。主器者莫若长子，故受之以震。震者，动也；物不可以终动，止之，故受之以艮。艮者，止也；物不可以终止，故受之以渐。渐者，进也；进必有所归，故受之以归妹。得其所归者必大，故受之以丰。

【译文】井道不可以不革去污垢，所以接着是革卦。革除物质的，没有再比鼎更好的了，所以接着是鼎卦。主持鼎器的人，没有比长子更恰当的了，所以接着是震卦。震是动的意思，万物不可以长久地动，须要让它止息，所以接着是艮卦。艮是停止的意思，物不可以终久地停止，故接着是渐卦。渐是渐渐前进之意，前进必定有所归，所以接着是归妹卦。得到它的归宿的，必定强大，所以接着是丰卦。

【原文】丰者，大也；穷大者必失其居，故受之以旅。旅而无所容，故受之以巽。巽者，入也；入而后说之，故受之以兑。兑者，说也；说而后散之，故受之以涣。涣者，离也；物不可以终离，故受之以节。节而信之，故受之以中孚。有其信者必行之，故受之以小过。有过物者必济，故受之既济。物不可穷也，故受之以未济终焉。

【译文】丰是盛大的意思，穷极盛大的人，必定失去它的住所，所以接着是旅卦。旅行于外，而没有收容的地方，所以接着是巽卦。巽是进入的意思，进入了以后，就会慢慢喜悦，所以接着是兑卦。兑是喜悦的意思，喜悦而后会散去，所以接着是涣卦。涣是离散的意思，物不可以终久的离散，所以接着是节卦。节俭约制了以后，就能使人相信，所以接着是中孚卦。孚是信的意思，有信用的人，必定能实行它，所以接着是小过卦。有超过事物的人，必定能成事，所以接着是既济卦。万物是不可能穷尽的，所以接着是未济卦，而《易经》六十四卦终止。象征着人类的文明，是永远在进步，永远未完成的。

（《序卦传》是分析《周易》六十四卦的编排次序，并揭示诸卦前后相承的意义。）

第十二章

杂卦传①

【原文】乾刚坤柔，比乐师忧。临观之义，或与或求。屯见②而不失其居，蒙杂而著。震，起也。艮，止也。损益，盛衰之始也。大畜，时也。无妄，灾也。萃聚而升不来也。谦轻而豫怠也。噬嗑，食也，贲，无色也。兑见而巽伏也。随，无故也，蛊则饬也③。剥，烂也，复，反也④。晋，昼也。明夷，诛也。井通而困相遇也。咸，速也。恒，久也。涣，离也。节，止也。解，缓也。蹇，难也。睽，外也。家人，内也。否泰反其类也。大壮则止，遁则退也。大有，众也。同人，亲也。革，去故也。鼎，取新也。小过，过也。中孚，信也。丰，多故也⑤。亲寡，旅也⑥。离上而坎下也。小畜，寡也。履，不处也。需，不进也。讼，不亲也。大过，颠也。姤，遇也，柔遇刚也。渐，女归待男行也⑦。颐，养正也。既济，定也⑧。归妹，女之终也。未济，男之穷也。夬，决也，刚决柔也，君子道长，小人道忧也。

【译文】乾卦刚健，坤卦阴柔。比卦快乐，师卦忧愁。临卦和观卦的意义，或者是给予，或者是请求。屯卦是万物开始出现，各不丧失其位置，蒙卦是万物杂处而显著。震卦是奋起。艮卦是静止。损卦和益卦是盛大和衰微的开始。大畜卦是讲时机。无妄卦是讲灾祸。萃卦是聚集，升卦是不来。谦卦是轻浮，豫卦是懈怠。噬嗑是吃东西。贲卦是没有颜色。兑卦是看见，巽卦是逊伏。随卦是无缘无故。蛊卦是整顿治理。剥卦是烂掉。复卦是回去。晋卦是白天。明夷卦是诛杀。井卦是水通于地上，困卦是彼此相逢。咸卦是迅速。恒卦是永久。涣卦是离散。节卦是制上。解卦是缓和。蹇卦是困难。睽卦是讲外面，家人卦是讲家里。否卦和泰卦将变得各自与它的同类相反。大壮卦是停止。遁卦是后退。大有卦讲得到众人支持。同人卦讲与众人亲近。革卦是去掉旧的。鼎卦是取得新的。小过卦

第十二章 杂卦传

是讲小有过失。中孚卦是讲要有信用。丰卦是讲多事。旅卦是讲亲近的人少。离卦是火向上升。坎卦是水向下降。小畜卦是讲少。履卦是讲不停止。需卦是不前进。讼卦是不相亲，大过卦是讲颠倒。姤卦是讲碰上，是阴柔碰上阳刚。渐卦是女子出嫁要等待男子亲迎才走。颐卦是培养正气。既济卦是已经成功。归妹卦是女郎的终了。未济卦是男子的穷困。夬卦是冲开，是阳刚冲开阴柔，是君子之道不断上升，小人之道不断下降。

【注释】①杂卦传：杂取六十四卦，不依原来顺序加以解说，所以叫《杂卦传》。

②见：同现，出现。

③饬（chì）：整治。

④反：同返，回去。

⑤故：事。

⑥亲寡，旅也：按照《杂卦传》先举卦名，后作解释的句例，应作："旅，亲寡也。"并与"丰，多故也"对称。

⑦女归：女子嫁出去。

⑧定：《吕氏春秋》高诱注："定犹成也。"即成功的意思。

（《杂卦传》把六十四卦分为三十二组两两对举，以精要的语言说明卦义。）

附

六十四卦卦象全图

上经				
乾卦☰☰第一	坤卦☷☷第二	屯卦☵☳第三	蒙卦☶☵第四	需卦☵☰第五
讼卦☰☵第六	师卦☷☵第七	比卦☵☷第八	小畜卦☴☰第九	履卦☰☱第十
泰卦☷☰第十一	否卦☰☷第十二	同人卦☰☲第十三	大有卦☲☰第十四	谦卦☷☶第十五
豫卦☳☷第十六	随卦☱☳第十七	蛊卦☶☴第十八	临卦☷☱第十九	观卦☴☷第二十
噬嗑卦☲☳第二十一	贲卦☶☲第二十二	剥卦☶☷第二十三	复卦☷☳第二十四	无妄卦☰☳第二十五
大畜卦☶☰第二十六	颐卦☶☳第二十七	大过卦☱☴第二十八	坎卦☵☵第二十九	离卦☲☲第三十
下经				
咸卦☱☶第三十一	恒卦☳☴第三十二	遯卦☰☶第三十三	大壮卦☳☰第三十四	晋卦☲☷第三十五
明夷卦☷☲第三十六	家人卦☴☲第三十七	睽卦☲☱第三十八	蹇卦☵☶第三十九	解卦☳☵第四十
损卦☶☱第四十一	益卦☴☳第四十二	夬卦☱☰第四十三	姤卦☰☴第四十四	萃卦☱☷第四十五
升卦☷☴第四十六	困卦☱☵第四十七	井卦☵☴第四十八	革卦☱☲第四十九	鼎卦☲☴第五十
震卦☳☳第五十一	艮卦☶☶第五十二	渐卦☴☶第五十三	归妹卦☳☱第五十四	丰卦☳☲第五十五
旅卦☲☶第五十六	巽卦☴☴第五十七	兑卦☱☱第五十八	涣卦☴☵第五十九	节卦☵☱第六十
中孚卦☴☱第六十一	小过卦☳☶第六十二	既济卦☵☲第六十三	未济卦☲☵第六十四	

六十四卦爻象全图及使用说明

一 六十四卦爻象全图

乾1 兑2 离3 震4 巽5 坎6 艮7 坤8

乾宫八卦属金：

乾为天	天风姤	天山遁	天地否
父母戌土、世	父母戌土、	父母戌土、	父母戌土、应
兄弟申金、	兄弟申金、	兄弟申金、应	兄弟申金、
官鬼午火、	官鬼午火、应	官鬼午火、	官鬼午火、
父母辰土、应	兄弟酉金、	兄弟申金、	妻财卯木、、世
妻财寅木、	子孙亥水、	官鬼午火、、世	官鬼巳火、、
子孙子水、	父母丑土、、世	父母辰土、、	父母未土、、

风地观	山地剥	火地晋	火天大有
妻财卯木、	妻财寅木、	官鬼巳火、	官鬼巳火、应
官鬼巳火、	子孙子水、、世	父母未土、、	父母未土、、
父母未土、、世	父母戌土、、	兄弟酉金、世	兄弟酉金、
妻财卯木、、	妻财卯木、、	妻财卯木、、	父母辰土、世
官鬼巳火、、	官鬼巳火、、应	官鬼巳火、、	妻财寅木、
父母未土、、应	父母未土、、	父母未土、、应	子孙子水、

兑宫八卦属金：

兑为泽	泽水困	泽地萃	泽山咸
父母未土、、世	父母未土、、	父母未土、、	父母未土、、应
兄弟酉金、	兄弟酉金、	兄弟酉金、应	兄弟酉金、
子孙亥水、	子孙亥水、应	子孙亥水、	子孙亥水、
父母丑土、、应	官鬼午火、、	妻财卯木、、	兄弟申金、世
妻财卯木、	父母辰土、	官鬼巳火、、世	官鬼午火、、
官鬼巳火、	妻财寅木、、世	父母未土、、	父母辰土、、

水山蹇	地山谦	雷山小过	雷泽归妹
子孙子水、、	兄弟酉金、、	父母戌土、、	父母戌土、、应
父母戌土、	子孙亥水、、世	兄弟申金、、	兄弟申金、、
兄弟申金、、世	父母丑土、、	官鬼午火、世	官鬼午火、
兄弟申金、	兄弟申金、	兄弟申金、	父母丑土、、世
官鬼午火、、	官鬼午火、、应	官鬼午火、、	妻财卯木、
父母辰土、、应	父母辰土、、	父母辰土、、应	官鬼巳火、

离宫八卦属火：

离为火	火山旅	火风鼎	火水未济
兄弟巳火、世	兄弟巳火、	兄弟巳火、	兄弟巳火、应
子孙未土、、	子孙未土、、	子孙未土、、应	子孙未土、、
妻财酉金、	妻财酉金、应	妻财酉金、	妻财酉金、
官鬼亥水、应	妻财申金、	妻财申金、	兄弟午火、、世
子孙丑土、、	兄弟午火、、	官鬼亥水、世	子孙辰土、
父母卯木、	子孙辰土、、世	子孙丑土、、	父母寅木、、

山水蒙	风水涣	天水讼	天火同人
父母寅木、	父母卯木、	子孙戌土、	子孙戌土、应
官鬼子水、、	兄弟巳火、世	妻财申金、	妻财申金、
子孙戌土、、世	子孙未土、、	兄弟午火、世	兄弟午火、
兄弟午火、、	兄弟午火、、	兄弟午火、、	官鬼亥水、世
子孙辰土、	子孙辰土、应	子孙辰土、	子孙丑土、、
父母寅木、、应	父母寅木、、	父母寅木、、应	父母卯木、

震宫八卦属木：

震为雷	雷地豫	雷水解	雷风恒
妻财戌土、、世	妻财戌土、、	妻财戌土、、	妻财戌土、、应
官鬼申金、、	官鬼申金、、	官鬼申金、、应	官鬼申金、、
子孙午火、	子孙午火、应	子孙午火、	子孙午火、
妻财辰土、、应	兄弟卯木、、	子孙午火、、	官鬼酉金、世
兄弟寅木、、	子孙巳火、、	妻财辰土、世	父母亥水、
父母子水、	妻财未土、、世	兄弟寅木、、	妻财丑土、、

地风升	水风井	泽风大过	泽雷随
官鬼酉金、、	父母子水、、	妻财未土、、	妻财未土、、应
父母亥水、、	妻财戌土、世	官鬼酉金、	官鬼酉金、
妻财丑土、、世	官鬼申金、、	父母亥水、世	父母亥水、
官鬼酉金、	官鬼酉金、	官鬼酉金、	妻财辰土、、世
父母亥水、	父母亥水、应	父母亥水、	兄弟寅木、、
妻财丑土、、应	妻财丑土、、	妻财丑土、、应	父母子水、

巽宫八卦属木：

巽为风	风天小畜	风火家人	风雷益
兄弟卯木、世	兄弟卯木、	兄弟卯木、	兄弟卯木、应
子孙巳火、	子孙巳火、	子孙巳火、应	子孙巳火、
妻财未土、、	妻财未土、、应	妻财未土、、	妻财未土、、
官鬼酉金、应	妻财辰土、	父母亥水、	妻财辰土、、世
父母亥水、	兄弟寅木、	妻财丑土、、世	兄弟寅木、、
妻财丑土、、	父母子水、世	兄弟卯木、	父母子水、

天雷无妄	火雷噬嗑	山雷颐	山风蛊
妻财戌土、	子孙巳火、	兄弟寅木、	兄弟寅木、应
官鬼申金、	妻财未土、、世	父母子水、、	父母子水、、
子孙午火、世	官鬼酉金、	妻财戌土、、世	妻财戌土、、
妻财辰土、、	妻财辰土、、	妻财辰土、、	官鬼酉金、世
兄弟寅木、、	兄弟寅木、、应	兄弟寅木、、	父母亥水、
父母子水、应	父母子水、	父母子水、应	妻财丑土、、

坎宫八卦属水：

坎为水	水泽节	水雷屯	水火既济
兄弟子水、、世	兄弟子水、、	兄弟子水、、	兄弟子水、、应
官鬼戌土、	官鬼戌土、	官鬼戌土、应	官鬼戌土、
父母申金、、	父母申金、、应	父母申金、、	父母申金、、
妻财午火、应	官鬼丑土、、	官鬼辰土、、	兄弟亥水、世
官鬼辰土、	子孙卯木、	子孙寅木、、世	官鬼丑土、、
子孙寅木、、	妻财巳火、世	兄弟子水、	子孙卯木、

六十四卦爻象全图及使用说明

泽火革	雷火丰	地火明夷	地水师
官鬼未土、、	官鬼戌土、、	父母酉金、、	父母酉金、、应
父母酉金、	父母申金、、世	兄弟亥水、、	兄弟亥水、、
兄弟亥水、世	妻财午火、	官鬼丑土、、世	官鬼丑土、、
兄弟亥水、	兄弟亥水、	兄弟亥水、	妻财午火、、世
官鬼丑土、、	官鬼丑土、、应	官鬼丑土、、	官鬼辰土、
子孙卯木、应	子孙卯木、	子孙卯木、应	子孙寅木、、

艮宫八卦属土：

艮为山	山火贲	山天大蓄	山泽损
官鬼寅木、世	官鬼寅木、	官鬼寅木、	官鬼寅木、应
妻财子水、、	妻财子水、、	妻财子水、、应	妻财子水、、
兄弟戌土、、	兄弟戌土、、应	兄弟戌土、、	兄弟戌土、、
子孙申金、应	妻财亥水、	兄弟辰土、	兄弟丑土、、世
父母午火、、	兄弟丑土、、	官鬼寅木、世	官鬼卯木、
兄弟辰土、、	官鬼卯木、世	妻财子水、	父母巳火、

火泽睽	天泽履	风泽中孚	风山渐
父母巳火、	兄弟戌土、	官鬼卯木、	官鬼卯木、应
兄弟未土、、	子孙申金、世	父母巳火、	父母巳火、
子孙酉金、世	父母午火、	兄弟未土、、世	兄弟未土、、
兄弟丑土、、	兄弟丑土、、	兄弟丑土、、	子孙申金、世
官鬼卯木、	官鬼卯木、应	官鬼卯木、	父母午火、、
父母巳火、应	父母巳火、	父母巳火、应	兄弟辰土、、

坤宫八卦属土：

坤为地	地雷复	地泽临	地天泰
子孙酉金、、世	子孙酉金、、	子孙酉金、、	子孙酉金、、应
妻财亥水、、	妻财亥水、、	妻财亥水、、应	妻财亥水、、
兄弟丑土、、	兄弟丑土、、应	兄弟丑土、、	兄弟丑土、、
官鬼卯木、应	兄弟辰土、、	兄弟丑土、、	兄弟辰土、世
父母巳火、、	官鬼寅木、、	官鬼卯木、世	官鬼寅木、
兄弟未土、、	妻财子水、世	父母巳火、	妻财子水、

雷天大壮	泽天夬	水天需	水地比
兄弟戌土、、	兄弟未土、、	妻财子水、、	妻财子水、应
子孙申金、、	子孙酉金、世	兄弟戌土、	兄弟戌土、
父母午火、世	妻财亥水、	子孙申金、、世	子孙申金、
兄弟辰土、	兄弟辰土、	兄弟辰土、	官鬼卯木、、世
官鬼寅木、	官鬼寅木、应	官鬼寅木、	父母巳火、、
妻财子水、应	妻财子水、	妻财子水、应	兄弟未土、、

二　使用说明

按照"、"代表阳"—"，"、、"代表阴"--"，查找对应之卦。按照世爻为自己，应爻为对方，确定自身所处的爻位。再按照五行生克关系和各爻所象征的事物及意义，分析将要发生的事和有利与否。一般来说，世爻旺相且与世爻相生的爻多，则对我方有利；世爻休囚且相克的爻多则不利。

参考文献

宋元人注：《四书五经》（上册），天津市古籍书店。
黄寿祺、张善文：《周易译注》，上海古籍出版社1989年版。
存良编译：《白话易经》，内蒙古人民出版社1997年版。
邵伟华：《周易与预测学》，花山文艺出版社1990年版。
陈园编著，邵伟华审订：《邵伟华周易预测学入门》，广州出版社1994年版。
李大用：《周易新探》，北京大学出版社1992年版。
金景芳、吕绍纲：《周易全解》，吉林大学出版社1999年版。
张全新：《塑造论哲学导引》，人民出版社1996年版。
薛贻康等：《中国智慧精典》，山东大学出版社2000年版。
杨亚利：《周易与中国夫妇之道》，中国文史出版社2003年版。
申荷永、高岚：《灵性：分析与体验》，暨南大学出版社2002年版。
申荷永：《中国文化心理学心要》，人民出版社2001年版。
杨岚、张维真：《中国当代人文精神的构建》，人民出版社2002年版。
田洪江等编著：《20位思想大师之智慧人生》，吉林人民出版社2006年版。
吴超编著：《20部必读的修身处世经典》，北京工业大学出版社2006年版。
王家忠：《传承·超越·沟通——民族潜意识研究》，中央文献出版社2005年版。
王家忠：《人性·社会·心灵——社会潜意识研究》，山东人民出版社2006年版。
王家忠：《灵性·潜能·创造——个人潜意识研究》，中国社会科学出版社 2010 年版。

王家忠:《解开您心灵的结——心理分析 100 问》,中国工人出版社 2015 年版。

王家忠:《〈周易〉"五位一体论"》,《社会科学报》2001 年 10 月 4 日。

王家忠:《〈周易〉定性问题之我见》,《东岳论丛》2007 年第 3 期。

王家忠:《〈周易〉定性问题新探》,《儒学与实学及其现代价值》,齐鲁书社 2007 年版。

后　　记

　　早在大学时期，出于对中国传统文化的兴趣，我开始阅读高亨先生编注的《周易大传今注》，只觉得《易经》是神秘而深奥的，并不能深入理解其精髓。读研究生期间，因当时陕西师范大学初设了中西哲学比较方向，随后又大量阅读了中国传统经典，对中国文化的博大精深有了进一步的体会。

　　1996年年底，我由聊城师范学院（今聊城大学）应聘到潍坊渤海大学，当时学校是一所股份制筹办高校。新的工作环境和前景不定的学校建设，充满了诸多复杂性和不确定性。在这样的背景下，我又开始进一步接触和研究《易经》，也正是在《易经》的引领下，我克服了种种困境，一路前行，由此也深切理解"文王拘而演周易"的真实感受。

　　十几年来，我坚持对《易经》的研究，学以致用，理论钻研与实际应用相结合。在《社会科学报》发表的《〈周易〉"五位一体论"》一文被《新华文摘》"论点摘编"以《〈周易〉"五为一体论"》为题摘要介绍。发表在《东岳论丛》的《〈周易〉定性问题之我见》一文荣获山东省优秀社会科学成果三等奖。同时，我开设了《分析心理学》《〈易经〉与心理分析》等全校公选课。为了全面总结个人对《易经》的研究成果，结合个人的亲身体验，把《易经》思想与分析心理学思想融通起来，更好地发掘和发挥《易经》的心理分析功能，撰成此书，以期推进《易经》文化的时代化、大众化和国际化，为中华传统经典的发扬光大、社会主义和谐社会建设与和谐世界建设尽一份力。

　　我的基本观点，归纳起来有如下几点：（一）关于《易经》的理论性质及其定位，本人认为，《易经》是朴素的唯物论，中国式的辩证法，古代的信息论，政治伦理学，传统的预测学，互依互渗、融为一体，简称之为"五位一体"论。(二)运用"塑造论"方法,全新解读《易经》与人的相互关系,人与卦之间、人与客体之间是相互感应、相互影响、相互塑造的。(三)创新简化《易经》预测分析方法,摸索创造了"自制像皮预测法",更直观、简捷、实用,实现了学《易》致用与以用知《易》的有机结合。(四)把《易经》的感应原理与现代分析心理学理论相结合,充分发掘《易经》的心理分析功能,引导人们通过《易经》的研读与演练,调节心理,塑造和谐,共创伟业。(五)通过揭示《易经》的心理分析价值,可以促进中华优秀传统文化传承与弘扬和对外文化沟通与交流。

十年磨一剑,

《易经》与君鉴;

得失当泰然,

甘苦寸心间。

王家忠

2014 年 10 月